蒙曼說隋

隋文帝楊堅

蒙曼◉著

目次

自序

五一時乘火車過九江，聽江聲浩蕩，不由想起隋文帝。當年，大隋的軍隊就在這裡集結，準備過江伐陳。那些從蒙古草原或黃土高原上走下來的將士，面對這湯湯流水，是怎樣的心情呢？

他們是否意識到，自己正在締造一段嶄新的中國史？

還有，他們的統帥隋文帝楊堅，是否充分意識到自己這個決策的歷史價值呢？

那個曾經名為普六茹那羅延的孩子，那個沾染了一身胡氣、文化程度不高、但是拚命想建立理想政府、想要像自己心目中的聖君一樣、君臨天下的皇帝。因為理想高遠，所以，他克己復禮、勵精圖治，這讓他遠遠地超越儕輩，成為中國歷史上貢獻最大的英主之一；也讓他的王朝能凌駕於亂象叢生的魏晉南北朝之上，和唐朝一起，共同構成中國歷史上最繁盛的時代。以功業而言，他是一個配得上「千古一帝」稱號的皇帝。

但是，這只是隋文帝的一面。正如驚世的武功、煥然的典章、干雲的豪氣，也只是隋朝的一面一樣。隋文帝的另一面，是冷硬與無趣。他有一點音樂素養，譜過兩支曲子，一支叫〈天高〉，一支叫〈地厚〉。曲子的韻律早已無從知曉，但是，其精神基調，據說是在讚美帝王之道與后妃之德。

這樣的藝術品味與生活情趣，爭如唐朝的風流天子李隆基！當年，李隆基瀟灑地對大臣講：「吾得貴妃，如得至寶。」一曲〈得寶子〉由此誕生。一個一臉嚴肅，一個滿面春風；一個諄諄教誨，一個淺吟低唱。誰能阻止我們私心愛慕李三郎呢！甚至連他和楊貴妃的不倫之戀，我們都能拔高為「在天願作比翼鳥，在地願為連理枝」的千古絕唱；而隋文帝終其一生，和老妻獨孤伽羅同眠同起、言笑晏晏，反倒成為怕老婆的笑柄。

哎，人啊人。

然而，我並非一味為隋文帝鳴不平。我知道，人們不太喜歡隋文帝，並不真是因為他為人過於嚴肅，更不是因為他堅守一夫一妻的道德原則，而是因為他的內心缺乏一種柔度、缺乏一種對人的真實同情。他有理想，便要求全國人民和他一樣有理想；他有道德，便要求全國人民和他一樣有道德；而且，在內容與程度上都不允許有任何差異。這種信念過了頭，就把人變成了機器。

這種機器一般的感覺，體現在他苛責兒子，不教而殺上；也體現在他為了確保倉庫的存糧量，寧可和人民一起逃荒，也不肯開倉放糧上；甚至，還體現在里坊森列、嚴整如棋局般的大興城上。他建立那麼多好制度，卻沒有真正弄清楚，所有的制度都是為人服務的。

恰恰相反，他一心希望，把所有的人都約束在規範之下，而當這個規範無限大的時候，人就會被壓縮得無限小，小到如同螞蟻一般，這不就成了時代之殤嗎？

這樣的價值取向，讓隋文帝可以成為一位有為的君主，但卻不是有道的君主，更不會是有情的君主。這樣的統治方式，也使整個大隋王朝陷入了一種只有氣度而沒有溫度的迷局。這是隋朝如流星般煥發出瞬間光彩的依據，同時也是它如流星般瞬間隕落的根源。

由隋文帝又不免想到隋煬帝。我在微博裡說，隋朝最有魅力的兩位男士，一位是隋煬帝，一位是隋煬帝的功臣——楊素。

難道不是嗎？誰不知道風塵三俠的故事呢？紅拂女、李靖和虯髯客，多麼迷人的武俠經典！問題是，如果沒有楊素放行，身為楊府家妓的紅拂怎能夜奔成功呢？誰不知道破鏡重圓的故事呢？落魄的段德昌，已經淪為侍妾的樂昌公主，如果不是楊素慷慨玉成，單憑一塊破鏡、一段癡情，怎麼敵得過世事滄桑、陵谷變遷？隋煬帝就更不用說了，那樣的美男子，那樣的大詩人。「肅肅秋風起，悠悠行萬里。萬里何所行，橫漠築長城。」慷慨質樸，直逼魏武帝曹操。難怪他會自負地說：「天下皆謂朕承藉緒餘而有四海，設令朕與士大夫高選，亦當為天子矣。」這樣的霸氣，這樣的才情，再配上東狩西巡、依紅偎翠的事蹟，誰能否認他的魅力呢？

可是，即便這樣兩位瀟灑倜儻的美男子，即便這些熠熠生輝的風流佳話，卻也拖著濃厚的陰影！當我們津津樂道於楊素的慈悲，會不會想起他的敢死隊中，那些只許進不許退的普通戰士？或者，當我們陶醉於隋煬帝的風采時，會不會想起在他改天換地的急政之下，那些扔下鋤頭、離開家鄉、開河築堤、轉死溝壑的平凡農夫呢？慷慨悲歌的英雄背後，是千千萬萬個很難發出聲音的愚夫愚婦，但是，一旦他們發出聲音，便是驚天動地的吶喊。

這吶喊聲最後消失在唐朝，消失在唐朝初年的仁政裡。其實，我們都知道一句話「唐承隋制」。唐朝保留隋朝所有好制度，只是增加一條「水則載舟，水則覆舟」的深刻認識。常常聽人議論唐朝的豪邁氣象，但是，我倒覺得，隋朝是剛，唐朝是柔；隋朝是骨，唐朝是肉。剛柔並濟、骨肉相連時，中國歷史上最強盛的時段——隋唐盛世才真正誕生。千載之後的我們，面對這段歷史，除了驚嘆與豔羨之外，是否能有更深的思考呢？

寫到這裡，我再一次深感幸福，探索歷史的幸福。歷史總讓人升騰起理想，又讓人產生回到現實的力量。就是這深邃而厚重的歷史讓我們知道，不管理想有多高遠，在現實世界中，我們都得一步步走過，不能跑，更不能飛；也是同樣的歷史讓我們知道，如果沒有高遠的理想，我們甚至連下一步都無從落腳，而只能在歧路徘徊。

二〇一一年六月於京西寓所

【第一章】

流星王朝

這是一個富強文明的王朝，它的倉庫裡堆著五、六十年都吃不完的糧食，它的皇帝被突厥人譽為「聖人可汗」。這又是一個暴虐短命的王朝，皇帝修長城、建東都、開運河、遊江南，使得國無寧日、民無寧時，僅僅三十八年即二世而亡。「隋」這個名字就像流星一樣，在中國古代歷史上瞬間璀璨又瞬間毀滅。那麼隋朝兩代父子究竟做了什麼？大隋王朝勃興速亡的原因又在哪裡？

說起隋朝，大家都不陌生，可能有三個詞會立刻湧現腦海：短命、暴虐和造反。

第一、短命。隋朝是中國歷史上著名的短命王朝，五八一年建立，六一八年滅亡，一共才存在三十八年。如果不算隋末幾個傀儡小皇帝，這三十八年其實就是兩代皇帝，開國皇帝隋文帝後面緊接著是亡國皇帝隋煬帝。二世而亡，恐怕只有秦朝可以媲美。

第二、暴虐。隋朝暴虐的名聲主要是隋煬帝造成的。怎麼暴虐呢？很多史書都說隋煬帝殺死父親隋文帝才當上皇帝。弒父當然是暴虐，但是也有人說，權力是人性的腐蝕劑，皇家自古多冷血，一代聖君李世民還殘殺兄弟，也沒比隋煬帝強多少。真正讓人不能原諒的是，煬帝治國比治家更暴虐。煬帝當政十三年，修長城、建東都、開運河、遊江南、巡張掖，再加上三征高麗，大工程連著大戰爭，使得國無寧日、民無寧時。當時，全國三分之一的男丁都被徵召參加各種勞役、兵役，甚至出現「丁男不供，始以婦人供役」的局面。

可能有人要說，婦女不是能頂半邊天嗎？讓婦女服勞役，說明隋朝女性很強悍啊！話可不能這樣講，古代受生產力水準限制，婦女以家務勞動為主，大門不出，二門不邁。哪個政權如果敢讓婦女上工地，那可真是駭人聽聞。百姓為了不去遠方送死，乾脆一咬牙，自己把一隻手或一隻腳砍掉，人工致殘，還美其名曰「福手福足」。這樣的人間慘景全拜皇帝所賜。

所以，隋末出現一篇檄文，討伐隋煬帝，說：

罄南山之竹，書罪無窮；決東海之波，流惡難盡。

以後遂演變成一則成語——罄竹難書，就是做壞事多得數不清。

第三、造反。隋朝末年，豪傑蜂起。《隋唐演義》號稱十八路反王、三板斧的程咬金、賣馬的秦瓊、打遍天下無敵手的李元霸，都是老百姓耳熟能詳的英雄。瓦崗寨、高雞泊也都和水泊梁山一樣，成為中國人心目中英雄聚義的聖地。這些英雄當然不免戲說的成分，但是，天下大亂，造反有理，也確實是這個時代的重要特徵。事實上，唐高祖李淵也是造反的英雄之一，後來修成正果，建立大唐，那是後話了。

雖然短命、暴虐和造反給人的印象深刻，但是，我想說，僅僅這三個詞，絕不是隋朝的全部形象。要說到隋朝的歷史地位，還有另外三個詞同樣重要，甚至更重要。哪三個詞呢？統一、富強、文明。

統一大業

先說統一，這可是隋朝對中國歷史非常偉大的貢獻。這個貢獻大到什麼程度？和秦始皇統一中國一樣，甚至比秦始皇統一還不容易。

有人說，秦統一六國，而隋朝只是平定江南，為什麼說隋朝統一比秦朝還不容易呢？因為，雖然說秦滅六國，但是總的說來，齊、楚、燕、韓、趙、魏、秦這七國都屬於華夏民族，秦朝建立的主要還是華夏民族的大統一。但是隋朝統一不一樣，它把很多少數民族都整合進中原政權，是真正建立在大範圍民族融合基礎上的統一。

哪些民族呢？匈奴、鮮卑、羯、氐、羌。這些民族於西晉末年進入中原，紛紛建立政權，號稱十六國（其中除成漢外，都是少數民族政權），與偏安江南的東晉對峙。後來，鮮卑族於群雄混戰中崛起，統一北方，建立北魏；再後來，北魏又分裂成東魏和西魏，東魏和西魏又演化成北齊和北周，和南方的漢族政權對峙。這就是中國歷史上最混亂的兩晉南北朝時期。

在將近三百年的時間裡，民族矛盾非常尖銳。漢人和少數民族互相鄙視，南方人和北方人也互相鄙視。南方人管北方人叫索虜，嘲笑他們腦袋後面拖著繩索般的辮子；北方人管南方人叫島夷，嘲笑他們困居小島，施展不開。當然，這些詞現在都過時了，不特別解釋，人們都已經不知道是什麼意思。

有個帶有民族歧視的詞卻一直沿用到現在，只是含意和性質已經發生根本的變化。什麼詞呢？漢子。現在管男人又叫漢子，比如說西北漢子、紅臉漢子，是中性詞，甚至略帶褒義。其實，這個詞即出現於魏晉南北朝時期，當時可不是中性詞，而是北方少數民族對漢人的蔑稱，是二等公民的代號。

北方是少數民族的天下，南方是漢人的天下，當時好多人都以為，這兩部分可能就這麼永遠分開，可是，隋朝就有本事把這兩個部分捏在一起，也把北方少數民族和漢人整合在一起，這才是真正意義上的統一多民族國家。這樣的統一，當然在深度和廣度上都超過秦朝。

再說富強。什麼叫富強呢？通觀今天的世界我們知道，所謂富強，至少包含兩個指標：第一、經濟富；第二、軍事強。這是古今通則，隋朝也不例外。

先看經濟。說到古代的經濟狀況，人們通常考慮兩個指標：第一是人口，第二是糧食。隋朝的人口有多少呢？將近五千萬，接近西漢末年的水準。有人說，過了好幾百年，還沒達到漢朝的數字，這說明隋朝不行。

要知道，從西漢後期開始，中國的人口數量就開始走下坡。到了西晉，更是衰落到一千六百萬的最低值。西晉之後五胡入華，戰亂不已，大量人口被迫尋求豪門庇護，成了世家大族和豪強的私有財產，國家能夠控制的人口也沒有多大起色。而隋朝僅用三十年的時間就讓國家可控人口重新達到五千萬，這是何等了不起的成就！

幹活的人多了，隋朝又實行均田制，耕者有其田，耕者繳其稅，不僅使百姓的勞動意願空前高漲，政府的稅收也有了保障。在這樣的情況下，隋朝存糧量無與倫比。隋朝一共有六大糧倉。糧倉大到什麼程度呢？

舉一個例子。河南鞏縣的洛口倉，周長二十餘里，糧窖三千個，每個糧窖儲存糧食八千石，整個倉庫儲米兩千四百萬石。唐太宗李世民曾感慨，他說：「計天下儲積，得供五、六十年。」儲存的糧食夠吃五、六十年，這恐怕是中國歷史上存糧量最高值。

這樣看來，把隋朝稱為中國歷史上最富裕的時代，當之無愧。除了糧食儲備量大、人口規模大之外，隋朝的物資流通也很便利。這有賴一個重點工程，那就是大運河。

大運河北起涿郡，即現在的北京，南到餘杭，即現在的杭州，溝通海河、淮河、黃河、長江、錢塘江五大水系。這條水路一通，北方的政治中心和南方的經濟文化中心便牢牢地拴在一起。大運河經過修修補補，一用就是一千年，有的河段甚至今天還在使用。唐朝詩人皮日休有一詩云：

盡道隋亡為此河，至今千里賴通波。
若無水殿龍舟事，共禹論功不較多。

一代暴君隋煬帝，在唐朝人眼裡甚至能與大禹相提並論，為什麼？因為唐人深受其惠。

再看軍事實力。隋朝實行府兵制。府兵都是均田的農民，農忙種田，農閒練兵，有戰爭則隨時奔赴戰場。只要殺敵立功，即可享受各項優惠政策，分到更多的田。因為生活有保障，又有良好的激勵機制，府兵作戰非常英勇。再加上隋朝統一後國內戰爭結束，槍口一致對外，隋朝在國際舞臺上的地位快速提升。

本來，隋朝建立以前，整個東亞的霸主是突厥。當時，北方北齊和北周並列，兩個政權爭相向突厥進貢，使得突厥非常傲慢，大言不慚地說：「我在南兩兒（指北齊、北周皇帝）常孝順，何患貧也！」

隋朝建立後，兩代皇帝勵精圖治，南北關係逐漸顛倒過來。隋朝愈來愈強，突厥倒分裂成東西兩部。沒過多久，東突厥便在隋朝的軍事壓力下投降隋朝。

大業三年（六〇七），隋煬帝率領五十萬大軍，北巡蒙古草原，東突厥啟民可汗率領本部和附屬民族恭恭敬敬地跪迎隋煬帝。為表臣服，啟民可汗甚至要求放棄本民族的服裝，改穿漢家衣冠，當大隋王朝的百姓，這讓煬帝喜出望外。

懾於大隋皇帝的威風，西突厥與其控制的西域胡人紛紛前來朝貢。北方的威脅徹底解決了，這可是西漢以來從未有過的盛事。

我們都知道，唐太宗李世民號稱天可汗，意思是說，他不僅是大唐的皇帝，還是這些北方少數民族的最高首領，比現在的聯合國祕書長還厲害。其實，此一稱號始自隋朝，當時，東突厥啟民可汗感於隋文帝的扶助之恩，為隋文帝上了一個尊號——「聖人可汗」，和天可汗同義。在聖人可汗的領導下，以隋朝為中心的東亞秩序重新構建。這就是強盛。

最後說文明。要知道，從五胡十六國開始，中原地區瀰漫著重武輕文的風氣。少數民族統治者或本身非常輕視文化，或心有餘而力不足，整個社會粗野凶暴、無法無天，對於文明發展相當不利。隋朝雖然也出自軍人世家，但難得的是，文帝和煬帝父子兩代都知道，馬上打天下，不能馬上治天下。那到底怎樣治天下呢？文治。

統一戰爭剛結束，隋文帝便頒布命令，「武力之子，乃可學文」。鑄劍為犁，讓將士放下武器，學習文化。他還創立大名鼎鼎的科舉制，通過考試選拔人才。雖然這時科舉制仍不完善，但是，既不是憑背景，也不是憑拳頭，而是憑藉自身文化素質謀求自身社會地位的標準一旦確立，便顯示出極為強大的生命力。科舉制在中國一直實行到清朝末年，而且極大地影響西方文官制度的形成，這不是隋朝對全世界的偉大貢獻嗎？

除了科舉制，隋朝在制度方面另一重要貢獻是三省六部制。所謂三省六部，是中央政務機構的總稱。其精髓是三省間相互分權與制衡，共同對皇帝負責。這個制度使得皇帝的權力大大加強，皇帝專制下的宰相集體議政的制度也正式形成，這可是中國傳統行政體制的一大變革。三省六部制經過變革，也一直沿用到清末，用了一千多年。按照古代人的說法，也算是萬世良法了！

統一、富強和文明讓隋朝在中國歷史上留下難以磨滅的印象，可是，這也和我們開頭說的短命、暴虐和造反形成強烈的反差。一個王朝怎麼會有如此截然不同的兩面呢？真讓人百思不得其解。事實上，後世不僅對王朝的評價反差強烈，對皇帝的評價也同樣反差強烈。

勤政愛民

隋朝的兩代皇帝，歷史上名聲都不大好。說到隋文帝，大家一般有兩個印象：

第一、欺負女兒。清人學者趙翼曾說：

> 古來得天下之易，未有如隋文帝者。以婦翁之親，值周宣帝早殂，結鄭譯等矯詔入輔政，遂安坐而攘帝位。

隋文帝是以皇太后父親，小皇帝外祖父的身分奪取北周天下，得國於孤兒寡婦之手，而且不是一般的孤兒寡婦，是自己的女兒、自己的至親骨肉，這算什麼本事呢？所以自古號稱得國不正。

第二、怕老婆。因為怕老婆獨孤皇后，隋文帝廢掉皇后討厭的大兒子楊勇，把天下傳給獨孤皇后喜歡的二兒子楊廣，即隋煬帝，結果，恰恰這個兒子亡了隋朝。因為接班人沒選好導致亡國，隋文帝不也得負連帶責任嗎？

相比隋文帝的政績，隋煬帝更糟糕。正史野史講了他無數荒唐的故事，主要針對下列幾方面。

一、奢侈。他為了遊江都，動用幾百萬民工挖大運河，花錢無算，死人無數。

二、暴虐。暴虐到什麼程度？首先，三次發動對高麗的戰爭，是戰爭狂。結果，戰爭引起人民反抗，他卻說，之所以有反抗是因為人太多，於是制定嚴刑峻法，對老百姓大開殺戒，這不是荒唐嗎？

三、荒淫。他在父親隋文帝彌留之際便迫不及待地對父親的妃子霸王硬上弓；在江南窮途末路時，還廣選美女充實後宮，每天臨幸一個，夜夜不虛。當然，最有總結性的是他的諡號。「煬」是中國歷史上最壞的諡號之一，《諡法》說：「好內遠禮曰煬，去禮遠眾曰煬，逆天虐民曰煬。」

好色，害民，違禮，逆天，真可謂壞事做絕！

但是，事實真的如此嗎？我們前面說過，隋朝在政治、軍事、經濟、文化、外交各個領域都取得傑出的成就，如果文帝和煬帝兩代帝王都這麼沒出息的話，恐怕難以取得這樣的成就。

事實上，隋文帝無論如何也稱得上是勵精之主，平生有三個好處，堪稱帝王典範。哪三個好處呢？勤政，節儉，愛民。

先說勤政。勤快到什麼程度？唐朝的宰相蕭瑀曾有一段評價。

克己復禮，勤勞思政，每一坐朝，或至日昃。五品已上，引之論事。宿衛之人，傳餐而食。

這段話是說文帝每天上朝，從早忙到晚，連好好吃一頓飯的工夫都沒有，還得讓衛士傳盒飯，吃工作餐。唐朝接的是隋朝的班，所謂不破不立，絕對沒有為隋文帝抬轎的可能，唐朝大臣這樣評價隋文帝，可見勤政不假。

再看節儉。隋文帝簡樸，在歷史上也是出了名的。他貴為天子，每天吃飯，只有一道葷菜；一件衣服，也是洗了又洗；坐的車，也是一再修理，就是不肯換新。

自己節儉還不算，他對官員要求也特別嚴格。有次，某位地方官到長安進獻貢品，貢品是乾薑，為了方便，也為了好看，官員把薑盛在布袋裡。沒想到隋文帝這個老守財奴一看，大為心疼，把這個官員叫過來罵了一頓。這個官員灰頭土臉的回去，也不太明白皇帝為什麼盛怒，還以為自己做得不夠好，下次進貢香料，居然用氈袋子包裹。文帝見此人居然死不悔改，直接找來，就是一頓板子。官員這下才明白，不是自己做得不好，而是做得太好、太奢侈了。皇帝勤儉治國，不是喊口號，是認真的。

連用布袋子裝乾薑都不行，可想而知，文帝要是看見林黛玉拿絹袋葬花，恐怕當場氣死。這樣的皇帝，生活上可能缺乏點情趣，但是，他絕不會勞民傷財。對於大亂後急需涵養元氣的國家而言，該是何等重要。

再看愛民。這方面，隋文帝可圈可點的事情更多。開皇十四年（五九四），關中大旱，鬧飢荒，隋文帝沒辦法，只好帶著老百姓到洛陽討生活，在當時稱「就食」。

一路上，文帝和老百姓走在一起。山長水闊，路窄人多，走著走著，老百姓不免擠進皇帝的衛隊裡，離皇帝這麼近，安全工作不好做，衛隊想把老百姓趕到一邊去。沒想到文帝不准，不僅不驅趕老百姓，每次看見老百姓攜家帶眷，便趕忙退到路邊，讓老百姓先過。遇到山路崎嶇難行之處，還要衛兵把老百姓肩頭的擔子接過來，放在馬上，讓老百姓感動得熱淚盈眶。

可能有人會說，文帝是開國皇帝，開國皇帝一般素質都還不錯。但是接班的隋煬帝太差勁了。這是只知其一，不知其二。

風塵僕僕

我們舉一個數字就能明瞭。

隋煬帝在位十三年，真正住在長安城裡的時間不足兩年。住在東都洛陽的時間也不到四年。那他其餘時間都在做什麼？答案是：到各地巡遊。有人會說，皇帝整天遊山玩水，這不是勞民傷財嗎，怎麼能叫勤政呢？要知道，隋煬帝出行，可不是都到山清水秀的溫柔富貴鄉。他去的地方，今天請您過去，您都未必願意去。

舉個例子。當時，隋煬帝為了加強對西部地區的控制，決定親自巡行河西走廊。怎麼去呢，從青海過去。從青海進入河西走廊必須翻過祁連山。祁連山主體都是海拔四千公尺以上的崇山峻嶺，要穿越，只能走山

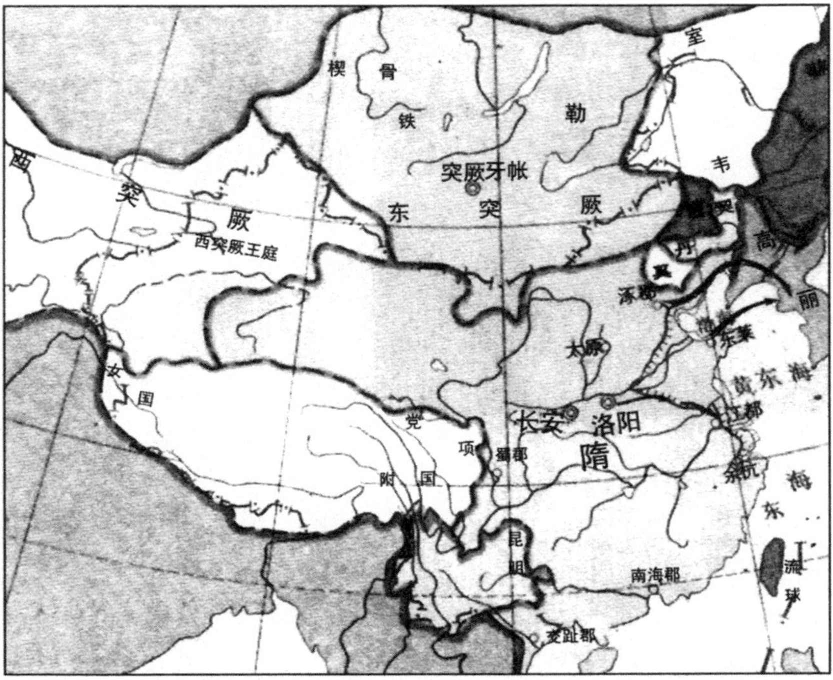

隋煬帝時期隋朝疆域及隋煬帝征高句麗路線圖

谷。隋煬帝選了大斗拔谷（今青海扁都口）這個山谷。雖然是山谷，但海拔也都在三千公尺以上，天氣變化莫測，剛剛可能還豔陽高照，轉眼就變成風雪交加。不光天氣可怕，路也可怕，最窄的地方只容許一人行走，就算貴為皇帝，也只能憑兩條腿走過去。

隋煬帝一行十萬人，走長蛇陣，從清晨一直走到深夜還沒能過完，只能露宿山谷。好多小王子乃至後宮嬪妃、公主冷得受不了，只能和士兵抱成一團相取暖。可想而知，煬帝肯定也狼狽不堪。事實上，在這樣艱苦的地方徒步穿越，綜觀整個中國古代史，也只有隋煬帝一個皇帝做過。隋煬帝一路往西走，最遠到過哪裡呢？玉門關。

我們都知道王之渙這首詩：

> 黃河遠上白雲間，一片孤城萬仞山。
> 羌笛何須怨楊柳，春風不度玉門關。

玉門關在甘肅敦煌西北，連春風都吹不進去，但是，隋煬帝居然去了，這也是中國歷史上皇帝往西走得最遠的一次。隋煬帝為什麼要冒著生命危險到處旅遊？為了開疆拓土。就在這次巡遊後，煬帝在河西走廊設立四郡，分別是西海、河源、鄯善和且末，其中，西海和河源都在現今的青海，而鄯善和且末則在新疆維吾爾自治區，中原王朝第一次全面統治青海地區，就是隋煬帝的貢獻，這還不算勤政嗎？

二世而亡

我們由歷史書上知道，從六一五年隋煬帝親征高麗開始，整個帝國就陷入一片混亂之中。先是不堪勞役兵役的農民造反，緊接著，鎮壓不力的政府官員造反，曾經臣服的少數民族也造反。再到後來，想要謀權篡位的野心家造反，最後，皇帝身邊最可靠的親信、最可靠的軍隊也都造反。所在嘯聚，四海沸騰，真是如大廈傾圮。

不到三年時間，富強的隋帝國土崩瓦解，隋煬帝從一統天下的大隋皇帝、聖人可汗，變成困守江都的獨夫民賊。最後，連獨夫民賊也當不成。六一八年，隋煬帝最信任的軍官帶著他最信任的禁軍發動政變，用三尺白綾結束隋煬帝的性命。一代君主，就用四塊床板收殮，草草地葬在浙江的雷塘（今江蘇揚州城北）。

唐朝詩人羅隱曾有過如此感慨：

> 入郭登橋出郭船，紅樓日日柳年年。
> 君王忍把平陳業，只換雷塘數畝田。

這樣的結局、這樣的評價和他們的功業相比，不也是巨大的反差嗎？

其實，這樣強烈的反差，恐怕正是大隋王朝的魅力所在。隋朝就像流星一樣，瞬間璀璨，瞬間幻滅。而且，當初的璀璨多奪目，後來的毀滅就多驚心。正是這奪目驚心的感覺引起人們深思。隋朝勃興速亡的原因在哪裡？隋文帝和隋煬帝兩代帝王，到底做對了什麼、做錯了什麼？

事實上，這種反思並不是從我們開始，唐朝人已經在思考了。唐朝的開國君主親身經歷隋代的興盛，也親手促成隋朝的滅亡，所以，他們的反思意識格外強烈。唐初的君臣討論，有個永恆的話題，就是隋朝興亡的教訓。可能正是因為這個反面教材隨時提醒唐朝上下警惕，所以短命的隋朝後出現了中國古代歷史的巔峰——唐朝。正如短命的秦朝後就是強大的漢朝一樣。

那麼，隋朝到底為唐朝做了怎樣的鋪墊？唐朝又從隋朝吸取了怎樣的經驗教訓？還有，我們今天能從中得到了怎樣的收穫和啟迪呢？

【第二章】

楊堅出世

楊堅，大隋王朝的締造者，和歷史上很多開國皇帝一樣，有著傳奇的經歷。其中，第一個傳奇就是，他雖然出身關隴貴族，卻是一個生在寺院、由尼姑撫養大的孩子。這段奇特的經歷是什麼原因造成的？它給楊堅後來的人生帶來了怎樣的影響？

北魏六鎮

要講隋朝，當然得從締造者楊堅說起。楊堅是何許人？

可能有人會說，楊堅是弘農楊氏的後裔，《隋書》、《新唐書》都這麼記載，那可是名門望族。這個家族有個大名鼎鼎的祖先楊震，東漢人，號稱「關西孔子」，是個大儒。這樣說來，楊家不僅是名門望族，而且還是文化菁英。

所謂「盡信書則不如無書」。所謂弘農楊氏後裔，恐怕是假的。為什麼呢？舉兩個證據。

第一、楊堅的父親叫楊忠，而楊震的曾祖父也叫楊忠。這就有問題了。中國人跟外國人不一樣。外國人要是敬重祖宗，會讓小孩也起跟祖宗一樣的名字，以示紀念。所以，在英國皇室，就有亨利一世到亨利四世，甚至有愛德華一世到愛德華八世；而中國人則不同，中國人在取名時講究不犯祖先名諱，特別是在楊堅生活的時代，還是世族社會，更講究這一點。

當時有學問的一個重要表現是能背大量的家譜，可以和人說一天話，絕不冒犯別人任何祖先的名諱。比如說別人的爸爸名為李進，那當著人家兒子的面絕不能說出「進」字，這樣一來，「進門」就得改成「入門」。連別人祖先的名諱都要避，更何況是自己的祖宗。試想，如果楊堅真出身弘農楊氏的話，怎麼自己倒冒犯自己祖先的名諱呢？

第二、楊堅的媽媽名叫呂苦桃，是山東人。山東呂氏本來就沒沒無聞，再看苦桃這兩個字，更和小花、小草一樣，是勞動婦女才有的名字。

事實上，呂苦桃家庭確實寒微。後來楊堅當了皇帝，到山東尋找舅舅一家，把舅舅接到京城。楊堅看到舅舅想起去世的母親，潸然淚下。沒想到，舅舅卻一點也不悲傷，反而當著好多大臣的面說：「種末定不可偷，大似苦桃姐。」什麼意思呢？我們家的種誰也偷不去，你看皇帝跟我苦桃姐長得多像啊！話說得很粗魯，顯然文化修養不深，典型的貧下中農。

我們也知道，魏晉南北朝時期是門閥世族社會，婚姻最講究門第，如果楊堅他們家出身於弘農楊氏，他絕不會跟這樣小門小戶的女子結婚。所以說，所謂弘農楊氏，純粹是自抬身價。

楊堅如果不是弘農楊氏後裔，他到底是誰的後裔？

其實，從現有的史料來看，他的遠祖是誰，從哪兒發祥，已經不可考。根據《周書》等史料的記載，比較可信，有真正的名字和事蹟記載的第一代祖先不是大儒楊震，而是個投靠鮮卑族政權的漢人，名為楊鉉；楊氏一族，也不住在弘農，而是居住在武川鎮此一軍鎮裡。

武川鎮在哪裡？它就在現今內蒙古自治區呼和浩特市西北的土城梁村，南面緊鄰大青山，扼守草原進入內地的門戶。

北魏是非常強大的政權，四三九年一舉統一中原。但是，北魏也有敵人。在其北面有個強大的少數民族柔然，不時侵擾北魏。當時，北魏的首都還在平城，也就是現今的山西大同，緊鄰著草原。為了保障首都的安全，北魏在沿邊地區，即現今河北北部、內蒙古南部建立六個軍鎮，合稱六鎮，武川鎮即為其中之一。

因為肩負著保家衛國的重任，所以，六鎮將士大部分是鮮卑貴族，還有一部分是漢人豪強，他們出將入相，政治前景光明。可是，後來發生一件大事，永遠改變了六鎮的命運，改變了北魏的命運，當然，也改變了楊堅家族的命運。

輾轉流離

五二三年，六鎮起義了。起義大軍離開自己的軍鎮，滾滾南下，迅速地衝垮北魏政權。我們剛才講，六鎮是為保護北魏設立的，是國家柱石，怎麼會起義呢？

這得從北魏的漢化說起。北魏雖然是鮮卑族建立的政權，但是非常有雄心。統一中原後，不想像此前的少數民族政權，只會打仗，不會治國，驟興驟滅，想要建立穩定的政府，在中原扎根。可是，怎樣扎根呢？在當時的歷史背景下只有漢化。

基於這樣的雄心和見識，北魏孝文帝進行了大規模的漢化改革。積極學習漢人的先進管理經驗，而且要求所有鮮卑人都穿漢服、改漢姓、說漢話、娶漢女、葬漢地，加速民族融和。另外，為了更接近中原地區，孝文帝把首都從山西平城遷到河南洛陽。孝文帝的漢化改革當然是非常偉大的變革，大大推進鮮卑族的文明進程，但與此同時，這場改革也埋下六鎮起義的種子。為什麼呢？

簡單來說，孝文帝的漢化政策損害六鎮軍人的利益。

我們說過，六鎮本來是保衛國家、保衛首都的橋頭堡，可是自從孝文帝遷都洛陽，六鎮的地位隨之改變。從保衛首都的軍事重鎮變成遠離首都的邊鎮，不再那麼重要。隨著六鎮邊緣化，六鎮將士地位也大大降低，不僅升官愈來愈難，他們粗野豪放的生活方式也愈來愈不入那些漢化鮮卑貴族的法眼。

又要吃苦，又不能升官，還被人看不起，哪個鮮卑貴族願意到六鎮？沒辦法，北魏只好徵召附屬部落、漢人百姓甚至罪犯過來戍邊。這樣一來更糟糕，本來的貴族子弟培訓基地變成勞改農場，地位一落千丈。

在這種情況下，有兩股氣氛在六鎮瀰漫開來。哪兩種呢？第一是怨氣，怨愈來愈漢化、愈來愈腐敗、愈來愈跟他們格格不入的北魏中央；第二種是六鎮內部的袍澤氣，也就是哥兒們的義氣。大家雖然來自五湖四海，有鮮卑人，有漢人，但是既然處境相同，也就不用把民族界限分得那麼清楚，都是割頭換命的好兄弟，都把各個軍鎮看成第二故鄉，甚至比第一故鄉還要親切。

這樣，各個軍鎮和中央的關係愈來愈緊張，終於在五二三年，六鎮士兵爆發起義，起義軍猶如洪流般，一下子把北魏政權沖得七零八落。

這場大變故隨即改變了楊家的命運，確切地說，是改變了楊堅的爸爸楊忠的命運。

在這場起義中，楊忠離開世代生息的武川鎮，輾轉流落到山東。在泰山腳下，楊忠和農家女兒呂苦桃成親。顯然，楊忠的本意，是想隨遇而安，在山東開始新生活。但是，命運捉弄人，沒過多久，楊忠又成為梁朝的俘虜，漂泊到了江南。

這是怎麼回事呢？

當時，梁朝和北魏隔淮河對立，北魏內亂，梁朝趁火打劫，出兵山東，抓了不少俘虜，楊忠就是其中之一。按照史書記載，楊忠長得高大威猛，比南方人強壯得多，一看就是當兵的料，所以，很快又被吸收進梁朝的軍隊，成了梁朝軍官。這樣的日子過了五年，又過不下去了。

五二八年，北魏的內亂尚未結束，梁朝便想插手北魏政治。

當時，北魏皇帝去世，梁朝派了一支七千人的大軍，護送早年投降梁朝的北魏王子元顥返回洛陽，爭奪皇位，想要建立傀儡政權。原本出身北方的楊忠被編入這支軍隊，進入洛陽。

本來，梁朝扶植的這個傀儡皇帝如果能夠坐穩帝位，楊忠也算是從龍功臣，會有較理想的安置。可是，好景不長，傀儡皇帝沒當幾天，就被一支少數民族軍隊殺了，楊忠再度成為俘虜。

這時，北魏已是亂者為王，各種勢力拚搏，爭奪地盤，楊忠也就輾轉在各種軍事力量之間，如水中的浮萍一般。

後來，他終於投到將軍獨孤信麾下。此人也出身武川鎮，對楊忠這個小老鄉很賞識。從此，楊忠成為獨孤信的心腹，跟著獨孤信到處轉戰，從洛陽到關中，從關中到荊州，再從荊州二度進入江南的梁朝，幾乎全天下都跑遍了。

就在楊忠顛沛流離時，中原地區的政局又發生重大變化。北魏最終分裂成東魏和西魏。西魏定都長安，東魏定都鄴城。兩邊雖然都擁立一個北魏皇族當傀儡皇帝，但真正掌權的都是六鎮出身的權臣。其中，西魏掌權者為宇文泰，是武川鎮人；而東魏掌權者為高歡，是懷朔鎮人。

出身武川鎮的宇文泰在西魏掌握大權，流落在各地的武川人紛紛向西魏靠攏，楊忠也不例外。五三六年，受宇文泰人才政策吸引，他又跟著老長官獨孤信輾轉從江南來到關中，投身宇文泰麾下。

當時，西魏政權還是鮮卑人的天下，所有人都必須向鮮卑人靠攏。怎麼靠攏呢？宇文泰賜姓給楊忠，叫普六茹。從此，楊忠變成普六茹忠。改換鮮卑姓氏，意謂著他已經被這個政權視為自己人。這一年，他三十一歲。

古人說，三十而立，這個說法對楊忠來說一點不錯。雖然早年坎坷，但是，從這時起，楊忠終於穩定下來，進入人生的快車道。當時，西魏和東魏戰事頻仍，楊忠屢立戰功，在軍隊中的地位節節攀升，樹立起驍勇的威名。

史書中記載兩則故事。

第一、有一次，楊忠陪宇文泰打獵，忽然一頭猛獸接近，楊忠一看情況緊急，「左手挾其腰，右手拔其舌」，赤手空拳把猛獸打死，足與打虎英雄武松媲美。

第二、楊忠率領的軍隊和敵人大軍隔河對峙，兩邊兵力懸殊，情況非常危急。士兵嚇得兩腿發軟。楊忠一看，索性命令士兵全部下馬，坐地休息，自己單槍匹馬站立河中，宛如中流砥柱，瞪視敵人。敵人一看楊忠如此神勇，再看士兵如此放鬆，以為是計，居然害怕，不敢再追。這可比猛張飛當陽橋上一聲吼還厲害！

在戰亂年代，這樣的英雄當然會受到重用，就在楊忠進入西魏十四年後，西魏整頓軍隊，完善府兵制，在府兵的頂端設置了八柱國、十二大將軍，楊忠便成為十二大將軍之一。

這個身分有多重要呢？在當時戰火紛飛的狀態下，西魏其實是軍政合一，因此，這八柱國、十二大將軍都算出將入相，不光是軍隊的統帥，同時也是國家的領導核心，還是當時關中地區最顯赫的二十大家族，各方面都處於社

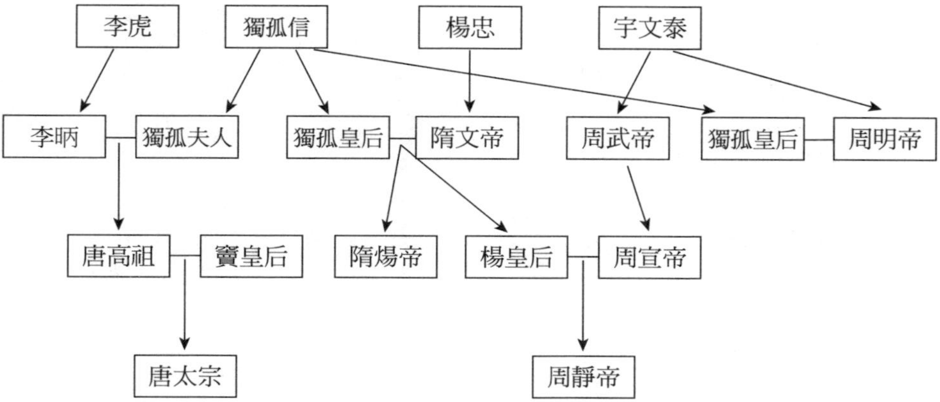

北周隋唐皇室血緣關係圖

會的頂端。

這批軍事貴族以武川鎮軍人為班底，定居關中，胡漢雜糅，文武合一，而且互相通婚，在中國歷史上曾發揮重大作用，所以，史學界稱其為「關隴貴族集團」。西魏、北周、隋、唐四代皇帝都出自此集團，其中，西魏、北周和唐朝的始祖都是柱國，而隋朝的始祖楊忠則是大將軍。能夠擠入這個集團，楊忠算是發跡了。

楊忠已功成名就，但他還缺子嗣。半生奔波，轉眼已步入中年，不能沒人傳遞香火。老天往往喜歡錦上添花，就在楊忠事業日漸興旺發達時，他的長子，亦即日後大名鼎鼎的隋文帝楊堅誕生了。這時，楊忠已經三十六歲了，三十六歲得子，即使在今天都不算早，何況是楊忠生活的那個年代。

少年時代

中年得子，楊忠當然大喜過望。可能有人會說，中國歷代皇帝誕生，不都有許多靈異現象嗎？楊堅有嗎？當然有。

《隋書・高祖本紀》記載：

> 高祖以大統七年（五四一）六月癸丑夜生於馮翊般若寺，紫氣充庭，神光滿室。有尼來自河東，謂皇妣曰：「此兒所從來甚異，不可於俗間處之。」尼將高祖舍於別館，躬自撫養。為人龍頷，額上有五柱入頂，目光外射，有文在手曰「王」。

這是官方版的靈異故事。

這段故事雖然話不多，但是包含楊堅早年的重要資訊，我們當然得仔細分析一下。這段話其實可以分成三部分。

第一部分，「紫氣充庭，神光滿室。」這是真的嗎？這種紅光紫氣的故事我們見多了，基本都不可信，帝王神話而已。當然，若是生在朝霞四射的早晨或彩霞滿天的傍晚，就算小老百姓的孩子，說不定會伴隨著點紫氣神光，只是沒人記錄罷了。

第二部分，「有尼來自河東，謂皇妣曰：『此兒所從來甚異，不可於俗間處之。』尼將高祖舍於別館，躬自撫養。」這是不是真的呢？大體上是。

事實上，楊堅不僅生在寺院裡，而且確實是由名為智仙的尼姑在寺院養大的，與佛教的緣分比從和尚到皇帝的朱元璋深得多。問題是，朱元璋是窮人，不得已到寺廟討生活，楊忠好歹是將軍，為什麼要把兒子交給尼姑養呢？這一方面當然說明楊忠信佛，但另一方面可以看出，楊忠太愛這個孩子了。

中年得子，唯恐養不活，怎麼辦呢？當時人普遍信佛，不如託身佛門，讓佛祖幫忙照顧。所以才讓尼姑放在庵裡養大。但是，真要放在尼姑庵裡，自家人不能隨時照看，楊忠豈能放心。怎麼辦呢？他不是將軍嗎？房子多，便把自家房子部分改做寺院，請當時鼎鼎有名的神尼智仙住持，和《紅樓夢》裡的檻外人妙玉住進賈家家廟櫳翠庵一樣。這樣一來，楊堅是進寺不離家，佛家和世俗的好處都顧及了。

再看第三部分，「為人龍頷，額上有五柱入頂，目光外射，有文在手曰『王』。」這部分是不是真的呢？半真半假。

假的是哪部分？「為人龍頷，額上有五柱入頂」肯定是假的，因為這很畸形，根本不是正常人的長相；手上有字可信可不信，和各旅遊景點所謂的犀牛望月、仙人指路一樣，看得出看不出全憑想像力。

哪部分是真的呢？「目光外射」是真的。所謂目光外射其實就是雙眼炯炯有神，這是精力充沛的表現，也是權威人格的表現。前面提過，楊忠本人就是個美男子，身材高大，美髯飄舞，很符合當時的審美觀。這樣的身材遺傳給楊堅，再加上一雙炯炯有神的大眼睛，還是非常引人注目。後來有很多人幫楊堅看相，都說他容貌非常，可能就是折服於他雄偉的外表和精光四射的眼神。

可能有人會想，這樣一個孩子，爸爸是將軍，難免仗勢欺人；還是中年得子，難免嬌生慣養；又在尼姑庵裡長大，難免帶點女性氣息，這應該是二世祖，長大不會有什麼出息。是不是呢？

還真不是這樣，楊堅從小就老成持重。我們看他兩個表現：

第一、清心寡欲。楊堅成年後曾經說：我從小在尼姑庵長大，喜歡吃素，喜歡聽寺裡的鐘聲，大概前世就是和尚。換言之，尼姑庵沒給他造成什麼女性氣息，反而造就他教徒般的清靜性格。

第二、不苟言笑。嚴肅到什麼程度呢？《隋書》有句話說得好：「雖至親昵，不敢狎也。」意思是這個人不管跟他關係多親近，但你絕對不能捉弄他，不敢跟他開玩笑。從小深沉，天生是當領導的料。

照常理，楊堅應該是典型官二代、二世祖的形象，但他卻少年老成，完全沒有人們想像的二世祖的任何特點。這讓人不解，楊堅為什麼會形成這樣的性格呢？

我想，有兩個原因至關重要。第一、西魏的大環境不給他當二世祖的機會。

我們說過，北魏在六鎮起義後，分裂成東魏和西魏兩個政權。楊堅家屬於西魏。那麼，東魏和西魏哪一方力量較強呢？

當然是東魏。為什麼？

首先，東邊經濟實力強。東魏和西魏基本上以黃河為界。黃河几字形東邊一豎再往東，即現今山西省以東就是東魏，都是當時中國經濟最發達的地區。几字形東邊一豎往西，即陝西省往西才是西魏。這邊地狹民瘠，經濟條件比東魏差許多。

其次，東邊的軍事力量也強過西邊。東魏和西魏的掌權者都出身六鎮，他們的軍事班底也都是六鎮將士。但是，因為東魏占據原來北魏的中心地帶，六鎮將士絕大多數都歸東魏，有十幾萬之眾，而西魏只拿到六鎮之一——武川鎮的兵力，最初入關時甚至不滿三千人，軍事力量對比相當懸殊。

因為力量相差太遠，東魏無時不想吞併西魏，連年進攻，咄咄逼人，而西魏則是疲於應付，自身難保。有一事最能說明兩方力量對比情況。

當時，每年冬天，黃河水封凍後，東魏都有可能派騎兵偷襲。西魏打不過，只好派兵整天守著黃河，不光監視敵情，還得監視河水，一看見黃河結冰，便趕緊鑿開，好讓騎兵無法通過。靠河水阻擋東魏騎兵鐵蹄，屈居守勢的態勢一望而知。

在這種情況下，西魏的領導集團天天想著救亡圖存，因此勵精圖治，很有朝氣。這種大環境可不允許腐化墮落的二世祖存在，相反，愈是將軍的兒子，愈要勞其筋骨、餓其體膚，因為他天生負有重責大任。

第二、楊堅本人的教育環境非常嚴格。

楊堅十三歲前接受的是尼姑智仙的教育，十三到十四歲則是在太學讀書。智仙是個尼姑，但從她遊走權貴之家可以看出，她並不是個單純的尼姑，相反，她有非常入世、非常政治性的一面。

智仙怎麼教育他的呢？舉兩個例子就可以知道。

智仙為楊堅起了個小名那羅延。那羅延是梵文的音譯，金剛力士的意思。在佛教裡，那羅延扮演護法神的角色。現在在寺廟裡還能看到護法神左手持劍、右手持叉的形象。從這個小名看來，智仙非常清楚，楊忠將軍這個兒子，雖然交給她養育，但並不是要當佛門弟子養育，相反的，這個孩子一定會接任將軍，從事殺伐。有如此認識，智仙的教育當然會予以配合。

另一個。楊堅七歲時，智仙曾經告訴他：「兒當大貴，從東國來；佛法當滅，由兒興之。」魏晉南北朝時期，佛教發展興盛，同時，因為時局動盪，末世論、滅佛論也很有影響力。在這種情況下，智仙殷切期望她所養育的小孩將來能夠護法，這不足為奇，但是，在幼小的孩子心中，還是「兒當大貴」這樣的心理暗示更有影響力。

再看太學教育。尼姑的教育雖然方向不錯，但是，畢竟較與世隔絕。一個有遠大志向的孩子真要成長，必須歷經社會化的過程，跟更多人打交道，積累政治資本。

十三歲時，楊堅終於走出尼姑庵，到太學讀書。太學是中國古代專門培養貴族子弟的學校，在漢朝盛行一時。但是，後來天下大亂，太學日趨沒落。西魏集團從六鎮起家，本就是群赳赳武夫，沒什麼文化基礎，即使是六鎮的漢人，也深受鮮卑化影響，大都不學無術。幸好，西魏掌權者宇文泰有見識，他知道，只憑武力無法在關中地區扎下根來，所以，他提倡學習，甚至在衙門裡設置學堂，讓部下白天工作、晚上掃盲。讓官僚子弟到太學讀書，也是其中一環。

太學生涯對楊堅而言十分重要。楊堅在太學不僅學習儒家經典，而且很快成了領袖人物，有了一批追隨者。這是一張寶貴的關係網。事實上，後來幫助楊堅從北周小皇帝手裡奪權的鄭譯，即楊堅在太學的同學。這樣看來，不僅西魏的環境要求楊堅奮發向上，楊堅的早年教育也同樣鼓勵他有所作為。

說了這麼多楊堅的身世和早年教養，現在我們可以總結一下楊堅其人。在我看來，楊堅此時雖然還是少年，但是，他身上已經表現出幾個至關重要的特徵。

第一、背景深厚。他的祖上出身武川鎮，父親是西魏大將軍，而武川鎮軍閥是當時西魏社會的最高層。在門閥體制下，這樣的出身讓他很容易進入政治高層，這也是他日後功業的基礎。

第二、志向遠大，教育良好。楊堅的出身決定了他以天下為己任的性格，而他的學習背景又決定了他文武雙全的底蘊。這在當時應該是非常難得的素質。事實上，當時人們對楊堅的評價也確實如此。據史書記載，一代梟雄宇文泰看見楊堅後非常驚詫，讚嘆說：「此兒風骨，非世間人！」可以想像，一個少年英雄的形象已呼之欲出。

十四歲那年，楊堅從太學畢業，被任命為京兆功曹。此一官職雖然只是長官徵召，而非政府任命，不算正式官員，但是，楊堅畢竟從此邁出了他仕途的第一步。

【第三章】

仕途坎坷

從十七歲正式踏入仕途，整整八年時間，楊堅在小宮伯這個位置紋絲未動。自命不凡的楊堅有點坐不住了，為什麼命運如此捉弄他？是什麼導致楊堅在如此漫長的歲月始終不得提升？這八年的磨難對楊堅又意謂著什麼？

左右為難

楊堅在十四歲時離開太學，進入仕途。沒過多久，他就迎來了一件人生大喜事。他父親的老上司獨孤信決定把女兒獨孤伽羅嫁給他。

獨孤信是西魏八柱國之一，地位比楊忠還高，楊堅有了這樣的岳父，背景更硬了。這時候，西魏已被北周取代，但是政權的基礎並沒有改變。楊堅自身素質良好，出身高貴，再加上強勢的老丈人，在新王朝的仕途本應一番風順。遺憾的是，楊堅剛剛踏入仕途，就遇上一個棘手的問題，北周當時有兩個當家人，一個是周朝的皇帝，另一個則是權臣宇文護，他不知道追隨誰好。

會出現這種情況，得從宇文泰說起。宇文泰是西魏權臣，從五三五年起執掌西魏朝政，為西魏的生存和發展建立莫大功業。但是，五五六年，宇文泰去世。西魏的江山是宇文泰開創的，當然希望兒子能接掌大權，問題是，他的兒子年紀都還小，宇文泰怕那些老將軍、自己那些老哥們不買帳。怎麼辦呢？左思右想，宇文泰只好把兒子託付給侄子。

他的侄子名叫宇文護，當時四十四歲，正值年富力強，頗孚眾望。宇文泰希望他能輔佐自己的兒子接任西魏權臣。面對叔叔的重託，宇文護慨然允諾。但是，怎麼把叔叔交代的事情辦好呢？

宇文護是講究謀略的人。他覺得，宇文泰要是皇帝便罷，老皇帝死了，小皇帝接班順理成章，可是權臣不一樣。權力再大畢竟只是大臣，如果也讓兒子接班當權臣，有點名不正言不順，別的大臣可能不服，就會引發政治上的混亂。

想來想去，他索性一不做、二不休，直接廢了西魏皇帝，輔佐宇文泰的嫡子宇文覺當皇帝，西魏因此變成北周。有皇帝的名分，誰再敢不服氣，就是造反，人人得而誅之。這樣看起來比較魯莽，但實際上倒是快刀斬亂麻，從根本解決了問題。

由此看，宇文護算是北周最大的開國功臣。既然是功臣，當然希望掌握權力；而皇帝也不會輕易放棄權力。這樣一來，宇文護和皇帝的爭權鬥爭於焉展開。

在這種背景下，楊堅接受他人生中第一個正式任命的官職——右小宮伯。右小宮伯掌管皇宮宿衛，在皇帝身邊工作，算是皇帝的近臣，因此升遷很快。

但是，這個官職的地位也非常尷尬，雖然職責是保衛皇帝，但是，在行政隸屬關係上，是天官大塚宰的下

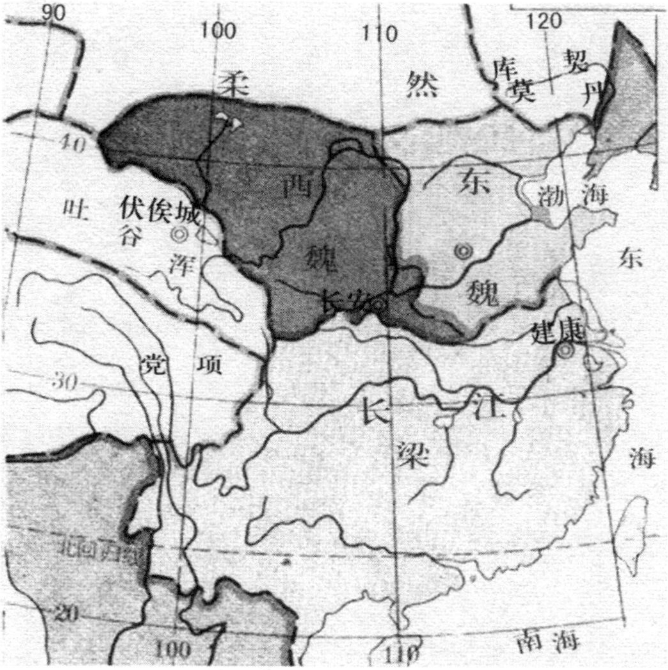

東西兩魏及梁朝勢力範圍形勢圖

屬，而當時的天官大塚宰正是權臣宇文護。換句話說，這個職位正好夾在皇帝與權臣之間。

這個任命一下來，楊堅倒抽了一口冷氣。明知道皇帝和宇文護不和，這不是讓他左右為難嗎？那麼，這個任命是誰的意思？宇文護。宇文護為什麼這麼做？這是賣給楊家一個人情。楊忠身為十二大將軍之一，在老一輩中頗有實力，而楊堅又是少年新銳，宇文護想拉攏楊忠父子。怎麼拉攏？楊堅剛進入仕途，右小宮伯這個職位靠近權力中樞，升遷很快，是個美差，把這個職位給楊堅，楊家就會對自己感恩戴德，說不定以後還能培養成自己的眼線。

宇文護想拉攏楊堅，楊堅卻覺得很為難。宇文護大權在握，連皇帝都鬥不過他，跟著他似乎很有前途；但是，要投靠宇文護，楊堅也有顧慮。宇文護畢竟是大臣，以臣凌君，無論如何也算是悖逆。另外，不久前，宇文護為了專權，逼死老臣獨孤信，而獨孤信正是楊堅的岳父，國仇家恨交加，讓楊堅對宇文護也沒太多好感。

到底何去何從？在政治舞臺上往往是屁股決定腦袋，楊堅拿不定主意。怎麼辦？父親楊忠在政壇歷練一輩子，問他吧！

面對兒子的疑惑，楊忠說了一句最貼近人情、也最明智的話，「兩姑之間難為婦，汝其勿往！」兩個婆婆之間最難做媳婦了，你還是哪邊也別靠吧！這句話說得楊堅頓開茅塞，那就裝傻吧！雖然接受任命，但是，對宇文護不冷不熱、不即不離。這樣的表現宇文護當然不滿意，從此就給楊堅小鞋穿了。

從五五七年到五六五年，楊堅在右小宮伯的職位上一待八年。當年，他剛當上右小宮伯時，才十七歲，誰都覺得前程遠大，現在，他已經二十五歲了，當年的同事都平步青雲，只有他還在原地踏步，心裡真是無限失意。楊堅是個胸懷大志的人，而且，童年時代尼姑智仙所說的「兒當大貴」的預言一直縈繞在他耳邊，什麼時候才能真的大貴起來呢？

轉機

就在楊堅愈來愈焦躁的時候，事情有了轉機。五六五年，楊堅終於以家族背景晉升大將軍，出任隨州刺史（今湖北隨州）。

隨州刺史並非要職，但是，離開令人鬱悶的京城，楊堅還是滿懷憧憬。沒想到，命運之神又跟他開了個玩笑。沒過多久，他又被召回京城，繼續待命。不過，雖然在隨州沒待多久，也沒做出什麼成績，楊堅卻有兩個重大收穫——一個朋友和一顆野心。

這位朋友名為龐晃，當時是襄州總管府總管宇文直下屬。楊堅任職的隨州屬於襄州總管府，按照慣例，楊堅一上任，首先便去拜見上司宇文直。

宇文直是當朝皇帝周武帝的親弟弟，但卻是權臣宇文護的親信，因為有宇文護的庇護，向來眼高於頂，並沒把楊堅放在眼裡，只敷衍他一下，便派下屬龐晃例行回訪。

龐晃和宇文直不同。此人很有見識，只可惜時運不濟，年紀一大把了，卻始終屈居人下。龐晃一看楊堅精光四射的長相，立刻覺得此人不凡，從此傾心結交。

後來，楊堅奉調回長安，路過襄州，龐晃專程為他送行，兩人整整喝了一夜的酒。眼看窗外漸漸泛白，兩人都喝得有點暈頭轉向，龐晃忽然探過身來，附耳對楊堅說：「公相貌非常，名在圖菉。九五之日，幸願不忘。」九五是什麼？這是《易經》裡的一卦，代指皇帝。龐晃的意思是，楊堅要當皇帝啊！預言一個臣子要當皇帝，這不是大逆不道嗎？聽龐晃說出這樣的話來，楊堅的酒醒了一大半，趕緊說：「何妄言也！」

正在這時，窗外忽然傳來雄雞喔喔報曉的聲音。這是吉兆，楊堅心裡一動，對龐晃說：你射這隻雞看看，如果射中了，我就相信你說的話。日後我真富貴了，你來找我，拿這箭做憑證。龐晃一聽，挽弓就射，一箭射個正著。看到龐晃射中，楊堅撫掌大笑，說：「看來這真是天意！」一高興，把兩個貼身婢女都送給龐晃。

說到這裡，可能大家覺得，這兩人不大正常。議論改朝換代是要掉腦袋的事，龐晃膽子可真夠大！楊堅當時才二十多歲，官職也不高，龐晃怎麼看上他呢？不光龐晃表現奇怪，楊堅也挺奇怪。龐晃敢說，他居然敢聽敢信，他怎麼會有這樣的野心呢？

要解釋這個疑惑，就要了解當時的時代背景。從五胡十六國時代開始，王朝更迭頻繁，宮廷政變，權臣篡位屢見不鮮。在當時人看來，兵強馬壯就有可能當皇帝，所以，大家對王朝的忠誠度極低。稍不如意便想造反，或想鼓動別人造反。龐晃就是這麼一個人。

龐晃會看上楊堅，除了長相與眾不同之外，他可能更在意楊堅的身分。楊堅是十二大將軍之子，和西魏、北周的皇帝同屬關隴貴族集團。這個集團本來就是皇帝輪流做，北周就是這樣取代西魏，憑什麼楊堅不能取代北周？正因為有這樣的時代背景，所以，龐晃敢說，楊堅也敢聽，聽了還敢信。

就這樣，在龐晃鼓動下，楊堅帶著某種憧憬回到長安。不過，長安的政局馬上潑了他一盆冷水。自從宇文護當政，皇帝已經換了三個——周閔帝，周明帝，周武帝，沒有一個鬥得過他。宇文護依然不可一世，楊堅也依然受到宇文護排擠，看不到一點前途。怎麼辦呢？

這時母親生病，楊堅索性辭職，整天在家侍奉母親。本想避一避宇文護，沒想到卻因此名聲鵲起。當時提倡以孝治天下，大孝子楊堅一下成了話題人物，聲望節節走高。這樣一來，可把宇文護氣壞了，你這是操控輿論！真是必欲置其死地而後快。

更糟糕的是，五六八年，楊堅的父親楊忠去世。楊堅又失去了重要的政治靠山，更是覺得前途渺茫。龐晃不是說他相貌非常，能夠大貴嗎？現在得罪宇文護，生命都快沒有保障，什麼時候才能大貴呢？

懷著焦慮不安的心情，楊堅開始頻繁地和術士來往。

當時有個著名的術士來和。有次，楊堅把他請到家裡來，神神祕祕地說，我只要一聽到別人的腳步聲，就能分辨出來者是誰。這是不是好事？來和趕緊說：「公眼如曙星，無所不照，當王有天下，願忍誅殺。」您的眼睛像早晨的星星一樣無所不照，這是帝王之相！只希望您不要殺太多人才好。這樣的話聽多了，楊堅又覺得寬慰了些。

楊堅這一時期為什麼如此迷信術士算命？是不是因為野心太大，急不可耐？我覺得並非如此。事實上，此時的楊堅遠遠未到野心膨脹、一心想要當皇帝的地步，只是因為他太擔心前途，所以才要靠這些虛幻的力量來安慰自己。這就是我們常說的「窮算命，富燒香」。

政局陡變

就在楊堅鬱鬱寡歡、求神問卜時，北周出了一件大事，一下子改變整個政局，也改變了楊堅的命運。什麼事呢？周武帝殺了宇文護。周武帝是何許人呢？他名叫宇文邕，是北周第三任皇帝。他能當上皇帝，還是拜宇文護專權所賜。

為什麼這麼說呢？宇文邕是宇文泰第四子，本來輪不到他當皇帝，但是，因為宇文護一連殺了兩個皇帝，他居然就成了皇帝。

要說清楚周武帝即位的來龍去脈，得先講講宇文護和前面兩位皇帝的鬥爭。當年，宇文護廢掉西魏皇帝，擁立宇文泰的嫡長子宇文覺當皇帝，即周閔帝。既然有這麼大的功勞，宇文護難免不把皇帝放在眼裡，想自己專權。可是，周閔帝也不是好欺負的，非要和宇文護較量，結果宇文護一發狠，把閔帝毒死了，另立宇文泰的庶長子宇文毓當皇帝，史稱周明帝。

沒想到，周明帝也是個血性漢子，當了皇帝後接著跟宇文護鬥，宇文護不耐煩，又把他毒死了。這時候再看看宇文泰活著的兒子，覺得排行第四、年僅十七歲的宇文邕比較老實，就讓他當皇帝，即周武帝。宇文護對周武帝有擁立之功，又成了周武帝的大功臣，還是繼續擅權。

周武帝較有智慧。當年，他的父親宇文泰就非常賞識他，曾經說：「成吾志者，必此兒也。」他的哥哥周明帝臨死前，也說：「能弘我周家，必此子也。」兩代皇帝都對他評價這麼高，可見周武帝必有不凡之處。

怎麼不凡呢？他和兩個哥哥一樣，也想結束宇文護專權的局面，但是，他不急於求成，他懂得時間可以解決很多問題，所以，寧願把時間拉長，分兩步走。

第一步叫韜光養晦。周武帝一上臺就裝傻，表現出一副對政治不感興趣的樣子，任由宇文護發號施令，解除宇文護的戒心。裝傻之外，周武帝還對宇文護表現得畢恭畢敬，努力討取他的歡心。

怎麼畢恭畢敬呢？周武帝即位後，下了一道詔命，說：

大塚宰晉國公，親則懿昆，任當元輔，自今詔誥及百司文書，並不得稱公名。

大塚宰宇文護，從親戚的角度來說是我哥哥，從官職的角度來說是國家的宰相，這是多麼尊貴的人啊！所以，我決定，以後任何詔誥和文書，都不能直呼其名，只能稱晉國公，以示尊重。

此即所謂的贊拜不名，在中國古代是極大的榮耀。事實上，不僅贊拜不名，周武帝每次在宮裡見到宇文護，都要站起來說話，他說，我和晉國公不僅是君臣，更是親人，宇文護是堂哥，我是堂弟，站著說話是應該的。

討好宇文護之外，周武帝還討好宇文護的家人。當時，宇文護的母親被北齊俘虜，關押了三十五年才獲得釋放。母親受了這麼多委屈，宇文護自然想竭盡全力補償她。周武帝看在眼裡，對這位伯母特別關心。每到年節都向伯母跪拜祝賀，伺候得比皇太后還要周到。見周武帝對自己的母親如此盡心，宇文護也很感動，對他的警惕就此放鬆。

周武帝韜光養晦多久？整整十二年。十二年如一日地忍氣吞聲。他這樣做有什麼好處？兩個好處：第一、慢慢消除宇文護的戒心，讓宇文護放鬆對他的警惕。第二、慣著宇文護，讓他狂妄自大，讓他樹敵。等到宇文護戒心幾乎解除，樹敵卻愈來愈多時，周武帝便使出第二招。

第二招叫出其不意，攻其不備。宇文護有個親信名為宇文直，此人也是周武帝的親弟弟，跟兩頭都有關係。

五七二年，宇文直因為作戰失利遭宇文護罷官，心裡不忿，一氣之下轉而投靠周武帝。周武帝一看敵人內部發生分裂，眼看時機到了，便制訂計畫。

這一年春天，宇文護從同州返回長安，周武帝照舊出來迎接，陪同宇文護拜見周武帝的母親皇太后。周武帝一邊走、一邊對宇文護說：

太后春秋高，頗好飲酒。雖屢諫，未蒙垂納。兄今入朝，願更啟請。

母后現在歲數大了，還老是喝酒，對身體多不好啊！哥哥呀，你有威望，她尊重你，你勸勸她吧！

宇文護說，我勸她倒是可以，但是怎麼勸呢？這時，周武帝從懷裡掏出一篇〈酒誥〉，即當年周公所寫，奉勸大家不要喝酒的文告，說，我早想好了。您見皇太后時，就把這篇〈酒誥〉讀給太后聽，太后說不定會覺得慚愧，從此戒酒。

宇文護說沒問題，進到太后居住的含仁殿，拜見太后，然後大搖大擺地坐下。周武帝則規規矩矩地站在旁邊侍立。宇文護坐好後，按照周武帝交代，對太后讀起〈酒誥〉。

沒想到他讀得正起勁，周武帝舉起玉珽就往他腦袋上猛地一擊，宇文護一下子跌倒在地。但是，沒有死，手腳並用地掙扎著要站起來。

這太出乎意外，情急之下，周武帝趕緊命令心腹宦官何泉用刀砍，沒想到宇文護平時威風慣了，何泉怕他，心慌手顫，連砍幾刀都沒有擊中要害。

這下危險了，萬一宇文護掙扎出去，聯合各方力量發動政變，周武帝就要變成他手下第三個犧牲品了。怎麼辦呢？不是說宇文護的心腹宇文直已經投靠周武帝嗎？他就埋伏在宮裡準備接應，一看形勢危急，宇文直馬上跑出來，一刀砍死了宇文護。

就這樣，殺死兩代皇帝的權臣宇文護命喪黃泉，周武帝終於大權在握，當上了真皇帝。

消滅了宇文護的勢力，這對北周的發展影響重大。從此，北周一掃權臣專權造成的政治亂象，在一代英主周武帝領導下，集中精力經營建設，一心一意謀求發展。

這件事能夠成功，最高興的莫過於周武帝，再來恐怕就是楊堅。畢竟這麼多年來宇文護一直在壓制他。現在宇文護死了，周武帝對他會怎麼樣呢？楊堅拭目以待。

勵精圖治

經過一番觀察，楊堅發現，周武帝並非泛泛之輩。

親政不久，他做了三件大事。

第一項，整軍。

怎麼整呢？周武帝發布兩道著名的命令。

第一道命令，「改諸軍軍士為侍官」。什麼意思呢？以前，北周軍隊將士都直屬於本軍長官，因此，將軍權力很大，皇帝都管不了他們。現在改軍士為侍官，不僅名稱變了，含意也變了。從此以後，所有士兵都是皇帝的侍官，直屬於皇帝，不再是將軍的私兵，如此一來，皇帝對軍隊的指揮權加強，皇權隨之大大提高。

第二個命令，（諸軍）「募百姓充之，除其縣籍」。什麼意思呢？簡單地說，漢人百姓此後也可以當兵。

這個詔令的意義十分重要。自從五胡十六國以來，少數民族政權都實行部落兵制，只讓本民族的人當兵，藉此維護本民族的特權，壓制漢人及其他少數民族。這是一種民族壓迫，也是這些少數民族政權不能長久統治的重要因素。

現在，周武帝吸收漢人當兵，可謂一箭雙雕。不僅擴大兵源，也解決困擾已久的民族問題。漢人能夠當兵，從此不再是二等公民。此後，漢人大量進入北周軍隊，慢慢成為北周軍隊的主體。這樣一來，北周不再光是鮮卑人的國家，它也是漢人的國家，漢人和鮮卑人都對北周有了認同感。這就解決了困擾已久的民族問題。

周武帝做的第二項工作是找錢。怎麼找錢呢？從佛寺裡找。具體作法就是沒收寺產，銷毀塑像，勒令和尚道士一律還俗。

可能有人會說，這和錢有什麼關係？大有關係。當時身處亂世，老百姓內心苦悶，所以，對宗教，特別是佛教的信仰非常虔誠。

在這種背景下，寺院大肆擴張。當時北周有一萬多家寺院，和尚則超過一百萬。各寺院還占據大量土地和大量的依附人口。為寺院服務的人多了，為國家服務的人就少了，這是與國爭利，周武帝無法接受。

建德三年（五七三），周武帝下詔，廢掉佛寺，沒收寺產，充當軍費，同時，勒令和尚還俗，其中青壯年一律編入軍隊。此即「求兵於僧眾之間，取地於塔廟之下」。北周的經濟實力乃至軍事實力都因此大為增強。

第三項，遠交近攻。要打仗，得有和平的外交環境，否則難免腹背受敵。周武帝北和突厥、南通江南的陳朝，大興和平外交。

話說起來容易，做起來可不容易。以北和突厥來說。怎麼和呢？周武帝千辛萬苦娶了突厥可汗的公主阿史那氏。這當然是政治聯姻，缺乏真正的感情基礎，所以，娶回來後，周武帝每天對她客客氣氣的，尊重有加，但是，親切不足。

這事被周武帝六、七歲的外甥女看在眼裡。小姑娘對周武帝說：

> 四邊未靜，突厥尚強，願舅抑情撫慰，以蒼生為念。但須突厥之助，則江南、關東不能為患矣！

意思是，現在我們跟江南、北齊打仗，突厥強大，我們有求於人家，為了國家，請您裝出愛她的樣子吧！周武帝一聽，幡然醒悟，我和親是為了什麼？從此把真正的感情放在一邊，每天在這位突厥公主面前扮演恩愛郎君。這個眼光精準、少年老成的小姑娘是誰？就是後來唐高祖李淵的夫人竇皇后。

周武帝進行一連串改革，他要做什麼？就是把槍口對準北齊。這麼多年，一直是東魏和北齊壓著西邊打，想併吞西魏、北周，現在，風水輪流轉，周武帝要反轉局面了！周武帝這樣勵精圖治，楊堅是什麼心情呢？楊堅也是摩拳擦掌。

要知道，楊堅畢竟是武將之子，雖然沒打過仗，但是，他繼承了父親的身分，當然也就繼承父親的使命。現在終於有建功立業的機會，楊堅怎麼能不激動呢！

好事成雙。就在楊堅心情日漸開朗時，一件更讓他興奮的喜事降臨了。

建德二年（五七三），周武帝為太子宇文贇納妃，娶的就是楊堅和獨孤夫人的長女楊麗華。和周武帝成了親家，楊堅的身分一下抬高了不少。

現在，他不僅是隨國公、大將軍，還是皇親國戚，這才是真正的位高權重，與國休戚。

【第四章】

權威鎮主

南北朝時期，北方存在著兩個對立的政權——北齊和北周。兩個政權互不相讓，都想吞併對方。本來，北齊兵多地廣，優勢明顯，但是，經過周武帝的勵精圖治，北周逐漸占了上風。在這種情況下，北周武帝決定討伐北齊，統一中原。在這場戰爭中，誰是最後的贏家？楊堅的命運又將經歷怎樣的變故？

一決勝負

北周武帝在平定內亂、解決權臣專權問題後，便致力於對外戰爭，要和北齊決一勝負。但是，打仗是雙方的事，戰爭的輸贏不僅取決於你做了什麼，還取決於對手做了什麼。在北周武帝勵精圖治時，北齊皇帝在做什麼呢？

北齊正在齊後主高緯的領導下走下坡路。高緯是中國歷史上著名的昏君。此人性格軟弱、凶殘又變態。

怎麼軟弱呢？齊後主雖然是個皇帝，但是膽子特別小，從來不敢看著大臣說話。哪個大臣匯報時多看他一眼，他馬上就大發雷霆。使得大臣也很緊張，只好把報告時間減到最短，講個梗概，然後趕緊離開，別嚇著皇帝。

按照我們的想像，軟弱的人應該心腸好，偏不。齊後主還特別暴虐。當時，有人告發他的弟弟在地方整天殺人，請他管束，他就把弟弟召回來，問他，聽說你在地方玩遊戲花樣翻新啊，什麼遊戲最好玩？

他弟弟說，弄一盆蠍子，然後把猴子放進去，看蠍子咬猴子最好玩。齊後主一聽大受啟發，連夜派人捉了好幾升蠍子，放在盆子裡，然後把人赤裸裸扔進去，聽人在蠍子堆裡慘叫，他在外面哈哈大笑。這愛好真讓人毛骨悚然。

再說變態。齊後主好好的皇帝不當，喜歡當叫化子。他在後花園蓋了一片貧民窟，自己穿上叫化子的衣服，在裡面遊蕩。一個人遊蕩沒意思，他又弄了一個貧民窟跳蚤市場，請一幫公卿大臣、宦官宮女都扮成叫花子，在那兒做生意。看得興起，齊後主也參與進去，又買又賣，玩得不亦樂乎。顯然，齊後主根本不是當皇帝的料。

這麼離譜的人當皇帝，肯定做不出什麼好事。齊後主也確實沒做過什麼好事。倒是在兩方面給人留下深刻印象。

第一、親小人，遠賢臣。北齊後主在用人方面極其糊塗。他最喜歡什麼人？能陪他遊玩的人。北齊後主雖然政治昏庸，但是個藝術家，擅長譜曲，也彈琵琶。曾經寫過一首著名的〈無愁〉曲，人稱「無愁天子」。當時北齊的藝術家中，有一支非常重要的力量，就是西域胡人，這些人在唱歌、跳舞、樂器、雜技等諸多方面水準極高，讓齊後主頗有惺惺相惜之感，便讓他們都當官。《北史》記載，當時「刑殘閹宦、蒼頭盧兒、西域丑胡、龜茲雜伎，封王者接武，開府者比肩」。俳優當官，已經夠不像話，更誇張的是，連養在宮裡的寵物，像波斯狗、鬥雞、獵鷹之類也都能當官。怎麼當呢？按照性別，雄性的封儀同，雌性的封郡君。

有一句話叫「君子道消，小人道長」，朝廷裡小人多，君子也就難以立足。很多有為的大臣都在齊後主的統治下死於非命。在所有被冤殺的大臣裡，最可惜的就是斛律光。說到斛律光大家可能並不熟悉，但其父親斛律金則無人不曉。有一首詩〈敕勒歌〉：

> 敕勒川，陰山下，天似穹窿，籠蓋四野。天蒼蒼，野茫茫，風吹草低見牛羊。

這首千古絕唱的作者就是斛律金。他和兒子斛律光兩代為北齊服務，戰功赫赫。斛律光的女兒還是齊後主高緯的皇后。因此斛律光覺得自己與國休戚，經常直言極諫，如此一來，不免惹惱昏君齊後主，治了他謀反罪，以弓弦勒死。

斛律光是北周的勁敵。聽說齊後主自毀長城，周武帝高興不已，大赦天下，舉國慶賀。真是親者痛，仇者快！

第二件，寵幸美色。說到齊後主寵幸的女子，不能不提到中國歷史上著名的美人馮小憐。馮小憐本是婢女出身，但是她不僅聰明漂亮，而且能彈琵琶，擅長歌舞，和皇帝有相同愛好。

對這樣的美人，齊後主一往情深，與她坐則同席、出則並馬，整天祈禱生死一處，恩愛之情不亞於唐玄宗和楊貴妃。可能有人會說，封建帝王難得伉儷情深，這也不算什麼大錯。

但是，要命的是，自從有了馮小憐，齊後主治國理政更加荒唐。俗話說，狼帶領的羊群能夠打敗羊帶領的狼群，把雄才大略的周武帝和昏庸無能的齊後主放在一起，命運的天平明顯向北周傾斜。平定北齊，便成為周武帝的計畫。

打仗要講究時機。時機對了，可收事半功倍之效。

建德四年（五七五），江南陳朝發兵北齊，要奪回被北齊侵占的淮河以南地區。齊國的兵力多被引至南邊，這真是天賜良機。同年七月，周武帝下令，調動十八萬大軍東出潼關，直撲洛陽。

楊堅被任命為偏師統帥，率領水軍從渭水進入黃河，配合主力作戰。洛陽是當年北魏的首都，也是北齊的軍事重鎮。河洛一帶，匯聚北齊大量精兵。周武帝帶兵連續攻打二十天，還是攻不下。這時，齊國的援軍已到，周武帝又生了病，只好下令撤軍。

主力走了，楊堅的三萬水軍怎麼呢？這候，雖然水軍也取了一些勝利，但是，獨立作戰肯定不行。所以，楊堅也得走。問題是，怎麼走？有人說，原路返回不就得了？要知道，出征時從渭水進入黃河，是順流而下，要想原路返回，可是逆流而上，船走得慢，萬一北齊的追兵追過來就麻煩了，弄不好會全軍覆沒。

怎麼辦？楊堅想來想去，下令部隊燒燬戰船，改走陸路撤軍。這樣看來，此次戰役無論是周武帝還是楊堅，全部鎩羽而歸。不過，雖然戰爭失利，但是，楊堅的整體表現還是不錯的。楊堅第一次上戰場，在戰爭整體不利的情況下能夠審時度勢，果斷做出決定，燒掉戰船，全身而退，算得上是個合格的將軍。

平陽攻守

第一次出師不利，並沒有影響周武帝平齊的決心。隔年十月，周武帝又率領十五萬大軍出征。這十五萬大軍分為左右各三路，其中右路第三軍總管就是楊堅。很顯然，由於第一次帶兵表現不錯，這一次，楊堅的地位提升了，他不再是偏師將軍，而是主力。

這一次，周武帝記取教訓，沒有選擇重兵

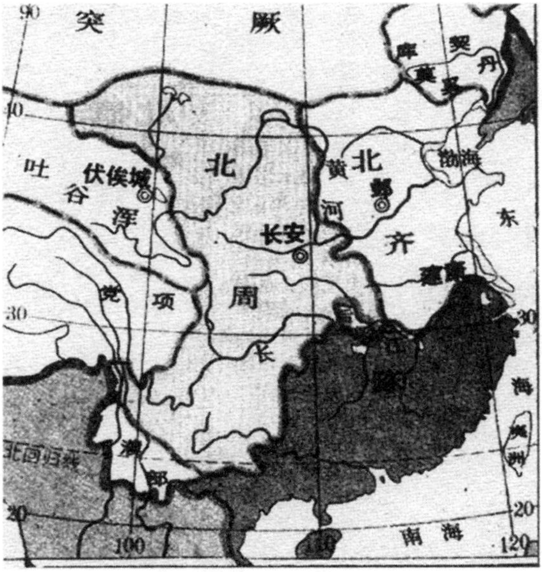

北周後期三國勢力對比形勢圖

把守的河南洛陽做為主攻方向，而是往北走，直撲北齊的軍事重鎮平陽，即現今山西臨汾。周武帝攻打平陽時，齊後主高緯正帶著寵妃馮小憐在天池，即現今山西寧武縣管涔山打獵，兩地相距不遠，平陽的告急文書馬上傳來。而且是「自旦至午，驛馬三至」，從早晨到中午，雞毛信已經走了三趟。

可是，不管來幾次，齊後主根本沒看到。為什麼？一個名為高阿那肱的寵臣直接擋駕了。他說：皇上玩得正開心，這種小小的戰事乃是家常便飯，何必打擾皇帝雅興呢！就這樣，平陽始終沒能盼來皇帝的支援，兵力不夠，到了傍晚，終於傳來平陽陷落的消息。這下，高阿那肱也覺得大事不妙，趕緊報告齊後主。齊後主一聽也急了，便想親自率領大軍馳援。

沒想到，他急，有人不急。誰呢？馮小憐。馮小憐當時玩興正濃，求後主說：「更殺一圍。」再打一圈嘛！一邊是江山，一邊是美人，這下齊後主可為難了吧？一點都不為難，齊後主二話不說，陪著馮小憐打獵去了。

要知道，平陽在北齊的地位非常重要。因為北齊雖然定都鄴城，但是，別都卻在晉陽，即現今山西太原。而平陽就是晉陽的前哨。現在平陽陷落，齊後主居然還有心情打獵，真是荒唐到家。

好不容易打完獵，齊後主和馮小憐直接回別都晉陽。調動十多萬鮮卑精銳，率軍親征欲奪回平陽。皇帝親征，對北齊士兵當然帶來巨大鼓舞，士氣高漲。一看北齊軍隊勢頭猛烈，連周武帝都膽怯，留下將軍梁士彥，率領一萬士兵守衛平陽，自己率領大軍先退回長安。

北齊軍隊把平陽城圍個水洩不通。晝夜輪番攻打，平陽城城樓都打禿了，城也愈打愈矮，最後只剩一公尺左右。眼看頂不住了，梁士彥慷慨自若，對將士說：「死在今日，吾為爾先！」

就算死，我也要死在你們前頭。弟兄們，跟我衝！

將士一看主帥捨生忘死，個個奮勇爭先，一下子把北齊軍隊打退老遠。北齊兵退了，梁士彥趕緊組織城裡的老幼婦孺齊上陣，晝夜修城。等到城修好，北齊軍隊也回來了。眼看城牆修得堅固，北齊軍隊改變主意。

這一次，他們不攻城牆，改挖地道，把城牆下掏空一個洞，牆轟地倒了一大片，形成一個大缺口，北齊士兵就要往裡衝。可是，就在這關鍵時刻，忽然齊後主喊了暫停。為什麼？因為馮小憐沒在身邊。有道是精采不容錯過，他想讓馮小憐親眼看看大軍入城的光榮時刻。沒想到，馮小憐正在化妝，精雕細琢，好一陣子才走出門來。

這一會兒工夫，北周的士兵已經用木頭把垮塌了的城牆暫時堵上，北齊軍隊想衝也衝不進去。因為齊後主一再貽誤戰機，小小的平陽城圍了一個月，硬是攻不下。在兩軍僵持時，周武帝又親自率領八萬援軍趕到，雙方隨即擺開陣勢，準備決一死戰。

大戰在即，怎麼鼓舞士氣呢？周武帝在戰場上閱起兵來。只見周武帝騎著馬，從一個一個陣前走過。每到一個陣前，就高聲叫出主帥的名字，鼓勵他帶領部下，英勇殺敵。

好多將領根本沒想到周武帝記得住他們的名字，感動到熱淚盈眶，戰士們也都熱血沸騰，北周的士氣一下子提振起來。不過，北周雖然士氣高漲，但是依然面臨巨大的困難。

什麼困難呢？北齊軍隊和北周軍隊之間橫亙著極深的壕溝，是當年北齊皇帝預先修好的防線，如果強攻，肯定造成不少傷亡。這讓周武帝十分苦惱。怎麼辦呢？正在猶豫時，齊後主親自幫了他們忙。

他怎麼幫忙呢？當時，齊後主召開軍事會議，商討如何作戰，那些寵臣趕緊表態。其中一個宦官說：周武帝是天子，陛下也是天子，他們遠來攻伐，咱們怎麼能守著壕溝示弱！不如咱們填平了壕溝，先衝過去！齊後主一聽，對呀！我怎麼能做這麼沒有面子的事呢？當即命令士兵把壕溝填平了。周武帝一看碰上這麼個傻子，喜出望外，毫不客氣，馬上率領大軍衝過來。

兩軍交鋒，齊後主和馮小憐並馬觀戰。本來北齊軍隊並不弱，只是東翼稍稍退卻了一點，這在戰場上實屬常事。可是馮小憐不懂，一看到自家軍隊退了，她馬上嚇得花容失色，大叫：「軍隊敗了，陛下趕快跑吧！」齊後主本來是個沒有主意的人，聽美人一叫，也撥轉馬頭就跑。

他這一跑，軍心就亂了，結果，這仗打得北齊大敗，戰死的、踩踏死的超過一萬多人。不僅平陽沒奪回來，很快連別都晉陽也丟了。唐朝的詩人李商隱寫過一首詩：

一笑傾城國便亡，何勞荊棘始堪傷。
小憐玉體橫陳夜，已報周師入晉陽。

後來便有「玉體橫陳」這個成語，比喻婦女不正當的誘惑。這首詩也好，成語也好，難免有紅顏禍水的意思，馮小憐確實不利於這場戰爭；但是，如果不是因為齊後主昏庸至極，就算馮小憐玉體橫陳，又怎可能影響戰爭大局？

北齊亡國

別都晉陽丟了，齊後主呢？他跑回鄴城。鄴城即現今河北臨漳，是北齊首都，屯駐了不少兵力，如果指揮得當，還是可以固守。周武帝在打仗之前，不是親自閱兵、激勵士氣嗎？守衛鄴城的大將斛律孝卿為齊後主出了同樣的主意，讓他親自向守城將士講話，鼓勵軍心。

當然，斛律孝卿知道齊後主靠不住，為了讓他別出錯，斛律孝卿還親自為他撰寫講演稿，請後主提前背熟，到時務必講得慷慨激昂、打動人心。可是，齊後主為人懦弱，本來就害怕跟人面對面說話，現在看著眼前十多萬士兵、十萬多雙亮晶晶的眼睛，他一下子把演講詞給忘了。站在那裡張口結舌。

這也罷了，站了一陣子之後，他不知道是緊張過頭還是哪根神經搭錯了，居然哈哈大笑起來，這下子可把眾將士惹惱了，大家都說：「皇帝都這樣，我們急什麼！」全都無心打仗。

這時，齊後主也絕望了，乾脆把搖搖欲墜的皇位傳給年僅八歲的太子，自己當太上皇，逃避責任。這還不算，傳位大典剛結束，齊後主就帶著小皇帝逃走，打算投奔陳朝。

可是，仗都打到這個地步，北周怎麼可能放走齊後主呢？他們一行人剛到青州，北周軍隊已經從天而降，齊後主束手就擒，被押往長安，很快被殺。一笑傾城的馮小憐，也被賞給代王宇文達做妾。

據史書記載，宇文達對馮小憐相當寵愛，但是，小憐始終不能忘情於齊後主，還曾寫詩明志：

雖蒙今日寵，猶憶昔日憐，
欲知心斷絕，應看膝上弦。

沒過多久，馮小憐自殺身亡。單從感情角度看，也算是一對生死相依的薄命鴛鴦了。只是，政治畢竟不只是男歡女愛，伴隨著「無愁天子」亡國，北齊疆域內的五十州、一百六十二郡、三百三十萬戶人全歸入北周。至此，東西兩部分再度合而為一，北周的實力因此大幅增強。

追殲殘餘勢力

北周打敗北齊，統一中原是中國歷史上的一件大事。楊堅做為右路第三軍統帥，史書沒有明確記載他有什麼貢獻。但是，在追殲北齊殘餘勢力方面，楊堅的貢獻非常突出。

什麼殘餘勢力呢？任城王高湝。任城王高湝是北齊始祖高歡之子，也是齊後主的親叔叔，當時擔任瀛州刺史，在齊國的宗室中輩分最高、威望也最隆。在帶著小皇帝逃亡的過程中，齊後主又讓小皇帝禪位給任城王高湝。傳達禪位詔書的就是給齊後主寫發言稿的斛律孝卿。

可是，斛律孝卿早已對北齊政權絕望，帶著這份詔書直接投奔北周。不過，高湝雖然沒有見到這份所謂的禪位詔書，但他畢竟是北齊的親王，家國情深，所以，北齊危亡之際，他不待命令，已在冀州募兵，組織抵抗。

高湝不惜重金，招募勇士，很快招募了四萬人，一時間聲勢極大，影響北齊故地的穩定。周武帝就派齊王宇文憲和楊堅率領主力部隊，出兵討伐。

楊堅這邊宜將剩勇追窮寇，高湝那邊則兵敗如山倒，所以，討伐的結果毫無意外，過程也沒有什麼驚心動魄之處。

但是，值得注意的是楊堅在這場戰役中的位置。什麼位置呢？他是齊王宇文憲的搭檔。要知道，宇文憲可是周武帝的親弟弟，周武帝派親家和弟弟一起討伐北齊殘餘勢力，說明周武帝對楊堅相當看重。

招致猜忌

建德六年（五七七），周武帝任命楊堅為定州總管，進位柱國。定州總管是主政河北地區的封疆大吏，柱國則是最高級別的軍事統帥，楊堅這兩個身分兼而有之，是不折不扣的親信加重臣。能夠得到這樣重要的位置，楊堅滿懷喜悅。

當年，楊堅在隨州當刺史時，朋友龐晃說他有天命，讓失意的楊堅備感安慰。現在，楊堅當上定州總管，而龐晃也正好出任常山郡太守，常山郡和定州毗鄰，兩個老朋友又見面了。這對楊堅來說更是意外之喜。

但是，就在楊堅喜上加喜時，有些對他不利的說法出現了。什麼說法呢？定州城的西門長久以來一直是封閉的。當年，北齊開國皇帝高洋當政時，曾經有人建議把西門打開，方便行人往來。結果，高洋不僅不允許，還說了句奇怪的話：「當有聖人來啟之。」會有聖人來打開這扇門。現在，楊堅升任定州總管，就把西門打開了。結果，定州父老馬上聯想起當年的傳說，一下子傳得沸沸揚揚。說楊堅就是傳說中的聖人。

聖人可不能隨便叫，這在當時也是皇帝的代名詞。這個說法一傳出去，立刻有人犯嘀咕。誰呢？當朝皇帝周武帝。這些年來，不少人在周武帝面前說楊堅相貌不尋常。難道楊堅真有天命不成？

那麼，城門一開一關，是不是那麼神聖呢？其實未必。為什麼高洋時期，定州城不開西門？因為那時北齊和北周處於軍事對抗狀態，高洋唯恐敵人從西邊突破，所以不開西門。但是楊堅不一樣，他本身就從西邊過來，而且，既然北齊和北周已經統一，當然要採取措施，便利東西向的交流，便把西門打開了。這本來沒有什麼神祕之處，當年高洋所謂「當有聖人來啟之」恐怕不過是個說法而已。

但是，周武帝可不這麼想。為什麼呢？因為除了定州城的傳說之外，在此之前，已經有一些關於楊堅相貌的說法，說楊堅有反相。誰說的呢？第一個就是齊王宇文憲。

早在建德四年（五七五），即北周第一次伐齊前，宇文憲曾對周武帝說：

普六茹堅相貌非常，臣每見之，不覺自失。恐非人下，請早除之。

普六茹堅相貌非凡，我每次看見他都深感震撼，甚至都不知道自己是誰了，這樣的人不會久居人下，陛下還是除掉算了！

第二年，北周的內史王軌也對周武帝說：「皇太子非社稷主，普六茹堅貌有反相。」皇太子不是個有本事的人，普六茹堅倒是面有反相。這個外戚不尋常，陛下要為今後打算啊！要知道，齊王宇文憲是周武帝的親弟弟，而內史王軌是武帝近臣，兩個人都深受武帝信任。這兩個人說楊堅有反相，周武帝不可能不重視。

可是，怎麼重視呢？這兩人提出的都不是什麼真憑實據，而是比較主觀的「反相」，周武帝也無法調查研究，只能以虛對虛，找相面專家給楊堅相面。周武帝找的面相專家是誰呢？來和。

當年宇文護執政時，楊堅就請他相過面。那時，正是來和說楊堅有帝王之表。現在，周武帝又來問同樣的問題，來和怎麼說呢？他說：

隨公只是守節人，可鎮一方。若為將領，陣無不破。

隨公只是個守節的臣子，能夠鎮守一方而已。如果讓他當將領，倒是戰無不勝，但是，別的就沒什麼了。

可能有人會問，來和為什麼不對周武帝說實話？很簡單，兩個原因。

第一、來和在政治上傾向於楊堅，願意幫楊堅擺脫困境。

第二、來和也不敢說實話。如果對周武帝說楊堅有帝王相，周武帝必定要審楊堅，一審問，就會牽連出當年他為楊堅算命，預言楊堅要當皇帝一事，那來和不是自討苦吃嗎？所以，來和不敢說，索性一口咬定，楊堅就是當將軍、當大臣的料，不會有反心。

來和算是當時首屈一指的面相專家，聽他這麼一說，周武帝也就沒有繼續追究，而且還讓楊堅參加兩次平定北齊的戰爭。楊堅也確實像來和說的那樣，陣無不破，立了大功。正因為如此，武帝才讓他當定州總管府總管。可是，現在定州出現了這樣的傳說，武帝心裡又不踏實了。

問題是，怎麼處理楊堅呢？置之不理？不可能。因為身處亂世，周武帝見過太多權臣篡權之事，他父親宇文泰就是權臣，他家的江山就是從西魏篡來的；而且，他當皇帝的頭十二年，不也一直受制於權臣宇文護嗎？現在楊堅位高權重，又是太子的岳父，皇親國戚，再有這樣的天命傳聞，讓他不得不提高警惕。

那直接殺了楊堅？也沒必要。周武帝號稱一代雄主，並非疑神疑鬼之人。楊堅畢竟沒有任何出格的舉動，而周武帝本人才三十多歲，年富力強，平定北齊後，聲望更是如日中天，楊堅在他手下，能翻起多大的風浪呢？周武帝也不相信。

既不能全信，又不能不信，怎麼辦呢？周武帝採取折中原則，給楊堅換位置。定州在北方，又是北齊故地，又臨近突厥，地位太過敏感，楊堅政治不完全可靠，不適合待在這裡。所以，建德六年（五七七）十二月，楊堅當定州總管十個月之後，周武帝又任命他擔任南兗州（安徽亳州）總管。雖然級別相同，但是，南兗州的重要性不及北方的定州，讓楊堅到這裡來，周武帝比較安心。

可是，周武帝安心，楊堅卻不安心了。本來，從小到大都有人說他相貌非常，他也不是完全沒動過心，但是，到此為止，並未有造反之謀。可是現在不一樣，他為北周的事業立下赫赫戰功，本來自視甚高，而周武帝居然無緣無故地猜忌他、壓制他，楊堅一下子覺得怒不可遏。

現在，他有兵權、有地盤，難道就任由周武帝欺負？楊堅的野心一下子被激發起來。事實上，不僅楊堅覺得不甘心，還有一個人也覺得不甘心。

誰呢？楊堅的老朋友龐晃。龐晃本來就是野心家，現在實力大增，他更不安分了。聽到楊堅接到新任命後，龐晃又來為他送行。酒過三巡，龐晃躍躍欲試地說：「燕、代精兵之處，今若動眾，天下不足圖也。」什麼意思？現在我們手握大兵，不如動手吧！

朋友說到了自己的心坎上，楊堅怎麼回應？他握著龐晃的手說：「時未可也。」我不是不想，只是，還沒到時候啊！毫無疑問，楊堅是一個穩健的政治家，他不是不想造反，他只是在評估自己的實力。

現在，他的實力還遠遠不足以挑戰周武帝，他可不想貿然出手，只能繼續養精蓄銳、等待時機。就這樣，楊堅懷著滿腹的心思往南兗州赴任了。

【第五章】

翁婿鬥法

一個是荒唐的女婿周宣帝，一個是穩重的岳父楊堅，這一對君臣應該算是絕配。但事實上，楊堅卻處處受女婿周宣帝猜忌，惶惶不可終日。周宣帝為什麼猜疑楊堅呢？他們之間到底發生什麼事？

風雲變色

楊堅在平定北齊的過程中立了大功，並因此被任命為定州總管。但是，沒過多久，他受到周武帝猜忌，從定州調任南兗州。南兗州的軍事地位遠遜於定州，所以，這次調動等於降級，楊堅當然耿耿於懷。但是，楊堅知道，此時周武帝正是如日中天，與他對抗，無異於以卵擊石。

楊堅是個政治上相當成熟的人，思前想後，他決定，向周武帝低頭，忍！當年，周武帝以帝王之尊，尚且在權臣宇文護的手下苦熬十幾年，才迎來出頭之日，他楊堅有什麼不能忍的呢？人生猶如馬拉松，不只拚爆發力，還要拚耐力。楊堅打算，在南兗州總管的位置上忍著。養精蓄銳，打持久戰。

可是，楊堅萬萬沒想到，持久戰根本沒打多久，就不用打了。為什麼呢？就在楊堅上任六個月後，周武帝忽然去世了。怎麼回事呢？

北周武帝是個雄才大略的皇帝。平齊後，他的雄心進一步增長，一心想要統一中國。在平齊當年，北周軍隊就在徐州大敗陳朝的水軍，隔年，即建德七年（五七八）五月，周武帝又率軍北伐，追討北齊的殘餘勢力。南征北戰，周武帝稱霸天下的腳步似乎已經不可阻擋。

可能是連續作戰太過勞累，就在這次北伐大軍出發不久，周武帝突染重病，六月一日一命歸西，年僅三十六歲。出師未捷身先死，長使英雄淚滿襟。英雄無命，真是令人嘆息。

但是，在北周舉國同悲時，有個人卻偷偷地笑了。誰呢？楊堅。本來，周武帝在世時，楊堅對前途並不樂觀。

首先，周武帝是皇帝，和周武帝拚名分，楊堅拚不過。

其次，周武帝雄才大略，楊堅跟他拚智力，也不占優勢。

第三，周武帝比楊堅還小兩歲，就算拚耐力，楊堅仍然不行。

按照這種態勢，也許楊堅一輩子只能屈居人下。可是，現在周武帝死了，這不是天助楊堅嗎！周武帝一死，他的兒子——太子宇文贇接了班，即周宣帝。宇文贇娶了楊堅的女兒楊麗華，是楊堅的女婿，這樣一來，楊堅的身分從國戚變成了國丈。不僅身分變了，楊堅和皇帝之間的力量對比也變了。

新皇帝畢竟還是個二十歲的毛頭小伙子，這讓楊堅的野心又開始膨脹。那麼，楊堅在新皇帝手下會不會迎來轉機呢？

那得先看看新皇帝是何許人。新皇帝有三大特徵，在歷史上知名度很高。

第一、荒唐。從一上臺就荒唐。周宣帝宇文贇是周武帝之子，中國講究孝道。父母去世，做為兒子，肯定是椎心泣血，而且還有一系列的追思活動。這套儀式在皇家尤其嚴格。

可是，周武帝的棺材還擺在宮裡，尚未安葬時，宇文贇居然就指著棺材破口大罵：老東西，你死得也太晚了！更讓人覺得不可思議的是，宇文贇發洩完怒火後，轉身就進了後宮，檢閱父親留下來的妃嬪。只要模樣順眼的，統統充實進自己的後宮，大大違反人倫！

再舉一個例子。中國古代是一夫一妻多妾制。皇帝只能有一個皇后，其餘再多都是妃嬪。但是，宇文贇就敢突破這個限制，他同時封了五個皇后，其中一個還是自己的侄媳婦。

皇帝如此倒行逆施，當然好多大臣都有意見，紛紛搬出儒家經典來說教。但宇文贇滿不在乎地說：婦人取法大地，土地有五類，所以當然可以有五個皇后。分別封她們為天元大皇后、天大皇后、天中大皇后、天左大皇后、天右大皇后。有了五朵金花，周宣帝非常開心。沒事時，他就讓五位皇后分坐五輛車出行，每輛車門口倒掛一隻活雞，車一動，雞又叫又掙扎，看著五朵金花嚇得尖叫，周宣帝便在一旁哈哈大笑。

第二、自大。自大到什麼程度呢？宇文贇覺得當皇帝還不夠，他想要比皇帝再高一階。有人說：沒什麼比皇帝更高了，錯！太上皇就比皇帝還高。即位不到一年，才二十一歲的宇文贇就把皇位傳位給七歲的兒子宇文衍，史稱周靜帝，自己當太上皇。

不過，他這個太上皇不是一般清靜無為的太上皇，他的權力比皇帝大，名分也比皇帝高。高到什麼程度呢？他自稱天元皇帝。住的宮殿稱天臺。對臣下講話時也不稱朕，而是自稱天。他還設計了一個高高的通天冠，上面飄著長長的綬帶，真是奇裝異服。大臣見他之前，都要齋戒三日，還得沐浴，裡裡外外都乾淨了才能上殿。

周武帝滅過佛，宇文贇偏要和父親唱反調，不僅不滅佛，他還精工製作一尊佛像、一尊天尊像，然後自己坐在兩座塑像之間，三位一體，在廣場上接受臣民跪拜。更可笑的是，他自大到根本不允許別人和「高，大，上，天」一類的好詞沾上邊。如果姓高，就要改成姓姜；高祖就改叫長祖。真是自大到荒唐的程度了。

第三、暴虐。中國古代刑不上大夫，周宣帝不管這一套。他當上皇帝後，經常派人明察暗訪，把大臣的言行舉止都記錄下來，如果有哪點不對，馬上就打。打多少呢？最少一百二十下，上不封頂，號稱天杖。

後來周宣帝發現，有人身體好，打一百二十下都不死，乾脆改成兩百四十杖。而且，不光大臣要打板子，宮裡的妃嬪也要打板子，弄得內外恐懼、人人自危。

可能有人會問，周武帝是一代英主，宇文贇如此荒唐殘暴，難道他看不出來？怎麼還會讓他接班呢？有道是知子莫若父，宇文贇不成器，周武帝早就看出來了，不光周武帝看出來了，其他大臣也都很清楚。

王軌不是對周武帝說：「皇太子非社稷主，普六茹堅貌有反相。」嗎？這個人後來還有一次借著酒勁對周武帝說：「可愛好老公，但後嗣弱耳。」你這老頭真不錯，只可惜兒子太差了。

朝廷上下都知道宇文贇不成器，可是，周武帝其他的兒子要不是更不成器，要不就是年紀還小，如果不讓宇文贇當太子，周武帝也別無人選。所以，只好加強教育。

怎麼教育呢？棍棒教育。從宇文贇被立為太子那天起，周武帝便要求他和其他大臣一樣上朝排班，無論嚴寒酷暑，一律不能休息，這是工作要求。

在生活方面更是嚴格。宇文贇從小喜歡喝酒，周武帝知道後，嚴令後宮，一滴酒也不能送到東宮去！這也罷了，周武帝唯恐自己不能隨時隨地關注宇文贇，無法準確地掌握他的情況，於是讓東宮的官員每天記錄太子的一言一行，按月上報。只要發現哪一天犯了錯，抓過來就是一頓痛打，打得宇文贇傷痕累累。打完了還要再威脅一句：你別以為自己是太子就怎麼樣，古往今來，廢掉的太子多了。難道我其他的兒子就不能接班？使得宇文贇膽戰心驚。其實我們知道，周武帝是一番好意，唯恐兒子不成器。

可是，苦心歸苦心，方法還是太粗暴了。在這樣簡單粗暴的教育下，宇文贇的思想水準沒有提高，但是表演水準卻大大提高了。每天裝得規規矩矩，但是，心裡卻醞釀著仇恨。

現在，周武帝一死，宇文贇頭上的大石頭搬開了，他終於可以隨心所欲！他雖然是皇帝，但是從實際年齡來說也還算是青春期少年，思想並不成熟，只知道一味和周武帝唱反調。當年周武帝艱苦奮鬥，一心要當好皇帝，他就反其道而行，荒唐至極，真是個典型的不肖子。

少年皇帝

有人會說，如此說來，周宣帝其實和北齊後主是一樣的人了？

不盡然。齊後主是真正的昏君，除了馮小憐，什麼都不管，而周宣帝雖然荒唐，但是還管一件大事——權力。怎麼管呢？周宣帝採取兩方面措施。

第一、用人。他把自己的親信安插進御正、內史等皇帝直屬機構，讓他們分割朝廷大臣的權力。舉個例子。當時有位鄭譯，是楊堅的同學，此人有學識、通音律，是周宣帝當太子時的下屬，兩個人整天一起遊玩。當時周武帝派人盯著太子的一言一行，看到這種狀況很生氣，便把鄭譯除名為民，趕出宮去。宇文贇離不開他，又悄悄把他叫回來。這時，鄭譯就說：太子殿下，您什麼時候才能當皇帝呀？

宇文贇一聽，此人盼著我當皇帝，是大大的好人，感動不已，現在當上皇帝，馬上任命鄭譯為內史下大夫，委以朝政。如此一來，周宣帝身旁聚集了一批親信少壯派。這些人在朝廷中都沒有什麼實力，當然唯周宣帝馬首是瞻，這樣，周宣帝便權力在握。

第二、殺人。光用親信還不夠，周宣帝還想解除元老重臣對他的威脅。怎麼解除呢？他把很多元老重臣都殺了。

他殺了誰呢？最著名的兩個，一是大臣王軌，另一則是他的親叔叔宇文憲。王軌是周武帝的心腹，當年周武帝殺宇文護，王軌就是主謀之一。周武帝去世前，還把太子宇文贇交給王軌，算是託孤的重臣。

自古以來，少年皇帝和輔政大臣屢有矛盾，像唐高宗和長孫無忌、康熙帝和鼇拜都是如此，何況王軌還屢次三番說周宣帝不堪重任。以周宣帝的性格，怎麼能容得下這樣的人呢？

宇文憲是平齊過程中最重要的指揮官，也是北周宗室的代表人物。當年，宇文護僅僅是堂兄，就能壓制北周三代皇帝，專權十五年，現在宇文憲是叔叔，又素來德高望重，周宣帝當然也擔心他日後心懷不軌。怎麼辦呢？也殺了。

不僅殺了這兩人，只要是輩分高、名聲好的宗室親王，周宣帝都把他們安排到外地去，這樣一來，中央只有周宣帝獨大。周宣帝如此殺人、用人，建立自己的權威，對不對呢？平心而論，沒什麼大錯，畢竟主少國疑，加強皇權有其必要。

但是，有道是「鷸蚌相爭，漁翁得利」。周宣帝這樣大開殺戒，有人從中獲利。誰呢？楊堅。

首先，周宣帝殺死的元老重臣，恰恰是當年對楊堅疑心最重的人。宇文憲和王軌都說過楊堅有反相，這些人政治敏感度高，對國家責任心強，又有膽量對皇帝直言。現在，他們死了，就沒有人提醒周宣帝對楊堅多加警惕。

其次，這些元老重臣一死，朝廷裡很多位置便有出缺，找誰填補呢？周宣帝寵幸的那些親信資歷還不夠，而楊堅出身貴族，立過戰功，再加上國丈的身分，真是既親且貴。現在朝廷用人，豈不是非他莫屬！

隨著周宣帝登基，楊堅迅速從南兗州回到朝廷，而且地位節節高升，一年之內，連升三級。升到什麼位置呢？官位大前疑，也就是首席宰相；勛位上柱國，也就是北周的最高級勛官；爵位隨國公，算是當時大臣最高爵位。

無論從哪個角度講，都已位極人臣。這還不算，周宣帝剛當政一年，就把皇位禪讓給自己七歲的兒子周靜帝，周靜帝雖非楊堅之女楊麗華親生子，但是，楊麗華畢竟是周宣帝的元配皇后，在宣帝的五個皇后中地位最高。按照中國古代的規矩，這個小孩算是她的孩子。

這樣一來，楊堅又成了小皇帝的外祖父，地位更高了。每次周宣帝外出巡遊，都是他留守京城，這樣的權力，這樣的信任，和周武帝時代相比，真有天壤之別！

翁婿之間

可能有人會想，這樣說來，楊堅和他的寶貝女婿真是絕配。周宣帝行為荒唐，又沒什麼政治經驗；而楊堅老成持重，政治經驗豐富。既然如此，楊堅應該好好地輔佐女婿；而周宣帝也應該信任岳父，讓他放手工作。

是不是呢？完全不是。

楊堅在周武帝時代就常算命看相，早有不臣之心。現在位高權重，女婿又年輕荒唐，不免產生非分之想。而周宣帝雖然荒唐暴虐，但是在大事上並不糊塗，一向緊抓權力；看見岳父聲望日隆，人也日漸招搖，當然會心生警惕。翁婿倆都盯著權力，自然會產生矛盾。

有了矛盾，楊堅和周宣帝的鬥法於焉開始。怎麼鬥呢？有兩件事比較重要：第一件事，是收買人心案；第二件事，是皇后賜死案。

先看第一件事。什麼叫收買人心呢？這其實和當時的法律制度有關。當年，周武帝在位時，講究治亂世用重典，法律制度較嚴。周宣帝即位後，時時處處和老爸唱反調，有意減輕刑罰，這本來是好事，但是，好事沒辦好。

周宣帝沒想清楚新法律到底要怎麼制定、怎麼推行，便盲目地廢了原來的法律。根據舊法監禁的許多罪犯都從監獄裡放了出來，算是新皇帝的恩典。可是，這些人未洗心革面，一出來就為非作歹。這不是讓周宣帝難堪嗎？周宣帝大為惱火，馬上又頒布新法——《刑經聖制》，比原來周武帝時代的法律還要嚴酷。這不是矯枉過正嗎？使得老百姓怨聲載道。

楊堅看到這種情況，向周宣帝上書進諫，說：「法令滋章，非興化之道。」法律太多了，這不是好事，希望周宣帝施行仁政。周宣帝聽不進勸諫，馬上駁回。可是，朝廷裡這一正一反兩種意見傳出來後，坊間議論紛紛，都說皇帝拒絕納諫，而宰相楊堅是個好人。這樣的議論傳到周宣帝耳裡，他馬上有所疑慮，是不是楊堅要收買人心？他到底想幹什麼？有了這樣的疑慮，宣帝便對楊堅加強防範。

在這種情況下，又發生第二起事件，即所謂的皇后賜死案。

怎麼回事呢？周宣帝一連封了五個皇后，除了楊堅之女是正宮皇后外，還有其他四個由寵妃提拔成的皇后。要知道，後宮本來就是是非場，一個皇后尚且不消停，何況是五個皇后！

按照我們的想像，肯定爭寵爭得一塌糊塗。但不是這樣。其他四個皇后確實經常爭寵，但是，只有楊堅的女兒、周宣帝的元配皇后楊麗華不爭。不僅不爭，而且還能團結其他四個皇后，讓亂糟糟的後宮維持基本的秩序。

楊皇后如此大方，整個後宮對她的印象都很好，願意聽她指揮。在這種情況下，周宣帝應該感謝她。但是，周宣帝可不是一般的皇帝。他既多疑、又暴虐，一看到楊麗華如此得人心，馬上把她的表現和楊堅上諫聯繫起來，心想，你爸爸在外面收買人心，妳在宮裡收買人心，你們是不是要聯手篡權？想到這裡，周宣帝無名火起，對楊皇后罵道：「妳別裝，我一定要將妳家滅族！」

本來，這是皇帝暴怒之下的言語，不一定會當真。如果楊麗華服軟，在宣帝面前跪地求饒，滿足一下他的虛榮心，可能宣帝也就罷了。可是，沒想到，楊麗華偏不是這樣的性格。她本來就是正宮皇后，對自己的身分頗為自恃，總想著和宣帝平起平坐；又是貴族之女，從小驕傲慣了，她怎麼可能輕易向別人低頭呢？因此，聽了周宣帝這句狠話，楊麗華鎮定自若，就是不服軟。

這下把周宣帝氣壞了，認為她故意藐視他的權威。周宣帝暴跳如雷，當場下令她自殺。賜皇后自殺，這可是件大事，如果真執行的話，遭殃的不僅是楊麗華，整個楊堅家族都得受牽連！

怎麼辦呢？幸好在周宣帝和楊麗華鬧得不可開交時，早有宮女向楊堅家報信。楊堅一聽，嚇得魂飛魄散。趕緊讓妻子獨孤氏飛奔到宮裡，向女婿求情。可憐獨孤氏堂堂國丈夫人，又有岳母之尊，居然忍氣吞聲，對著女婿叩頭求饒，直到頭上鮮血淋漓，才讓周宣帝消了氣，救了女兒。

不過，周宣帝雖然暫時饒了楊麗華，但是，對楊家的疑慮並未消失。在他看來，楊麗華如此強硬，無非是倚仗楊堅的權勢，不消滅楊堅，解不了他的心頭之恨。所以，沒過幾天，宇文贇傳令召見楊堅，他還吩咐左右佩刀武士：「一會兒看到普六茹堅如果臉上變色，就當場砍死他！」

楊堅是政壇老手，早就練就了喜怒不形於色的本領。周宣帝召見他，他也知道來者不善，但是，表面上還是神色自若、言語從容、跪拜有節，根本沒有給佩刀武士動刀的機會。周宣帝想找碴也找不到，只好把他放了。

去留兩難

不過，雖然這次僥倖逃脫，但是，楊堅走出宮中，心裡害怕了。他知道，以周宣帝的性格，既然對他如此不放心，殺他是遲早的事情。

有道是三十六計走為上策，楊堅覺得，與其在周宣帝眼前提心吊膽、朝不保夕，不如到外面避避風頭再說。可是，他是首席宰相，找什麼理由才能脫身呢？楊堅思來想去，決定去求一個人。誰呢？鄭譯。此人是周宣帝的寵臣，同時也是楊堅讀太學時候的老同學，與楊堅關係一直不錯。楊堅找來鄭譯，悄悄對他說：「久願出藩，公所悉也。敢布心腹，少留意焉。」意思是：「我老早就想到地方去了，這你也知道。你在皇帝面前說得上話，希望你看在老同學的面子上，幫我美言幾句。」

鄭譯雖是個佞人，也是個聰明人。他固然追隨周宣帝，但是，眼看著周宣帝凶狠殘暴，大失人心，又整天喝酒縱欲，他也怕周宣帝不得長久。楊堅在朝廷很有勢力，說不定哪天修成正果，他何不結個善緣，也給自己留條後路呢？出於這樣的心態，鄭譯慨然允諾。他說：「以公德望，天下歸心，欲求多福，豈敢忘也。謹即言之。」意思是，以楊公您的道德威望其實是天下歸心，有一天，您會得志的，到時候，我還指望您照顧我，我怎麼能不替您辦事呢？您放心，我會儘快辦。

可是，答應歸答應，怎麼才能讓楊堅走，又不引起周宣帝的疑慮？鄭譯開始動腦筋。他知道，周宣帝有心病，擔心自己在政治上一無所成。周宣帝從小受周武帝打壓，形成強烈的叛逆心理，當了皇帝後，總想證明自己比父親強。

可是，當年周武帝平齊，可是豐功偉業，不易超越。現在，周宣帝想勝過父親，就只剩下平定江南了。因為有這樣的想法，所以，周宣帝雖然荒唐暴虐，但是，對於開疆拓土一直念念不忘。受到楊堅委託後，鄭譯便由此遊說周宣帝。

有一天，周宣帝又對鄭譯說起平陳之事，打算派他帶兵進攻南陳。鄭譯趕緊說：

若定江東，自非懿戚重臣無以鎮撫。可令隨公行，且為壽陽總管以督軍事。

如果要平定江東，不用朝廷懿戚重臣做統帥，難以鎮撫，請命令隨公普六茹堅隨軍前往，擔任壽陽總管，負責前線軍事。

周宣帝一聽，覺得這主意不錯。他看楊堅不順眼已經好一陣子，沒理由殺了他；留著他，又怕他作亂。不如索性讓他到外邊去，利用他的軍事才能為自己打仗。如果打得好，自然得歸到皇帝的英明領導；如果打不好，正好藉機把他殺掉，怎麼都不吃虧。

大象二年（五八〇）五月四日，周宣帝任命楊堅為揚州總管，準備發兵南征。接到任命，楊堅終於鬆了一口氣，好歹可以活著離開這是非之地了。可是，真要整裝出發時，楊堅又覺得鬱悶了。

一年前，他才從地方回到中央，那時還以為從此飛黃騰達，沒想到又被打回原形。政治鬥爭風雲變幻，誰知道什麼時候才能再回來。更重要的是，他對周宣帝也不放心。

怎麼不放心呢？楊堅不是整天找人看相嗎？看來看去，自己也有點無師自通，他總覺得周宣帝一副短命相。有一次，他還對自己的心腹說：

天元實無積德，視其相貌，壽亦不長。加以法令繁苛，耽恣聲色，以吾觀之，殆將不久。

無論從周宣帝不健康的生活習慣還是從長相上看，楊堅都覺得周宣帝活不長。這讓楊堅不放心。不是擔心他死，而是擔心他死的時候，自己不在場。如果周宣帝死了，憑他的兒子，七、八歲的小皇帝肯定無法掌控局面，到時，政局必定又有大變化，如果自己遠在地方，鞭長莫及，怎麼辦呢？想到這裡，楊堅心裡非常糾結，不走不安全，走又捨不得。那麼，楊堅到底有沒有走？北周的政局，又將面臨怎樣的變化？

【第六章】

楊堅輔政

五八〇年，周宣帝突然暴病身亡。一個棘手的問題馬上浮現：小皇帝年幼，誰來當輔政大臣？命運之神最終眷顧了楊堅。這是怎麼回事？是誰幫助了楊堅？

輔政大臣

楊堅害怕周宣帝猜忌，主動要求外放，為此還請求周宣帝的寵臣鄭譯幫忙。但是，任命他為揚州總管的詔書下來後，他又眷戀好不容易取得的權力，猶豫起來。

根據《資治通鑑》記載，就在這時，楊堅病了，足疾。是真菌感染還是外傷我們不得而知，五月四日，楊堅得到任命書，但一直到五月十日，他還沒有走。就在楊堅遷延不去時，國家出了大事。楊堅的女婿、大魔頭周宣帝死了。大象二年（五八〇）五月九日夜裡，周宣帝突發奇想，要備法駕巡幸天興宮。本來，皇帝出巡是大事，沒有說走就走的道理，更沒有連夜走的道理。

但是，周宣帝為人瘋狂，天杖放在那裡，他說的話沒人敢不聽，所以，隨行人員只能二話不說，一窩蜂地跟著他出去。沒想到，剛出去一天，周宣帝就生病了，而且病勢沉重。

皇帝如果死在宮外，可是件非常危險的事情，關係著國家的穩定。這樣一來，左右只好簇擁著病皇帝，火速回宮。回宮後，周宣帝已經進入彌留狀態，趕緊召御正大夫劉昉和顏之儀進入臥室，承受遺詔。為什麼要召見這兩人呢？因為御正大夫相當於唐朝的中書舍人，專門替皇帝起草詔書，現在，他們要起草皇帝的最後一份詔書。

這份皇帝遺詔應該包括什麼內容呢？按照古代一般規律，主要內容應該是任命接班人，比如立誰當皇太子，或是讓皇太子柩前即位等等。但是，北周的情況不一樣。就在五七九年，周宣帝剛二十一歲時，就已榮任太上皇，讓自己的兒子宇文衍當了皇帝，所以此時已經不存在讓誰當皇帝的問題了。

但是，小皇帝宇文衍年方八歲，不能親政，需要有人輔佐。這時候，遺詔就要解決誰來輔政的問題。

根據史書記載，這時，周宣帝已經「喑不復能言」，說不出話來了，所以，起草詔書的兩名大臣地位一下子重要起來。大權在握，他們說是誰就是誰。在這兩個人之中，劉昉起了主導作用。

據《隋書・劉昉傳》記載：

昉見靜帝幼沖，不堪負荷。然昉素知高祖，又以后父之故，有重名於天下，遂與鄭譯謀，引高祖輔政。

劉昉和內史上大夫鄭譯商量，反正皇帝不行了，不如咱們替他起草一份遺詔，就說楊堅眾望所歸，讓他來輔政。

可能有人會問，就算太上皇已經無法表達自己的意志，北周皇室總還有別人，劉昉和鄭譯為什麼不聽聽有關人士的意見，要自己偽造皇帝遺詔呢？還有，他們為什麼會選擇楊堅？

先看第一個問題。劉昉他們為什麼要偽造遺詔？因為他們是所謂的佞臣。

當初，周宣帝為了提高皇權，拚命打壓老臣、宗室，起用沒什麼背景的新人。劉昉和鄭譯正是在這種情況下，憑藉東宮佞臣的身分，當上御正、內史等皇帝身邊的侍從角色，成為周宣帝的心腹。

這樣的人固然對皇帝言聽計從，不會威脅皇權，但是，凡事有利就有弊，他們也有弱點，即政治立場特別不穩定。他們在朝廷本來沒有什麼根基，能夠坐到這個位置全憑當朝皇帝的寵信，所以，他們的政治抗壓力也特別薄弱。他們深知，一朝天子一朝臣，一旦周宣帝去世，他們這些所謂先帝幸臣在新皇帝手下肯定不會有好結果。

怎麼才能維護自己的榮華富貴？最好的方法就是擁立新的當權者。有了這樣的想法，他們就要充分利用手中的權力。周宣帝不行了，他們負責起草遺詔，那就選一個他們滿意的人好了。

再來看第二個問題，他們為什麼選楊堅？三個原因：

第一、楊堅有權力、有威望，讓他輔政，大家基本上可以接受。

第二、楊堅平時和他們關係不錯，特別與鄭譯還是太學的同學，算是自己人。既然自己說了算，何不選自己人呢？

第三、按照一般的政治原則，輔政大臣通常得是宗室，不會落到楊堅這個外戚頭上。正因為如此，如果矯詔讓楊堅輔政，楊堅才會格外感恩戴德，這當然有利於自己今後的發展。就這樣，兩人商量好，就假託宣帝命令，召楊堅入宮侍疾。

楊堅謊稱足疾在家養病，忽然聽說讓他進宮侍疾，楊堅十分驚懼。他不知道所謂的入宮侍疾是真是假，是不是他遷延不去揚州上任，皇帝生氣了，騙他進宮要殺他？還是皇帝真的病了呢？一邊心裡打著鼓，一邊機械地往前走，忐忑不安地進宮。

經過宮中永巷東門時楊堅正好碰到術士來和。來和當年為楊堅看過相，還說他有帝王之相，和楊堅關係不錯。另外，此人和皇帝關係也不錯，經常出入宮廷，是個「小靈通」。

看見來和，楊堅像撈到救命稻草一樣，趕緊問他：「我無災障不？」我去會有災難嗎？來和剛從宮裡出來，當然知道幾分情況，微微一笑，說：「公骨法氣色相應，天命已有付屬。」從您的骨法氣象上看來，您有當皇帝的樣子，天命已有囑託。聽來和這麼一說，楊堅這才稍稍放下心來，進宮了。

楊堅一進去，劉昉和鄭譯馬上向他攤牌。他們說：「太上皇快不行了，沒留下什麼政治安排。我們想要替他起草一份詔書，讓你當小皇帝的輔政大臣！」聽他們這麼說，楊堅有何反應？

根據《通鑑》記載，楊堅「固辭，不敢當」。堅決推辭，說自己當不了。可能有人不明白，楊堅不是一直有野心嗎？現在，天上掉餡餅，讓他當輔政大臣，他為何推辭呢？是不是裝樣子，三讓而後受之？

不是。要知道，古代所謂三讓而後受之，一般出現在當權者胸有成竹的情況下，讓與不讓只是程序問題。但是，楊堅此刻沒有這樣的把握。周宣帝眼看不行了，各種政治力量都在激烈爭奪權力，鹿死誰手還不一定，他怎麼敢隨便推辭呢？

那他為什麼推辭？很簡單，他沒有心理準備。要知道，雖然楊堅一直覺得周宣帝活不長，但是，畢竟宣帝才二十二歲，他也沒想到周宣帝會這麼快就死。現在事起倉促，誰知道劉昉、鄭譯他們葫蘆裡賣的是什麼藥？楊堅是個老成持重的人，在情況不明的情況下，他決定先推辭一下。

問題是，他這樣一推辭，劉昉他們可為難了。本來，他們假託聖旨，請楊堅輔政，也冒著極大風險，楊堅要是不領情，這不是推他們下水嗎？所以，一看楊堅推辭，劉昉急了，他說：「公若為，速為之；不為，昉自為也。」你要做就做，你不做，我做。

楊堅一聽他說得這麼誠懇，也放下心來，趕緊說：那還是我來吧！就這樣，因為周宣帝暴卒，加上劉昉、鄭譯等人的幫助，楊堅突然鹹魚翻身，從一個備受猜忌、性命難保的倒楣蛋，一躍成為北周輔政大臣。

遺詔風波

楊堅成為北周的輔政大臣，權力取得過程太容易了，難道北周就沒人了嗎？眼看著楊堅篡權，沒有一個人敢出來說話？

事情當然不會這麼簡單。

按照《隋書》及《通鑑》記載，五月十日周宣帝去世，五月二十二日才正式發喪，五月二十五日楊堅就任左大丞相，都督中外諸軍事，輔佐小皇帝宇文衍，中間經過兩星期的時間。很顯然，這兩星期就是楊堅控制局面的時間。控制局面為什麼要這麼久？因為楊堅遇到麻煩了。

什麼麻煩呢？三大麻煩。

第一大麻煩，顏之儀不肯在遺詔上簽名。顏之儀是何許人？他就是和劉昉一起在周宣帝臥室承受遺詔的人。

顏之儀大家不熟悉，但是，如果說他的弟弟顏之推，大家就有印象。這是大名鼎鼎的《顏氏家訓》的作者，我們常說的諺語「教婦初來，教兒嬰孩」就是《顏氏家訓》裡的名言。顏之儀本是山東人，儒學傳家。後來出仕梁朝，梁朝滅亡後進入北周，憑藉文化底蘊，在北周又當了官。當什麼官呢？太子東宮官。

當年，周宣帝還是太子時，顏之儀就在他的手下。周宣帝雖然暴虐，但是漢化程度很深，一生推崇文化，喜歡文化人，很欣賞顏之儀。加上顏之儀是戰俘，在北周孤立無黨，周宣帝對他特別放心，把他當成近臣心腹，讓他擔任御正大夫，專門負責起草詔書。所以，在周宣帝病危時，顏之儀便和劉昉一起進入周宣帝臥室，聆聽皇帝遺詔。

問題是，當時周宣帝已經不能說話了，看到這種情況，劉昉走了出去，過了一陣子回來，手裡拿了一份起草好的遺詔，上面寫著：讓楊堅輔政，總知內外兵馬事。請顏之儀署名。顏之儀可不從。雖然周宣帝當時已經說不出話了，但是，從平時的心思判斷，顏之儀知道，周宣帝最不放心的人就是楊堅，他怎麼可能引狼入室呢！顏之儀是正統儒家知識分子，滿腦子忠君觀念，既然食周之祿，就要忠於周朝。一看這份假遺詔，顏之儀馬上厲聲對劉昉說：

> 主上升遐，嗣子沖幼，阿衡之任，宜在宗英。方今趙王最長，以親以德，合膺重寄。公等備受朝恩，當思盡忠報國，奈何一旦欲以神器假人！之儀有死而已，不能誣罔先帝。

意思是，主幼國疑，如果要輔政，也應由宗室輔政，這才能保證大周江山永不變色。怎麼輪得上楊堅這個外戚呢？這是欺君罔上，我有死而已，堅決不簽字。這下麻煩了，顏之儀不簽字，遺詔就沒有法律效力！

怎麼解決呢？根據史書記載，面對這樣一個死硬分子，劉昉也不跟他廢話，乾脆拋開顏之儀，找了一個筆跡和他相似的人，替他簽字了事。可能有人會有疑問，難道顏之儀甘心受劉昉擺布？事情恐怕沒有這麼簡單。劉昉找人替顏之儀簽字不假，但是，這絕不是他一個人能做主的事情，背後必定還有人支持。誰呢？我認為，一定是楊堅的女兒，太后楊麗華。

楊麗華是個溫柔的女人，在政治上沒什麼野心。但是，正因為如此，一旦周宣帝暴死，她真的慌了神。以後他們孤兒寡母，怎麼辦？古往今來，做女兒的最信任的就是自己的娘家，楊麗華也不例外，她真心實意地希望老爸楊堅能幫她。

所以，劉昉矯詔讓楊堅輔政，她當然發自內心地高興。可是，顏之儀不署名，遺詔就不能生效。怎麼辦呢？這時，楊麗華便行使皇太后的權力。

《隋書・天文志》記載得清清楚楚：「宣帝崩，楊后令其父隋公為大丞相，總軍國事。」換言之，在劉昉和顏之儀發生爭議的情況下，皇太后楊麗華做了最後仲裁，讓楊堅輔政。皇太后的懿旨在此，顏之儀還有什麼可說的呢？乾脆棄權了。也只有在這種情況下，劉昉才敢找個人替他簽字了事。

就這樣，因為劉昉和鄭譯的陰謀，也因為楊麗華的最後拍板，所謂宣帝遺詔順利出爐，楊堅成為輔政大臣，總知內外兵馬事。第一個麻煩順利解決了。

暗潮洶湧

第一個麻煩剛解決，第二個麻煩又接踵而至。楊堅以什麼名義輔佐小皇帝呢？

這時候，劉昉和鄭譯兩人出主意了。他們安排如下：請楊堅當塚宰，也就是最高行政長官；由劉昉做小塚宰，是楊堅副手；而鄭譯當大司馬，掌管軍事。當年宇文護專權時，職務就是塚宰。現在，讓楊堅接任此一官職，聽來不錯，可不是那麼回事。

自從周武帝殺了宇文護，塚宰的權力就被削弱了。只是名義上的六官之首，並沒有真正統轄百官的權力，也不掌握軍權。現在劉昉、鄭譯提出這個方案，目的很明顯，就是要分割權力。劉昉當小塚宰，是分割行政權力；鄭譯當大司馬，是分割軍事權力。

政權、軍權都被分割，楊堅這個輔政只是個擺設，這正是劉昉、鄭譯願意冒險發動政變的真實目的。以他們的資歷和地位，不可能當輔政大臣，所以不如把這個名分給楊堅；但是，既然冒險一場，也不能白給他人作嫁衣裳，自己總要分杯羹。

一看他們這個方案，楊堅十分為難，劉昉、鄭譯可是自己的大恩人，他們提出的要求不好拒絕。可是，如果不拒絕，自己這個輔政大臣所為何來？這不又是一個大麻煩嗎？怎麼辦呢？這時，有個人出面幫忙了。

誰呢？內史上士李德林。此人原是北齊的大臣，也是名滿天下的才子。北周平定北齊，周武帝專門派人到他家請他出仕，而且說了一句話：「平齊之力，唯在於爾。」我平齊，最大的收穫就是得到了先生您啊！可見對他的器重。但是，到周宣帝一朝，因為信用佞臣，李德林就被冷落了。正在他鬱鬱不得志時，周宣帝暴卒了。

這時候，楊堅派人找上門來，說：

朝廷賜令總文武事，經國重任，非群才輔佐，無以克成大業。今欲與公共事，必不得辭。

意思是，朝廷現在讓我總管文武大事，這不是我一個人辦得到的，我希望和諸公群策群力辦好這件事，在所有人裡，您極具分量，希望能夠好好幫我。這話說得十分中聽，中國知識分子自古講究士為知己者死，李德林當然也不例外，馬上慨然允諾。

現在，楊堅不知道怎麼抵擋來自劉昉、鄭譯的溫柔一刀，來找李德林商量，李德林立刻給他出主意。什麼主意呢？李德林說，既然北周的最高官職是冢宰，而冢宰實際上已經什麼權了，索性不要在北周的官職系統裡轉了，不如另設一官，稱大丞相，而且假黃鉞、都督中外諸軍事。

這個職務有什麼意義呢？所謂大丞相，當然是總攬朝政，假黃鉞是掌握百官的生殺大權，而都督中外諸軍事則是掌握軍事大權。這三個頭銜都加在一個人頭上，是軍事、政治、人事權力一把抓！這才是真正的權臣。有人會問，劉昉和鄭譯怎麼解決？好辦，讓他們當丞相府的長史和司馬，為楊堅服務。

這樣一來，劉昉和鄭譯傻眼了，本來是想和楊堅一起在北周打工，現在成了為楊堅打工了。不過，這兩個人畢竟都是小臣，沒什麼勢力，事已至此，也只能吃啞巴虧了。就這樣，第二個麻煩也解決了。

但是，緊接著，第三個麻煩又來了。什麼麻煩呢？大臣不聽話。五月二十二日，楊堅為周宣帝發喪。五月二十五日，小皇帝周靜帝親政，楊堅就任左大丞相，假黃鉞，都督中外諸軍事。剛宣布完官職，楊堅發布新政府第一號令，讓小皇帝宇文衍搬到當年周宣帝居住過的天臺，把東宮，即正陽宮騰出來，改作丞相府！一個大臣，把皇帝趕走，住到皇帝的房子裡，這不是僭越嗎？

這個命令一頒布，文武官僚全傻眼了。文武官僚倒未必知道周宣帝死後的這些黑箱作業，也不見得知道楊堅是矯詔當上輔政大臣。問題是，就算皇帝讓你當輔政大臣，也不能這麼放肆！這不是明擺著想篡權？眾大臣三三兩兩，嘀嘀咕咕，好像都有不同意見。

想當權臣，控制朝廷是關鍵。如果大臣都不肯追隨楊堅，楊堅這個輔政的位置也坐不穩。怎麼辦呢？又有一個人幫楊堅了。

誰呢？盧賁。盧賁本來也是周宣帝當太子時的東宮官僚，後來平齊有功，轉為司武上士，即皇帝禁衛軍的軍官。而他的頂頭上司就是楊堅。在楊堅手下工作期間，盧賁發現，楊堅不是一般人，所以「深自推結」，投靠楊堅。

現在，楊堅矯詔輔政，把盧賁調到身邊。楊堅宣布丞相府搬家時，盧賁率領衛士在外面守候。眼看眾大臣大眼瞪小眼，猶猶豫豫，盧賁就對他們大聲說：「欲求富貴者，當相隨來。」誰要是想富貴，趕緊跟著丞相走啊！一聽盧賁這麼說，有些大臣心思機靈，醒悟過來，趕緊跟著楊堅；但是，也有些大臣內心拐不過這個彎，還想著要忠於周朝，不願意與楊堅合作，甚至調頭就要往外走。

盧賁哪會讓他們走，早安排衛士擋在門口。眼看著明晃晃的刀槍劍戟，眾大臣退無可退，只能跟著楊堅走了。於是，前頭楊堅帶路，後面盧賁押送，浩浩蕩蕩直奔正陽宮。可是，在宮門口又遇到麻煩。什麼麻煩呢？守衛宮門的衛士是個死心眼，只認小皇帝宇文衍一個人，看見楊堅來了，就是不放行。怎麼辦呢？這時，盧賁又出面了。他對衛士說，現在丞相輔政，一切都要聽從丞相安排。這話說得很明白，可是，衛士還是不從。這可惹惱了盧賁，把臉一沉，「瞋目叱之」，盧將軍也是武將，可能也是豹頭環眼、燕頷虎鬚一類的長相。他眼睛一瞪，衛士立刻害怕了，乖乖地把門打開，退到一邊。楊堅這才順利地入主正陽宮。第三個麻煩也順利解決。

步步為營

這場政變之所以能夠成功，應該是四方面力量共同作用的結果。哪四方面呢？

第一、周宣帝的力量。眾所周知，周宣帝青年暴卒，給了楊堅輔政的機會。事實上，周宣帝的作用不止於此。當年，周宣帝為了加強中央集權，大規模削弱宗室，有實力的宗室或被殺、或被流放外地，以至於在周宣帝病危的情況下，長安城根本找不出可以主事的宗室，這才給楊堅可乘之機。所以說，雖然周宣帝在主觀上猜忌楊堅，但在客觀上，倒給楊堅幫了大忙。

第二、周宣帝近侍的力量。宣帝暴崩，劉昉和鄭譯矯詔讓楊堅輔政成為左右時局的關鍵。正因為他們作用如此巨大，所以，對於這場政變，古人有個生動的說法，叫做「劉昉牽前，鄭譯推後」。劉昉和鄭譯官職不高，為什麼能發揮這麼大的作用？歸根結柢還是因為周宣帝的政治考量。周宣帝為了鞏固皇權，疏遠大臣，起用新銳，把他們都放在親近侍從的崗位上。

正是這種安排給劉昉和鄭譯可乘之機，在宣帝病危的情況下，他們利用起草遺詔的機會讓楊堅輔政，直接導演這場政變。宣帝為了坐穩江山而起用心腹，最後江山卻葬送在這些心腹手裡，真是讓人感慨萬千！

第三、皇后的力量。楊麗華這個女兒對楊堅大有助益。她不僅讓楊堅擁有國丈的身分，從而有篡權的基礎，還動用自己皇太后的身分，最終拍板讓楊堅輔政，這是政變過程中的關鍵環節。後來，楊堅談到她時，一再表示「公主有大功於我」，絕非虛言。

第四、楊堅個人的力量。我們剛才提到的勢力都為楊堅輔政有所貢獻。但是，楊堅可不是傻人有傻福，只因他人之力就當上輔政大臣。

事實上，楊堅本人在整個事件起到了非常重要的作用。幫助他的劉昉、鄭譯、李德林、盧賁等人，或是楊堅平素結交的朋友，或是楊堅在關鍵時刻網羅的人才。結交朋友，發現人才，這其實是統治者的基本素質。當年，周宣帝欲置他於死地，而劉昉、鄭譯等人願意擁戴他，可能都是因為他具有這樣的素質！

以大丞相的身分輔政，其實已邁出篡權的第一步，也是關鍵一步。這時，楊堅沉浸在巨大的喜悅中，但與此同時，恐懼感也油然而生。權臣固然離皇帝只有一步，但是離殺頭也只有一步。宇文護就是先例！

據史書記載，楊堅成為大丞相後，心裡不安。連夜召見太史中大夫庾季才，問他：

吾以庸虛，受茲顧命。天時人事，卿以為何如？

意思是，我到底有沒有天命啊？庾季才聽了微微一笑，回答道：

天道精微，難可意察。竊以人事卜之，符兆已定。季才縱言不可，公豈復得為箕、潁之事乎！

就算沒有天命，你回得去嗎？楊堅一聽，默然良久，最後說了一句：「誠如君言。」這時候，楊堅的夫人獨孤氏也派人傳話給楊堅，說：「大事已然，騎虎之勢，必不得下，勉之！」你已經騎虎難下了，好好做吧！看來，一旦跨出這一步，就是開弓沒有回頭箭了。只能是過河卒子，努力向前。

【第七章】翦除宗室

周宣帝暴崩，按道理講，原本輪不到楊堅這個老丈人入宮「輔政」。但事實上，楊堅卻當上輔政大臣。對於這一狀況，北周宗室如何面對？他們會任楊堅我行我素嗎？楊堅又會怎樣對待北周宗室呢？

因為周宣帝暴崩，楊堅在劉昉、鄭譯等人推戴下成為輔政大臣，出任左大丞相，假黃鉞，都督中外諸軍事，邁出篡權的關鍵一步。

但是，中國古代王朝都是家天下，要改朝換代，不僅要換皇帝，還要把整個皇族，也就是宗室都換過。楊堅既然已經走上這條道路，對宗室的清除也於焉開始。

怎麼清除呢？楊堅把清除宗室分成兩步。

第一步是清除在京的王爺，具體來說，即周宣帝的親弟弟漢王宇文贊和周宣帝的堂兄畢王宇文賢。

第二步則是清除京外的王爺，具體來說，即周宣帝的五個叔叔，趙、陳、越、代、滕五王。

先看第一步。怎麼對付周宣帝的弟弟宇文贊？楊堅採取的策略是先拉後打。可能有人注意到，當初考慮楊堅官職時，李德林出的主意是擔任大丞相。但是，到了實際任命時，職銜變成了左大丞相。有左大丞相就有右大丞相，那麼，右大丞相是誰呢？就是周宣帝的弟弟——漢王宇文贊。此人年方十五，平時酷愛吃喝嫖賭，是個五毒俱全的傢伙。不過，此人不成器，對於楊堅來說倒是一件好事。皇帝年幼，楊堅以外戚身分總攬大權，但是，畢竟當時還是北周的天下，為了掩人耳目，他總得拉一個宗室撐門面。

拉哪個宗室呢？漢王宇文贊是最好的選擇。他是太上皇周宣帝的親弟弟，小皇帝的親叔叔，身分尊貴，無人能比，讓他出面輔政，名正言順，誰也沒話說；但是與此同時，他又年少輕狂、不學無術，讓他輔政不會對楊堅構成威脅。

就這樣，宇文贊被放在右大丞相的位置上。右大丞相和左大丞相哪個官位高呢？右大丞相，算是充分體現對北周宗室的尊重。當然，這種安排，本來就是名義上的，楊堅並不打算讓宇文贊發揮任何作用。

可是，宇文贊看不透形勢，接受任命後，他還真當回事，每天準時到丞相府上班，和楊堅坐在一起辦公。這多礙手礙腳！怎麼辦？殺了他？那還不得輿論譁然。既然他蠢，就騙騙他吧！怎麼騙呢？這方面，佞臣出身的劉昉是高手。劉昉最知道怎麼對付這些不成器的傢伙。宇文贊不是好色嗎？劉昉找了幾個絕色歌伎，精心打扮後，獻給宇文贊。宇文贊一看，樂得合不攏嘴。趕緊問劉昉，你對我怎麼這麼好啊？劉昉說：因為我看好你呀！

大王先帝之弟，時望所歸。孺子幼沖，豈堪大事！今先帝初崩，群情尚擾，王且歸第。待事寧之後，入為天子，此萬全之計也。

意思是，大王您是先帝之弟，眾望所歸的人物。現任皇帝宇文衍這麼小，怎能擔負起治理天下的重任！所以，最終還得您來！只是現在先帝剛去世，人心不穩，還不便貿然行動。所以，依我看，您不如先回自己的府第，韜光養晦，不要引人矚目。等待事情安定後，我一定想辦法迎立您為天子，這才是萬全之計啊！

宇文贊多傻啊！劉昉這番迷魂湯一灌，他馬上暈了頭，乖乖地帶著美女回府，等待劉昉的好消息。就這樣，礙手礙腳的右大丞相被解決了。

搞定周宣帝的弟弟宇文贊，接著就要對付周宣帝的堂兄畢王宇文賢。宇文賢時任雍州牧，即首都所在地的行政長官，相當於北京市市長。此人精明強幹，又是個實權人物，不像宇文贊那麼好對付。怎麼辦呢？有一個人立了大功了。誰呢？楊雄。說起楊雄，很多人並不陌生，因為他是女皇武則天的親戚，武則天的母親楊夫人的大伯，也算是武則天的姥爺。不過，楊雄在當時的重要性可不是因為武則天，而是因為楊堅。他是楊堅的堂侄，而且，當時正好擔任雍州別駕，是畢王宇文賢的手下。

這個身分怎麼利用呢？楊堅五月二十五日出任左大丞相，六月十日，楊雄就出面舉報，說畢王宇文賢和同黨誹謗執政、陰謀作亂，這是謀反罪。我們知道，下屬控告上司，是一件百口莫辯的事情，而在任何時代，謀反罪都是要嚴懲的。所以，接到楊雄舉報後，楊堅二話沒說，就把畢王宇文賢抓起來，全家處死。

當然，畢王一死，雍州牧的官職也就順理成章地落在楊雄頭上。這對楊堅太有利了。一方面，解決了宇文賢這個危險分子；另外一方面，則把自己的親戚安插在重要崗位上，真是一舉兩得！這樣一來，京師裡兩位最重要的王爺都解決了。

請君入甕

解決了京師的宗室，接著該解決京外的王爺。當時，在京師以外的王爺有五位，分別是趙王、陳王、越王、代王和滕王。這五個人的身分可不尋常。京師的兩位重要王爺都是周宣帝的兄弟。這五王則都是周宣帝的叔叔，也就是北周的實際開創者宇文泰之子。這些人年富力強，政治經驗豐富，正值人生顛峰狀態。

他們為什麼都在京外？全是因為周宣帝。我們講過，周宣帝雖然殘暴、荒唐，但是，腦子裡的權力之弦始終緊繃。他要加強皇權，這五個強大的叔叔自然成了眼中釘、肉中刺。當上皇帝後沒多久，他就把幾個叔叔都外放到地方。

外放到哪裡去呢？正好北齊剛併入北周，需要重臣鎮守，所以，五個叔叔裡，除了滕王的封國在河南新野外，其他四王都被安排到原來北齊的領地，距離長安非常遠。

正因為如此，周宣帝去世時他們都不在長安，讓楊堅撿了個大便宜。這五王既然實力強大，楊堅想謀權篡位，當然容不下他們。問題是，怎麼解決他們呢？在這個問題上，楊堅可沒少費心，他分了五步走。

第一步，騙入京師。五王都在地方，如果楊堅改朝換代，他們很可能就在地方起兵造反。這可是個大問題。所以，當務之急是把他們集中到京城來。問題是，怎樣才能讓五王都到長安來呢？在這個問題上，史料有不同說法。

第一種說法是《隋書・高祖本紀》的記載，說五王是被楊堅騙來的。楊堅在為周宣帝發喪前，假借皇帝的名義，向五王發布一道詔令，說千金公主要下嫁突厥和親，請他們入朝觀禮。

千金公主是五王之一——趙王的女兒，她被冊封為公主，和親突厥，是一年前就訂好的，而且，突厥的使者二月份就已到長安迎親，所以，這個理由順理成章，五王也沒有懷疑，紛紛上路。

第二種說法則是《隋書・崔彭傳》的記載，說五王是被綁架來的。怎麼回事呢？崔彭是北周將軍，很有武功，楊堅派他帶了兩個隨從到齊州請陳王宇文純。怎麼請呢？崔彭在離王府三十里的驛站停住，派隨從到陳王府去，聲稱有皇帝的詔書要向陳王宣讀，但是，身染重病，沒法走路，請陳王屈尊到驛站聽詔。陳王便帶著大批隨員騎馬來到驛站，顯然是有所防範。

這時，崔彭說，我要宣讀詔書，請王爺下馬。

陳王剛下馬，崔彭兩個隨從馬上撲上前去，把陳王綁起來。事發倉促，陳王的隨扈目瞪口呆，都沒反應過來。這時，崔彭對他們大喊：「陳王有罪，詔徵入朝，左右不得輒動。」陳王犯罪，我奉皇帝指令徵他入朝，你們一律不准動。左右一聽崔彭這麼說，不明真相，也不敢違抗朝廷旨意，只好紛紛散去。就這樣，陳王糊里糊塗就被綁架到京師。既然陳王有這樣的經歷，想來其他四王也都是這麼來的。

第一和第二兩種說法哪個正確？雖然〈崔彭傳〉的說法更加活靈活現，凸顯出崔彭的智謀和個人英雄主義，但是，還是第二種說法較可靠。為什麼呢？三個理由。

第一、召五王進京是事關楊堅成敗生死的大事，楊堅肯是慎之又慎，一定要確保萬無一失。既然如此，他怎麼可能只讓崔彭帶兩個隨從去抓人呢？萬一失手怎麼辦？

第二、楊堅雖然想要謀權篡位，但是，當時的身分畢竟還是輔政大臣，對北周的宗室至少要保持表面上的尊重。這一點，從他讓宇文贊當右大丞相即可看出。既然如此，他怎麼可能輕易對王爺動粗呢！

第三、如果楊堅和五王都已撕破臉皮，把他們綁架到長安，那麼到長安後，一定會迅速殺掉他們，至少是關押。但是，從事態的發展看，至少在五王回到長安後，楊堅對他們還是非常禮遇，這不就和此前的行動有所矛盾嗎？

這樣看來，還是應該相信《隋書・高祖本紀》的說法，五王是被騙來的。騙來之後呢？楊堅要執行第二步了。

敲山震虎

第二步是什麼？叫敲山震虎。利用畢王宇文賢謀反案。

根據史書記載，五王在六月四日回到長安，回來後他們發現，長安城已是楊堅天下。眼看楊堅咄咄逼人，而北周江山搖搖欲墜，五位王爺當然不甘心。他們馬上聯絡京城裡的王爺了，想齊心合力拯救北周。和誰聯絡呢？最重要的聯絡對象就是畢王宇文賢。

沒想到，剛開始聯絡，就被楊堅的堂侄楊雄發現了。結果，六月十日，楊雄告發畢王謀反，楊堅隨即處死畢王一家。這什麼意思？殺雞儆猴！雖然沒有牽連五王，但也狠狠地警告他們：你們的一舉一動都在我的掌握，沒處理你們，不是因為我不知道，而是因為我給你們留面子。誰要是再圖謀不軌，畢王就是前車之鑑。這就是敲山震虎！

但是，很多時候，一味高壓是不行的，五王畢竟德高望重，對他們太過嚴厲可能引起輿論不滿；更重要的是，當時，尉遲迥等三名將軍已在地方發動叛亂，口號就是匡扶周室，楊堅可不想授人以柄。

在這種情況下，他開始走第三步。

第三步是什麼呢？糖衣炮彈。殺死畢王宇文賢不是震懾五王嗎？一個月後，楊堅主動向五王示好。七月十六日，楊堅讓小皇帝周靜帝下詔，令五王「入朝不趨，劍履上殿」，表示尊崇。意思是，五王是小皇帝的爺爺輩，以後他們入朝不用一路小跑，而且可以穿著鞋、佩著劍進殿，這是很大的禮遇。

楊堅為什麼要這麼做？一是緩解五王對他的警惕，另外也是做給天下人看。地方叛亂分子不是說我要謀奪北周天下嗎，你們看看，我對北周宗室多好！所以，這也算是收買人心的舉措。

不過，凡事有利就有弊。優待五王，固然可以在一定程度上收買人心，但是，在地方大亂的情況下，畢竟存在著極大風險。萬一五王乘亂造反怎麼辦？還有，把五王抬得愈高，他們的影響力就愈大，萬一五王利用威望，和地方上的叛亂分子勾結怎麼辦？事實上，當時相州總管尉遲迥起兵，打的就是趙王兒子的旗號，這讓楊堅不能不警惕。

所以，楊堅很快拋棄這種作法，開始實施第四步。

第四步是什麼？重拳出擊。具體說來，楊堅利用一次謀殺事件，一舉剷滅兩名王爺。這是怎麼回事呢？

據《周書》、《通鑑》的記載，這事不是楊堅挑起，而是趙王宇文招挑起的。趙王宇文招是五王中年齡最大、地位最高、頭腦也最靈活的，當然，他也就最不能容忍楊堅專權，想謀殺楊堅。怎麼實施謀殺計畫呢？趙王請楊堅到自己家喝酒。楊堅害怕他下毒，又不好拒絕，只好自己帶著酒肉前去。

抵達後，酒席在趙王臥室內擺開。趙王兩個兒子和一個小舅子在左右佩刀侍立，另外，還有好多壯士埋伏在後院。而楊堅只帶了兩個隨從，一是堂弟楊弘，一是心腹元胄。兩個人坐在門邊，明顯寡不敵眾。

這也罷了，喝了一會兒，更驚險的事情發生了。當時大家都喝得有點醉了，想吃水果解解酒。這時，趙王兩個兒子把果盤端過來，趙王則拔出佩刀，用刀尖插著果盤裡的西瓜往楊堅嘴裡送，而且，楊堅剛吃完一塊，另一塊馬上又到嘴邊。佩刀左右不離開楊堅的臉，這不明擺著要刺殺楊堅嗎？相當於當年鴻門宴上項莊舞劍啊！看到這麼緊張的場面，元胄坐不住了。他對楊堅說：相府還有事，請丞相趕緊回去吧！

一聽元胄這話，趙王的臉馬上沉了下來，教訓他說：我和丞相說話，你算哪根蔥，敢隨便插嘴，還不快快退下！元胄也是大將軍，素來勇敢自負，怎麼會聽趙王的呢！不僅不聽，還氣呼呼地瞪著趙王。而且，提刀就站到楊堅身邊護衛。

趙王一看不好對付，趕緊換上一副笑臉，賜元胄喝酒。還說：我請丞相喝酒，難道還有惡意不成，你太多疑了！元胄呢？軟硬不吃，繼續站在楊堅身邊。

有這麼一個雄赳赳的保鏢在旁，趙王不好下手，怎麼辦呢？他想到後堂去叫埋伏的衛兵。俗話說，餓虎架不住群狼，只要大家一擁而上，就算元胄勇猛，恐怕也無能為力。想到這裡，趙王裝出一副喝醉的樣子，假裝要吐，起身要往後院走。沒想到，他還沒站直，就被元胄一把按在椅子上。趙王還真是堅韌頑強，一次不成，再試一次。元胄也不含糊，又把趙王給按了下去。就這樣，他一連試了三次，每次都是剛起身，就被元胄按下去，根本不給他到後院的機會。

趙王一看這招不行，就換了一招。他對元胄說，我渴得要命，你既然不讓我動，勞駕你到廚房給我拿杯水。這明擺著要把元胄支開，如此小兒科的作法，元胄怎麼可能上當？根本不理他，就是不離開楊堅。

就這樣，雙方僵持不下。這時，五王中另一個王，滕王來拜訪趙王。王爺駕臨，身為大臣的楊堅趕緊起身，到臺階下迎接。趁此機會，元胄趕緊湊到楊堅耳邊說：這裡情況異常，請丞相趕緊離開！

沒想到，楊堅根本不聽，還對他說：他手上又沒有軍隊，能做出什麼事來！元胄一聽焦急不已，說：我的傻丞相啊！大周所有兵馬還不都是他們宇文家的。他如果先發制人，那不一切都完了嗎？我勸您走，並不是因為我怕死，我是怕就算死了也保護不了您啊！元胄說得這麼懇切，楊堅什麼反應呢？沒反應。他搖搖頭，又回到座位上，接著和趙王、滕王一起喝酒。元胄沒辦法，只好繼續站在他身邊守著。

就在這時，忽然臥室後頭傳來盔甲碰撞聲。元胄一聽急了，是不是埋伏的人起身要出來了？趕緊上前對楊堅說：丞相府公務繁忙，丞相您怎麼能在這裡逗留呢？不容分說，拉起楊堅就往外跑。楊堅如果跑了，今天的鴻門宴不就白設了嗎？所以，趙王也趕緊往外追，可是，元胄怎麼可能讓他追上呢？那他怎麼攔趙王？

很簡單，元胄長得膀大腰圓，鐵塔一般。他身子一橫，就把臥室門堵住了。趙王往左擠不出去，往右也擠不出去，乾著急，沒辦法。這時候，楊堅已跑到大門口，元胄估計沒事了，這才放開房門，跟著楊堅離開。看著楊堅遠去的背影，趙王忿恨至極，自己怎麼這麼窩囊，沒早點動手！事已至此，趙王再恨也已徒然。

第二天，楊堅下詔說，趙王宇文招和越王宇文盛謀反，想要謀殺他，順勢把這二王以及他們的兒子都殺了。

真假鴻門宴

上述記載講得活靈活現，有語言有動作，緊張激烈，真讓人有身臨其境之感。問題是，可不可信呢？

雖然《周書》、《通鑑》都言之鑿鑿，但是，疑點太多了。什麼疑點呢？

第一、趙王的表現太傻了。既然已經決定刺殺楊堅，就要制訂周密的計畫，比方說，第一套方案是什麼，第二套方案是什麼，方案之間如何轉換等等。如果事先制訂了計畫，一旦發現用餵西瓜的方式刺殺不成，就該摔杯為號，或舉杯為號，或做出任何一種暗示，讓後面埋伏的士兵衝出來，怎麼會需要裝吐，親自跑到後庭叫士兵呢？這實在太笨了。

第二、楊堅的表現也太笨了。楊堅居然連趙王要刺殺他都看不出來，甚至在元胄百般提醒的情況下，仍然堅持要把飯吃完，這樣很傻很天真的人，怎麼可能當得了權臣、當得了皇帝呢？

第三、這件事情的處理太離奇了。本來，按照各種史書的記載，涉案人應該是趙王宇文招和後去的滕王宇文逌，可是，最後處理時，處決的居然是趙王和越王兩家。越王宇文盛一直沒有出現過，這時倒被殺了，滕王中間闖進來，卻什麼事都沒有。這事處理得也太離譜了。越王豈不是太冤枉，而滕王豈不是太幸運！毫無道理可言。

第四、也是最重要的疑點，這個故事本身太傳奇，太像我們熟悉的鴻門宴。為什麼會有這樣的相似性？不是楊堅和趙王亦步亦趨地模仿劉邦、項羽，而是史書的作者直接把鴻門宴改頭換面，放到隋朝了。

既然這段記載不可信，真實情況應該是怎樣的呢？

《隋書・高祖本紀》中有句話透露了一些蛛絲馬跡，這句話是這樣說的：

> 五王陰謀滋甚，高祖齎酒肴以造趙王第，欲觀所為。

意思是，並非像其他記載那樣，是趙王請楊堅喝酒，而是楊堅主動拿著酒肉找上門來，請趙王喝酒。換句話說，楊堅是有備而來，而趙王倒是措手不及，所以才會有喝酒過程中，滕王忽然闖進來的事情發生。

既然趙王沒有準備，當然更不可能有刺殺楊堅的舉動。但是，欲加之罪，何患無辭！楊堅喝完酒回去，編造了險些遇刺的故事，加罪於趙王。那為什麼後來處死的是趙王和越王兩家呢？這應該是楊堅早就計畫好的事情。趙王和越王在宗室中都以文韜武略著稱，特別是當時尉遲迥起兵，推戴的就是趙王之子。按照他的計畫，這次事件就是要除掉趙王和越王，因此，雖然滕王中途闖進來，但是事出偶然，不在計畫內，因此不予追究。而越王雖然並未露面，但還是和趙王被一併處死。

一下子處死兩位爺爺級的親王，這可是震驚朝野的大動作，所以叫重拳出擊。經過這次出擊，五王元氣大傷，基本上幾無還手之力。但是，既然楊堅想要篡位，剩下的幾個王做什麼或不做什麼都不重要了，他們活著本身就是罪過。到了五八〇年秋冬之際，楊堅開始執行第五步。

第五步就是斬盡殺絕。五八〇年六月，尉遲迥等將軍在地方發動反對楊堅的叛亂，到十月份，這些叛亂均已平定，改朝換代正式被楊堅排入時程表，在這種情況下，剩下的幾個王就礙事了。

就在五八〇年十月和十二月，楊堅又先後以謀反罪誅殺尚存的陳王、代王和滕王及其家屬，至此，北周最有政治能量的五王都被消滅殆盡。北周皇室中，沒有什麼人能夠阻擋楊堅改朝換代的步伐了。

但是，我們之前屢次提到尉遲迥等三位將軍的叛亂。而且，很明顯，這兩件事交織在一起，共同構成楊堅篡權的巨大障礙。那麼，這些所謂的叛亂又是怎麼回事呢？楊堅又是怎樣解決的呢？

【第八章】

三方叛亂

矯詔當上輔政大臣，又翦除宗室，楊堅改朝換代的態勢已經相當明顯。這些作法引起北周元老大臣強烈反對，一時間，三個既有實力又有資歷的老臣相繼起兵。面對北周元老大臣的發難，楊堅如何解決呢？

大臣發難

周宣帝暴崩，楊堅憑藉國丈的身分，在劉昉、鄭譯的推戴下矯詔輔政，準備改朝換代。這麼一來，北周的元老大臣可不從了。

本來，魏晉南北朝時期改朝換代多不勝數，他們未必特別忠於北周；問題是，就算北周氣數已盡，要改朝換代，也輪不到楊堅。楊堅手裡既沒有武裝，又沒有地盤，就憑國丈的身分，就憑皇帝死時他恰好在京師，就憑幾個小臣矯詔推戴，就想改朝換代？這也太便宜他了。所以在楊堅升任大丞相後，馬上，三個既有實力、又有資歷的老臣發難了。

這三個老臣是何許人？他們是北周的三位總管，大軍區司令。第一個，相州總管尉遲迥，治所在現今河北臨漳；第二個，鄖州總管司馬消難，治所在現今湖北安陸；第三個，益州總管王謙，治所在現今四川的成都。

這三個總管為什麼格外和楊堅過不去呢？因為他們的身分都比較特殊。

先看尉遲迥，當時七十多歲，是楊堅父執輩的人物。他有兩重身分非常重要，第一個身分，他是北周實際開創者宇文泰的外甥，而且，他從小喪父，由舅舅撫養長大；第二個身分，他還是周宣帝的爺爺丈人。爺爺丈人是怎麼回事呢？周宣帝宇文贇立了五名皇后，其中的尉遲皇后，曾是周宣帝侄媳婦，後來被周宣帝看中，強行霸占，當了皇后，她就是尉遲迥的孫女，這樣一來，尉遲迥成了周宣帝的爺爺丈人。又是外甥，又是爺爺丈人，綜合看來，尉遲迥與北周的關係比楊堅親，怎麼能眼看著楊堅成了北周的當家人。

第二個，鄖州總管司馬消難，此人也大有來頭。他是北周當朝皇帝周靜帝的老丈人。周靜帝七歲時，娶了司馬消難的女兒司馬皇后。要是楊堅篡奪北周天下，司馬消難的女兒如何是好？再說，按照司馬消難的意思，就算篡權，也得我這個當朝國丈篡，哪輪得上你這個前朝國丈？

第三個，益州總管王謙，王謙倒不是哪位皇帝的老丈人。問題是，他對北周的感情深厚。父親是西魏十二大將軍之一，也是北周著名烈士，他就是因為烈士子弟身分才當上益州總管。因此，王謙對北周格外忠誠，總覺得自己世受國恩，無論如何都要盡忠報國，怎麼能夠容忍楊堅謀權篡位！

這三位總管有實權，又都不滿意楊堅謀權篡位，於是起兵清君側，捨得一身剮，誓把楊堅拉下馬。其中，最先起兵的是相州總管尉遲迥。

三總管之難

尉遲迥最先起兵有兩方面的因素：

一、他實力強，野心格外大。

二、正因為他實力強，楊堅最先拿他開刀。

先看第一點。尉遲迥有何實力？他是蜀國公、相州總管。有人會說，楊堅不是隨國公嗎？但是，楊堅這個隨國公是繼承來的，而尉遲迥這個蜀國公可是自己帶兵征服蜀地打下來，二者的分量可不一樣。

眾所周知，四川是關中地區的大後方，關中只有和四川聯繫在一起，才是進可攻、退可守的寶地。能夠把四川併入北周版圖，當然是莫大的功勞，豈是楊堅能比的？

另外，尉遲迥擔任相州總管，鎮守原來北齊的都城鄴城。這是極為重要的職位，也是北周所有總管中實力最強的。有這樣的身分和實力，尉遲迥難免有點非分之想。他有何舉動？

據《通鑑》記載，楊堅在五月二十二日為周宣帝發喪，各地都要為皇帝舉哀。正好有一名朝廷派出的巡視員叫楊尚希，當時就在相州，便和尉遲迥一起舉哀。但是，舉哀完畢，這名巡視員連夜從相州逃往長安。為什麼呢？

他說：「蜀公哭不哀而視不安，將有他計，吾不去，將及於難。」意思是，我看蜀國公尉遲迥哭得一點都不傷心，明顯是假哭；而且一邊哭、一邊眼珠子亂轉，像是有什麼心事。我覺得他想要圖謀不軌，我要是不逃，恐遭不測。

這樣看來，北周宣帝死後，尉遲迥也想乘機大顯身手，現在楊堅居然搶先下手，大權獨攬，他怎麼能夠服氣呢！

第二、為什麼楊堅拿他開刀？

楊堅五月二十五日當上左大丞相，他也知道，肯定有人對自己不服氣。在所有可能不服氣的人裡，楊堅最擔心的就是尉遲迥。

怎麼辦呢？楊堅思來想去，他覺得，反正尉遲迥也不是個省油的燈，與其等他造反，不如先下手為強。所以，五月二十七日，他以小皇帝的名義發布詔令，徵召尉遲迥回京參加周宣帝葬禮，同時，派了一名和尉遲迥資歷相當的老將軍韋孝寬前往相州，接替尉遲迥的職務。

楊堅這是在對尉遲迥攤牌。我知道你是個厲害角色，你要是願意服從我，就乖乖地回來，如果你不想回來，那韋孝寬也不是省油的燈。反正不管你來還是不來，相州總管已經不是你了。

這是逼尉遲迥表態！尉遲迥本來就對楊堅輔政不滿，一聽這個消息怒不可遏，我還沒怎麼樣，你倒先來奪我的權力了，是可忍孰不可忍！在這種情況下，尉遲迥真的磨刀霍霍，準備造反了。

可是，造反是件大事，不能說打就打。在沒準備好之前，尉遲迥不想貿然行動。所以，雖然打定主意要開戰，但是，表面上尉遲迥還是高高興興地接受楊堅的安排。

楊堅不是派韋孝寬來接替自己嗎？尉遲迥就派心腹賀蘭貴迎接韋孝寬。在朝歌，也就是現今的河南淇縣，賀蘭貴和韋孝寬兩人碰上了。韋孝寬政治經驗豐富，和賀蘭貴一交談，他就察覺出來，尉遲迥那邊恐怕有變！自己若是貿然前往，說不定剛到就被祭了旗。怎麼辦呢？

先了解情況吧！於是，韋孝寬開始裝病，走得比爬得還慢。一邊拖延時間，一邊派手下人以求醫問藥為名，先到相州打探消息。

就這樣進三步退兩步地到了湯陰（今河南湯陰），尉遲迥又派人來迎接他。這次派的是韋孝寬的侄子韋藝。此人雖然是韋孝寬的侄子，但是，政治上可是堅定地擁護尉遲迥。

正是因為如此，尉遲迥才叫他來迎接韋孝寬。叔侄倆坐下來聊天，韋孝寬問起韋藝尉遲迥那邊的動靜。結果這個侄子支吾其詞，把韋孝寬氣壞了，說：你小子膽敢向著外人，給我推出去斬了！韋藝是個膽小鬼，一看叔叔發火，趕緊跪地求饒，承認尉遲迥確實要造反，現在正在加緊準備。一聽韋藝這麼說，韋孝寬證實了自己的猜測。這時候再去相州等於是把腦袋往老虎嘴裡塞，還是掉頭往回跑吧！同時，趕緊向朝廷送信，通報尉遲迥叛亂的消息。

不過，韋孝寬臨危不亂。他往回跑可不是一味向前，而是每經過一個驛站，都跟驛卒交代兩件事。哪兩件事呢？

一、驛站所有馬匹我一律徵用，一匹都不能留。

二、蜀國公尉遲迥的人馬上會經過這兒，請你們竭盡所能，準備美味佳餚。

韋孝寬為什麼這樣做？以防尉遲迥追他。果然，一發現韋孝寬叔侄逃走，尉遲迥馬上派幾百騎兵追來，想要半路截殺。可是，走到每個驛站，都找不到能夠換騎的馬，倒是有一桌桌的好酒好菜等著。追兵也是人，難免受到誘惑，就地大吃大喝起來。這樣一來，時間不就給耽擱了？就這樣，韋孝寬平安脫險，楊堅那邊也接到尉遲迥要造反的消息。

尉遲迥要造反，對楊堅來說，這事早在意料之中。問題是，怎麼解決呢？

他想智取。楊堅趕緊派使者到鄴城安慰尉遲迥，保證自己並沒有改朝換代的意思，請尉遲將軍不要激動，這是明面上的工作。

在暗中，楊堅則是讓這名使者把一封祕信交給尉遲迥的副手，相州總管府長史晉昶，請他協助朝廷暗算尉遲迥。楊堅這個想法不錯，可尉遲迥也不傻，他早防著這一招，當即發現了朝廷的陰謀，二話沒說把兩個人的腦袋割了下來。殺了朝廷的使者，就是與朝廷為敵了。這時，尉遲迥把相州城的官兵和百姓都召集到城樓下，自己登上城樓，發表戰爭動員。他說：

楊堅以凡庸之才，藉后父之勢，挾幼主而令天下，威福自己，賞罰無章，不臣之跡，暴於行路。吾居將相，與國舅甥，同休共戚，義由一體。先帝處吾於此，本欲寄以安危。今欲與卿等糾合義勇，匡國庇人，進可以享榮名，退可以終臣節。卿等以為何如？

意思是，楊堅沒什麼本事，只不過倚仗自己是皇后的父親，就要挾制年幼的天子，作威作福，不臣之心，已昭然若揭。我是太祖文皇帝的外甥，與國休戚。先帝讓我鎮守相州，就是要我在關鍵時刻維護國家利益。現在，我要與你們一起糾合義勇、拯救國家，你們同意嗎？

他這番動員效果好不好？太好了，要知道，相州是原來北齊的中心，百姓對北周的征服本無好感，現在尉遲迥帶頭造反，他們當然樂意回應。

五八〇年六月十日，尉遲迥首先舉起造反大旗。緊接著，七月二十五日司馬消難起兵。八月七日，王謙也起兵了。此即中國歷史上著名的「三總管之難」。

這三位總管都是實力派，他們一造反，大半個北周都騷動起來。其中，尉遲迥很快就控制了北起河北、南到安徽的大片領土，而司馬消難和王謙則分別占據湖北和四川，對關中形成了合圍之勢。

楊堅趕緊迎戰，既然是三總管起兵，楊堅就任命三名行軍元帥迎戰。其中，派韋孝寬討伐尉遲迥；老將梁睿討伐王謙；王誼則討伐司馬消難。

安內攘外

楊堅要平定三方叛亂，容易不容易呢？太不容易了。不算正面交鋒，已有三大困難橫亙在前。

哪三大困難呢？

第一個困難，如何贏得北周元老重臣的支持。楊堅和三總管開戰，究竟鹿死誰手，有一批人非常重要。誰呢？北周的元老重臣，也就是關隴貴族集團。這些人支持尉遲迥，則尉遲迥的勝算大；反之，如果他們支持楊堅，楊堅的勝算就大。是一支不容忽視的政治力量。當時，這個集團的代表人物是李穆。

李穆是北周的開國將領之一，對北周的開創者宇文泰還有救命之恩。當年，他隨宇文泰討伐東魏，宇文泰在陣前忽然馬失前蹄，摔了下來，這時，東魏的將士也追來了。危急時刻，李穆趕來，一鞭子抽到宇文泰身上，罵道：笨蛋，連騎馬都不會！說著，把自己的備用馬給他，讓他立刻滾蛋。已經殺到跟前的東魏士兵一看李穆居然打他，以為眼前這個人不過是個小嘍囉，就拋下他，往別處活捉宇文泰去了，算是救了宇文泰一命。有了這番經歷，宇文泰從此對李穆寵信有加。李穆不是給他一匹馬嗎？回去後，宇文泰把御馬廄裡所有馬，都賞給李穆。尉遲迥起兵時，李穆是并州總管。并州是原北齊陪都所在地，精兵聚集，又正好夾在尉遲迥和朝廷之間，戰略地位非常重要。他追隨誰，誰贏的可能性就大增。

那麼，李穆到底追隨誰呢？他很有可能選擇尉遲迥。李穆和尉遲迥是同輩人，一起打仗流血的老哥們，戰鬥友誼非常深厚。而且，尉遲迥是聰明人，剛一起兵，馬上派使者聯絡李穆，要跟他共圖大事。

尉遲迥的使者一到，李穆的侄子和兒子都勸李穆和他聯合。李穆自己也在猶豫。如果他真的加入，對楊堅來講可就是大麻煩。

正在危急關頭，楊堅的使者也到了。這名使者叫柳裘，是個著名的說客。

當初，周宣帝猝逝，劉昉、鄭譯矯詔讓楊堅輔政，楊堅猶豫不決，當時，柳裘一句「機不可失，時不再來」點醒楊堅，從此就把柳裘視為心腹。

柳裘既然口才這麼好，楊堅就把勸說李穆的重任交給他。不過，楊堅也知道，柳裘再能說，也只能做到以理服人，真正想要打動人，不能只講理，還要講情，做到以情動人。怎麼才能以情動人呢？利用李穆的兒子。李穆有個兒子名為李渾，當時在京城擔任侍衛。這時，楊堅派他一同前往并州，讓他幫助遊說李穆。

楊堅為什麼這樣做？要知道，父子情深，按照一般作法，如果想讓父親就範，往往會拿兒子當人質，用兒子逼迫父親。但是，楊堅反其道而行之，不僅不扣壓李渾，反而主動把李渾打發到李穆身邊，充分釋放誠意，以情動人。

楊堅這麼一表態，李穆可就要好好考慮一下自己的立場。他怎麼考慮啊？

一、楊堅挾天子以令諸侯，反抗他就是反抗朝廷，這成嗎？

二、就算支持尉遲迥，尉遲迥也贏了，自己仍不過是尉遲迥的手下，跟現在比有什麼區別？既然如此，何必費這個勁。

三、楊堅對自己仁至義盡，倒像能成大事的人。

就這樣，經過通盤考慮，李穆決定支持楊堅。怎麼支持呢？楊堅不是派李渾來勸說嗎？李穆又讓兒子回到楊堅身邊，而且，不是空手回去，還讓李渾把家中的熨斗捎給楊堅。熨斗有什麼用？這是表態，楊堅讓李渾轉告李穆說：「希望你以此熨帖天下。」同時又向楊堅進獻十三金環腰帶，這十三環金腰帶可是皇帝才能用的腰帶款式，李穆把它獻給楊堅，用意很明顯，我不僅支持你當權臣，我還支持你當皇帝。

李穆投靠楊堅，對楊堅的影響十分重大。首先，李穆全家都是將軍，他們一加盟，楊堅這邊當然實力大增。更重要的是，李穆的政治影響力非凡，是全國的風向球。一看李穆投誠楊堅，一大批北周元老都決定支持楊堅，這樣一來，楊堅在政治上便占了優勢。

第二個困難，如何安定前線軍心。剛擺平李穆的問題，前線出事了。當時，李穆的侄子李詢捎來密報，說韋孝寬手下的三員大將，梁士彥、宇文忻和崔弘度私下接受尉遲迥饋贈的金錢。換言之，前方將領政治立場不堅定，可能陣前倒戈！而且，就在這節骨眼上，韋孝寬生病臥床，只派身邊服侍的婦女傳達命令。無法真正駕馭手下，這是最糟糕的事！

楊堅著急了，趕緊將心腹劉昉、鄭譯找來商量，是不是需要把這幾個不忠的將領換下來。這個消息剛傳出去，有個人匆匆忙忙趕來。誰呢？李德林。就是勸楊堅別當大塚宰，一定要當大丞相的那位高人。他來幹什麼？提出反對意見。李德林說：

> 公與諸將，並是國家貴臣，未相伏馭，今以挾令之威，使得之耳。安知後所遣者，能盡腹心，前所遣人，獨致乖異？又取金之事，虛實難明，即令換易，彼將懼罪，恐其逃逸，便須禁錮。然則鄖公以下，必有驚疑之意。且臨敵代將，自古所難，樂毅所以辭燕，趙括以之敗趙。

這段話有三重意思：

首先，您雖然挾天子以令諸侯，但是，和這些將領本來地位都差不多，他們沒有忠誠於您的義務。您現在懷疑這幾位將軍不忠誠，想要派人替換他們。但是，您怎麼就能保證新派去的人比他們忠誠呢？

其次，所謂受敵方賄賂，虛實難辨，如果現在派人追究，不僅這幾個人可能畏罪投敵，而且上至韋孝寬將軍，下至普通士卒，難免人人自危，動搖軍心！最後，當年燕國不信任樂毅，改任騎劫；趙國不信任廉頗，改任趙括，不都釀成大禍嗎？前朝因為這樣做失敗的教訓太多了，請千萬不要重蹈覆轍！

幾句話說得楊堅出了一身冷汗，趕緊道謝，說：如果不是先生，我幾乎誤了大事！先生認為該怎麼辦呢？難道就聽之任之？

李德林說：

如愚所見，但遣公一腹心，明於智略，為諸將舊來所信服者，速至軍所，使觀其情偽。縱有異志，必不敢動。

意思是，您別派將軍去，派一個您信任、前方將領也能接受的人去當監軍。只要您的眼線一到，前方的將領就不敢輕舉妄動了。

楊堅一聽，佩服得五體投地，馬上尋找監軍人選。讓誰當監軍呢？李德林提出的條件是心腹。當時誰是楊堅的心腹？楊堅想來想去，覺得只有劉昉和鄭譯最放心。

本來，自己當輔政大臣就是他們的主意，這時候出亂子了，他們能不幫忙嗎？可是，別看劉昉、鄭譯兩人搞陰謀挺有本事，一聽說上前線，全畏懼不前。

劉昉說，我倒是想去，問題是，我沒有帶兵打仗的經驗，怕誤了大事，您還是問別人吧！楊堅又問鄭譯，鄭譯說，我也想幫忙，可是，我母親年紀大了，身邊不能沒人照顧，您還是成全我這顆赤子之心。關鍵時刻派不上用場，把楊堅氣壞了。怎麼辦呢？

正在為難之際，有人主動請纓。誰呢？丞相府的錄事，即管家——高熲。高熲原本是楊堅岳父獨孤信的手下。當年，宇文護專權，逼獨孤信自殺，獨孤信一死，樹倒猢猻散，很多門生故吏紛紛變了臉，不相來往，只有高熲不趨炎附勢，照樣和楊堅的夫人獨孤伽羅往來。

有道是「疾風知勁草，板蕩識誠臣」。高熲這麼做，贏得楊堅夫婦的尊重。周宣帝暴崩後，楊堅輔政，獨孤夫人立刻向楊堅推薦高熲。楊堅對夫人歷來尊重，就派侄子楊雄和高熲溝通，希望他一起共謀大事。高熲慨然允諾，說：「願受驅馳，縱令公事不成，熲亦不辭滅族！」我跟定你，就算是以後大事不成，被滅族都心甘情願。現在，看到楊堅需要人才，高熲前來履行諾言。

前文說鄭譯聲稱自己老母在堂，不能上前線。這話是真是假不知道，但是，高熲倒是真有白髮老母。然而，接受楊堅任命後，高熲連家都沒有回，直接騎馬出發，只是臨上馬時揮淚對下屬說，請到我家稟告老母，說：自古忠孝不能兩全，現在國家有難，兒子只能捨孝全忠了。這是何等的高風亮節！

高熲到了前線監軍，軍心很快安穩下來。高熲順勢留在軍中，當了韋孝寬的軍師。這樣一來，第二個困難又解決了。

第三個困難，如何避免鄰國勢力趁火打劫。

當時，北周的北邊有突厥、南邊有陳朝，都是所謂的敵國。尉遲迥一起兵，馬上就北結突厥、南聯陳朝，連兒子都送到陳朝去當人質；而司馬消難更過火，乾脆投靠陳朝，還接受了陳朝「隨國公」的封號；這樣一來，突厥和陳朝也捲入戰爭了。

這還不算。當時，北周在湖北還有一個附屬國——後梁，是蕭梁王朝的後裔建立的，這時也想趁亂謀求復國。本來，三方叛亂已經夠讓楊堅頭疼了，如果再跟這些政權打起來，就更麻煩了。

怎麼辦呢？各個擊破吧！怎麼對付突厥？當時，北周和突厥和親，要將千金公主嫁給突厥可汗，突厥的迎親使已經到了幾個月，因為北周的政治變故，一直還沒有出發。這時，楊堅送千金公主上路，鞏固友好關係。另外，突厥喜愛錢財，楊堅又派人攜帶大量金銀珠寶賄賂可汗，這樣一來，突厥滿意了，不再插手北周的內部事務。

再看後梁。後梁想復國，但是實力弱，拿不定主意，先派使者柳莊到長安探虛實。楊堅怎麼對付柳莊？首先，熱情接待，接著陳述革命友誼。他說：我當將軍時曾路過梁國，承蒙你們國君熱情款待，至今念念不忘！現在我們國家遇到困難，天子年幼，時局不穩。我受先皇委託，只能出來主持局面。梁國君主幾代都忠於朝廷，希望能在此時珍惜傳統友誼，不要做親者痛、仇者快之事！

這話說得多好！雖然客氣，但是裡面透著威脅。如果你們梁國現在表現不好的話，那幾代人精心培育的戰鬥友誼可就一筆勾銷！

一聽楊堅這麼說，梁國使者馬上回去向國君匯報，我看楊堅不好惹，我們還是安分點。

那陳朝呢？陳朝是老對手，勸說拉攏估計沒有用，只能打了。而且是主動打，叫做以攻為守，也沒讓陳朝占什麼便宜。

就這樣，經過一番外交和軍事的努力，鄴國勢力也算安定下來了。這樣一來，雖然困難重重，但是，正面戰場以外的干擾好歹都讓楊堅解決了。

不過，即便如此，三總管的勢力依然非常強大。特別是尉遲迥，不僅兵強馬壯，而且因為占據了原來的北齊故地，還得到許多北齊復國分子的支持。

這樣一來，如果楊堅不能取勝，不僅意謂著他個人的失敗，還有可能造成國家的再度分裂。那麼，戰爭究竟能否取得成功呢？

【第九章】平定三方

楊堅矯詔當上輔政大臣後，激起以尉遲迴為代表的北周三總管反叛，楊堅和兵強馬壯的三總管打仗，將是一場什麼樣的較量？楊堅能否化解這次危機？

將軍與軍師

因為楊堅輔政，尉遲迥等三名總管發動叛亂，他們來勢洶洶，而且裹挾周邊政權的勢力，給楊堅和北周造成極大威脅。那麼，楊堅能否取勝呢？其實，仔細分析一下就會知道，三方叛亂中，最有實力的應該是尉遲迥這一支，因此，戰爭能否取勝，關鍵就看韋孝寬和尉遲迥。

那麼，韋孝寬將軍表現如何呢？如果僅把韋孝寬說成是一名將軍，那就小看他了。他不僅是一名將軍，還是個戰略家。韋孝寬一生有兩件事最值得紀念，一件是玉壁之戰，另一件則是平齊三策。何謂玉壁之戰？所謂玉壁，在現今山西省稷山縣西南。

當年，西魏和東魏打仗，玉壁是西魏戰略要地。當時，東魏力量比西魏強。五四六年，東魏權臣高歡率領十幾萬大軍傾巢出動，打算一舉吞併西魏。在玉壁這個地方，被韋孝寬擋住了。韋孝寬堅守孤城五十多天，殺傷東魏七萬士兵，最後硬是逼得高歡撤軍，而且不久就鬱鬱而死。

這是中國歷史上以少勝多的經典案例，也是城市保衛戰的典範，古代戰爭史沒有不講玉壁之戰的。

為什麼又說他是戰略家呢？因為周武帝統一北齊也有韋孝寬的貢獻。韋孝寬雖然沒有親自參戰，但是，他在此之前曾為周武帝上過平齊三策。

這三封策書講什麼？

第一策講遠交近攻。北周如果想削平北齊，一定要和北齊的敵國，即江南的陳朝建立友好關係，這叫遠交近攻。

第二策講在發動軍事進攻前應該先打外交戰。通過外交努力交好北齊，以達到迷惑北齊的效果。第三策講利用敵人的內亂。靜觀其變，尋找時機，最後展開討伐戰爭。

這些對策都被周武帝採納，為北周平齊做出巨大貢獻。這樣看來，韋孝寬絕對是個高明的戰略家。

再看，韋孝寬在戰場上的表現如何？太厲害了，有勇有謀。

先舉一個有謀的例子。前面說楊堅派韋孝寬前往相州接替尉遲迥，韋孝寬發覺尉遲迥圖謀不軌，就趕緊向西跑。他跑到哪裡？雖然當時還沒有接到楊堅讓他征討尉遲迥的命令，但是，他並未一路跑回長安，而是在河陽（河南孟縣）就停住了。為什麼？

因為河陽是洛陽的前哨，而洛陽是北魏的舊都，也是東部的戰略要地，韋孝寬是想直接保衛洛陽。問題是，當時河陽的情況如何？

糟透了！河陽當時正醞釀著兵變。河陽一共八百名守軍，全是關東地區的鮮卑人。所謂關東鮮卑，就是北周從北齊接納過來的戰鬥部隊，是從戰俘改編的軍事力量。這些人原來都是北齊士兵，本來對北周就沒什麼好感，加上他們的家屬都在相州，在尉遲迥手裡，這些人就更不安心了。

現在，尉遲迥和朝廷開戰，這些守軍也都蠢蠢欲動，陰謀要策應尉遲迥。而韋孝寬只帶了幾個隨從到河陽，如果士兵真的譁變，他無論如何都沒有招架之功。另外，如果河陽守軍叛變，對洛陽也是威脅。如果洛陽再丟了，朝廷在整個東部地區，就沒有據點了。形勢很讓人憂心。怎麼辦呢？

韋孝寬用計了。他偽造一封洛陽來的公文，聲稱皇帝要賞賜河陽守軍，賞賜的東西已經運來了，但是，儲存在洛陽的不同倉庫裡，所以讓他們分成幾個編隊，分別到洛陽的不同地點去領賞。這些士兵都是有勇無謀的傢伙，一聽說有賞，都動了心，想著不管怎麼樣，先把東西拿來再說。分成幾隊，就全去了。

當然，韋孝寬已經和洛陽的長官溝通好，河陽守軍一到，馬上扣押。河陽和洛陽當然也就安然無恙，穩穩地承擔起平叛基地的職責。老將軍隻身一人，智擒八百勇士，這就是謀略。

再舉一個有勇的例子。接到朝廷讓韋孝寬剿滅尉遲迥的命令後，韋孝寬率領大軍來到武陟（今河南武陟），而尉遲迥之子尉遲惇則帶領十萬大軍駐紮在武德郡（今河南沁陽東南），兩軍隔著沁水擺開陣勢。當時正好連日暴雨，沁水暴漲，韋孝寬只好讓部隊先停下來。正在這時，高熲來了。高熲一看，這要等到什麼時候？趕緊搭橋吧！他這邊架橋，尉遲惇那邊也想辦法，不能讓他架起橋啊！得破壞。怎麼破壞呢？橋修到一半，尉遲惇從上游扔下許多大木頭筏子，潑上油，點著火，順流而下，想要把橋燒燬。

燒燬了沒有？當然沒有。高熲早有防備。早就提前在河裡設置很多土狗，即攔河壩。因為前高後低，好像狗蹲在那裡，所以叫土狗。筏子到土狗前就被攔住了，根本過不來。就這樣，橋修成了。

橋一搭好，韋孝寬趕緊親自率領大軍渡河。那尉遲惇如何應對？照我們的想法，應該死守河灘險要陣地，過來一個殺一個。可是，尉遲惇不這麼想，他自作聰明，也想要用計。

一看韋孝寬率領大軍渡河，他馬上命令部隊向後撤，主動給韋孝寬騰地方。他的打算是，等韋孝寬軍隊過來一半，還有一半在橋上時發動反擊，讓韋孝寬來個措手不及。問題是，韋孝寬有謀有勇，一看尉遲惇的軍隊後撤，他大叫一聲：「今日一戰，有進無退！」一下令擂鼓助威，讓各支部隊全速渡河。

老將軍發出動員令，高熲做為部隊裡的軍師，宣傳鼓動工作更是在行，一看老將軍帶兵往前衝，高熲開始喊話。他說：昔日項羽破釜沉舟，滅掉大秦，我們現在也只能是背水一戰，否則死無葬身之地。

說完，馬上下令燒橋！眾將士一看退路斷了，都鼓起勇氣，奮勇向前，這一下，尉遲惇的軍隊招架不住，有組織的後撤變成無組織的逃命，被殺的、被踩死的，不計其數。

一看兵敗如山、大勢已去，尉遲惇只好騎上馬，隻身逃回相州。這是韋孝寬和尉遲迥交戰以來第一仗。第一仗就打出威風，既打出韋孝寬的勇，又打出高熲的謀，楊堅喜上眉梢，看來，委任韋孝寬為將軍是對的，委任高熲為軍師也對了！

於是，韋孝寬和高熲帶軍，一路追殺到鄴城之下。鄴城是尉遲迥的老巢，韋孝寬和尉遲迥就在此展開決戰。

這時，是五八〇年八月十七日，距離尉遲迥叛亂整整六十八天。既然是決戰，尉遲迥傾巢出動。他這邊共有十三萬人。另外，尉遲迥的弟弟手下還有五萬人，正從青州趕來。如果兩支軍隊加到一起，就有十八萬人，力量相當強大。特別是其中有支精銳部隊，叫做黃龍兵，是尉遲迥的王牌。

這支軍隊是尉遲迥從關中帶過來的，算是他的親兵，共有一萬多人，各個頭戴綠巾、身穿黃襖，一眼望去，如同一條黃色巨龍，所以叫黃龍兵。決戰時刻，尉遲迥騎馬站在這支黃龍兵最前頭，雖然白髮蒼蒼，依然威風凜凜。

韋孝寬這邊雖是乘勝而來，一看這陣勢，心裡也不由得緊張起來。尉遲迥和黃龍兵絕非浪得虛名，個個神勇無比，兩軍一交戰，韋孝寬這邊明顯不敵。眼看著部隊不斷往後撤，韋孝寬手下的幾個將軍急了。如果這十三萬人尚且打不過，再過一會兒援軍到了，豈不是更加危險？

《孫子兵法》講：「兵者，詭道也。」

在這種情況下，有個名為宇文忻的將領打歪主意了。什麼主意呢？他看到城南高坡上，站了好多老百姓。戰場上怎麼會有老百姓觀戰呢？

這其實反映出鄴城百姓的心態。鄴城是當年北齊的首都，北周滅北齊，鄴城老百姓對北周並無好感。現在看到尉遲迥和韋孝寬兩軍同室操戈、自相殘殺，鄴城的老百姓倒是有點幸災樂禍。所以紛紛出城，站在高處看熱鬧。一共來了幾萬人。按照史書的記載，「鄴中士女，觀者如堵。」老百姓也好，婦女兒童也好，都出來了，像一堵一堵的牆一樣。

現在韋孝寬作戰失利，形勢危急，宇文忻忽然想出一個損招。他對身邊的弓弩手說：別射尉遲迥的人了，先射這幫觀眾！一時間萬箭齊發，對著山坡上的無辜群眾射過去。老百姓萬萬沒想到自己成了作戰的對象，毫無防範，馬上就亂了套。有的死，有的傷，男女老少都往城裡跑，哭聲喊聲震天動地。

尉遲迥的軍隊原是背城為陣，這麼多老百姓都朝他們奔來，當然措手不及，馬上就被衝亂了。一看尉遲迥的隊伍亂了，宇文忻大喊：叛賊失敗了！他這麼一喊，韋孝寬這邊的士兵精神大振，一個個如下山猛虎般衝過去，把尉遲迥的軍隊打得落花流水。

這時，韋孝寬手下幾個將軍紛紛率兵進入鄴城，尉遲迥也退到北門城樓上。眼看大勢已去，老將軍萬念俱灰，但是，既是將軍，就要死在戰場上，所以雖然明知無望，尉遲迥還是拿著箭，一支支射下城樓，想要戰鬥到最後一刻。

這時，韋孝寬手下一名叫崔弘度的行軍總管已順著龍尾道登上城樓。崔弘度說起來和尉遲迥是親戚。崔弘度的妹妹就嫁給尉遲迥之子，所以，崔弘度算是尉遲迥的姻親晚輩。尉遲迥一看有人登上城樓，引弓欲射。

這時，崔弘度摘下兜鍪（頭盔），對尉遲迥說：老將軍，您不認識我了嗎？咱們可是至親啊！可是，如今為了國家，不能顧及私情。不過，我想，好歹咱們親戚一場，所以，我才約束士兵，不讓他們上來凌辱您。現在事已至此，您該為自己打算一下，還等什麼呢？尉遲迥一聽，長嘆一聲，弓箭落地，隨即口中大罵楊堅，揮劍自刎。

就這樣，規模空前的尉遲迥叛亂宣告結束，從起兵到兵敗自殺，一共才六十八天。

尉遲迥本是三方叛亂的主力，他失敗後，司馬消難和王謙也就大勢已去。五八〇年八月二十七日，在平定尉遲迥十天後，王誼率軍進入司馬消難的老巢鄖州，司馬消難連夜逃跑，投降江南的陳朝。又過了兩個月，十月二十六日，梁睿率領大軍進入成都，益州總管王謙被殺。

至此，「三方叛亂」全部平定。「三方叛亂」是隋代開國過程的一件大事。來勢洶洶，聲勢浩大，但是，從六月十日尉遲迥起兵，到十月二十六日王謙被殺，一共只維持四個半月，若以主力尉遲迥來算，只有短短的六十八天。

敗亡之因

三總管都是實力派人物，為什麼他們敗亡會如此迅速呢？有三點原因。

第一、三位總管外強中乾，而楊堅確實精明強幹。換言之，雙方的領導力不對等。尉遲迥等人確實都擁兵自重，但是，王謙本來就以庸儒著稱，而司馬消難則是文士出身，在軍事方面並不見長。唯一軍事經驗豐富的尉遲迥當時已年過七十，無論智力還是體力方面都過了黃金時期。另外，尉遲迥雖然軍力強大，但卻缺少得力的參謀。據史書記載，他的主要謀士崔達拏是個白衣秀士，只會紙上談兵，這樣的高參當然對尉遲迥助益不大。所以說，三位總管外強中乾。

反觀楊堅這邊不一樣。為什麼說楊堅精明強幹？因為在這場戰爭中，楊堅得了三個滿分。第一個滿分是用人；第二個滿分是納諫；第三個滿分是統戰。

先看用人。楊堅用什麼人？武有韋孝寬，文有高熲。這兩人都是一時之選，韋孝寬沉穩善斷，高熲文武雙全，有這樣的將軍和謀士，還有打不贏的仗嗎？所以說楊堅的用人可以打一百分。

再看納諫。楊堅納諫最精采的一筆在哪裡？在於接受李德林的建議。當時前線戰場上傳來將軍有貳心的消息，楊堅原本打算臨陣換將。

而李德林以一介書生，建議楊堅不要更換將領，而應派遣監軍，這是個有風險的提案，而楊堅居然能夠信任有加，不折不扣地接納他的意見，這需要怎樣的判斷力和胸懷！

事實上，被指控的三位將軍最後都在戰場上立了大功，特別是崔弘度，算是親手斬獲尉遲迥。這是楊堅納諫結出的善果，當然可以打一百分。

再看統戰。對誰統戰？楊堅統戰最經典範例就是懷柔李穆，而且，通過李穆，又懷柔了一大批北周元老，確立政治優勢。

這樣看來，論軍功，楊堅可能不及三個總管，但是，他當領導人的素質可是遠勝於三總管。當年劉邦說的好：

夫運籌帷帳之中，決勝千里之外，吾不如子房；鎮國家，撫百姓，給饋餉，不絕糧道，吾不如蕭何；連百萬之軍，戰必勝，攻必取，吾不如韓信。此三者，皆人傑也，吾能用之，此吾所以取天下也。

這段話不光是劉邦的寫照，也是楊堅的寫照，是古今中外所有成大事者的共同寫照。換言之，兩方面的領導力差異決定了楊堅的優勢。

第二、除了領導能力占有優勢外，楊堅方面還具備政治優勢。最大的政治優勢就是挾天子以令諸侯。

尉遲迥、王謙和司馬消難起兵的理由是楊堅謀權篡位，而他們則要匡扶周室，但是，那只是他們的一面之詞，不足以號令天下；而楊堅說這些人是叛臣，一定要剿滅，是打著皇帝名號說的。臣子和皇帝誰說話管用？當然是皇帝，這就是挾天子以令諸侯的重要力量。

事實上，李穆等老臣最終決定投靠楊堅，和這種政治態勢有著直接的關係。

第三、扶助北周的號召力其實不大。

本來，當時北周建國不過二十四年，還不足以讓人形成絕對的忠君意識，而周宣帝統治時期又凶殘暴虐，使得很多大臣失去信心。

相反，楊堅輔政後，修改法令，厲行節約，贏得社會廣泛認可。在此情況下，很多人並不願意為北周賣命。

事實上，連起兵的三總管也存在不同程度的個人野心，並非真要匡扶北周，如何號召全天下人呢？

正因為有軍事、政治和人心方面的多重因素影響，所以三總管叛亂雖然來勢洶洶，但是很快便偃旗息鼓了。

戰後新局

平定三總管，對楊堅而言當然是件大事，為他消除了改朝換代的最後障礙。這場戰爭的意義遠遠不止於此。那麼，這場戰爭還有什麼影響呢？

首先，經過這場戰爭，北周的統治更加穩固了。

要知道，發生叛亂三地都是北周軍事征服而來。其中，除了蜀地征服稍早外，相州和鄖州都是在周武帝末年和周宣帝時期剛納入北周版圖。在這些新征服地區，北周的統治並不穩固。

事實上，叛亂在這三處爆發，足以證明這一點。但是，經過這一場戰爭，北周對這些新附地區的統治都加強了。

舉一個例子。相州原是北齊都城鄴城所在地，攻克相州後，楊堅一把火把鄴城燒了個精光，把居民全部南遷四十五里，其實就是從現今河北臨漳遷到河南安陽，從此，北齊時代盛極一時的鄴城徹底消失。這種抹殺一座城市的作法雖然野蠻，但是，從徹底杜絕隱患的角度看頗具成效。

其次，經過這場戰爭，楊堅的統治更為穩固。楊堅原為左丞相，平叛後，周靜帝廢除了左右丞相，晉升楊堅為大丞相。

這樣一來，楊堅進一步擺脫束縛，成為名副其實的一人之下、萬人之上。不僅如此，楊堅的大兒子楊勇也被任命為洛州總管、東京小塚宰，統轄北齊舊地。

這意謂著，楊堅對原來北齊舊地的控制也加強了。楊堅剛當上輔政大臣時，他的心腹元諧曾經擔心地說：「公無黨援，譬如水間一堵牆，大危矣。公宜勉之。」

意思是，您其實沒有什麼政治勢力，所以，當上輔政大臣，好比是立在急流中的一堵牆一樣，水的衝擊力有多大，您就有多危險，所以，請您努力。

但是，經過這次考驗，楊堅成功地從水中的一堵危牆華麗轉身，成為堅不可摧的中流砥柱。有了這次考驗，他的權威已經無人能夠挑戰了。

第三、這場戰爭也給楊堅一個考驗幹部的機會。本來，楊堅矯詔輔政，朝廷內外肯定有很多人不服氣。但是，一般來說，反對者不會輕易表現出來。敵暗我明，很容易形成政治隱患。

但是，三總管叛亂爆發，形勢反倒一下子明朗化。在戰爭狀態下，每個人都被迫做出選擇，非此即彼，不容含糊。這樣一來，楊堅能迅速且清晰地認清敵我友了。此即長痛不如短痛。

第四、這場戰爭也讓楊堅得以檢驗人才。「三方叛亂」之前，楊堅手下最得力的助手，也是他心目中最重要的人才，毫無疑問當然是劉昉和鄭譯。這兩人幫他得到輔政大臣的身分，也成了他的心腹。

據《通鑑》記載，楊堅對他們的賞賜不可勝數，甚至到了朝廷側目的程度。但是，經過這場戰爭，楊堅發現這兩人靠不住。前線缺乏監軍時，楊堅原對他們寄予重望，結果兩個人膽小如鼠、左右推託，根本無意幫楊堅排憂解難。

光膽小也就罷了，這兩人毫無責任心。要知道，三方叛亂波及北周疆域一半以上，對楊堅是極大的考驗，楊堅為此憂心忡忡、焦頭爛額。

但是，面對如此危局，劉昉和鄭譯卻只顧沉浸在剛到手的巨大權力的喜悅中，整日招權納賄、花天酒地，根本不理政事。這讓楊堅非常不滿。幾件事疊加在一起，楊堅明白，這兩人就是政變人才，只有陰謀詭計，並沒有真正的政治韜略和政治家氣度。這樣的人，以後要靠邊站了。

怎麼靠邊站呢？鄭譯當時原是丞相府長史，每天到他這兒報到聽令的官員本來絡繹不絕。可是，就在鄭譯拒絕監軍後，楊堅發話了，以後任何人都不許再找鄭譯匯報工作。

鄭譯哪裡知道楊堅的安排？第二天上班，照樣高坐相府，等著百官前來聽令，沒想到等了一天，一個人都沒來。第三天、第四天，天天如此。這下子，鄭譯坐不住了，趕緊要求辭職。

這還不夠，開皇元年（五八一），御史臺彈劾鄭譯，說他居然和母親分家另過，這是大大的不孝！御史為什麼針對此事？這體現出隋文帝的意思。你不是孝順老母，不肯上前線嗎？現在我就要揭你這層皮！

問題是，和老母分家另過這樣的事情嚴重不嚴重呢？這樣的事情在今天看可能並不嚴重，但是，在古代是重罪。怎麼處罰呢？

隋文帝下詔說：

若留之於世，在人為不道之臣，戮之於朝，入地為不孝之鬼。有累幽顯，無以置之，宜賜以《孝經》，令其熟讀。

把他留下，他是個不道之臣，但是，把他殺了，地下豈不多了一個不孝之鬼！人間地下都無處安置，怎麼辦呢？還是別讓他去禍害地下，賜給他一本《孝經》，讓他好好讀書，閉門思過。

其實，我們一看就明白，這不是真正的懲罰，而是羞辱。對鄭譯如此，對劉昉也是如此。沒過多久，劉昉即因縱容愛妾賣酒，違反禁酒令被御史參上一本，後來更因為捲入謀反案，被文帝正法。兩大功臣，就這樣退出了政治舞臺。

那麼，這兩個人靠邊站，哪兩個人往前站了呢？楊堅發現了兩個人才，一個是李德林，一個是高熲。

李德林多謀善斷，而且文采斐然。截至此時，他已經為楊堅出了兩個好主意。一是讓楊堅擔任大丞相，假黃鉞，都督中外諸軍事，把軍、政、人事大權都掌握在自己手裡；還有一個是讓楊堅不要臨陣換將、擾亂軍心，派監軍春風化雨、穩定局面。這兩個主意對楊堅來說都非常關鍵。

事實上，在李德林建議楊堅派出監軍後，楊堅已將李德林當成謀主。軍事大事和他商議，最重要的文書也都由他起草。李德林在北齊時就是著名的才子，這時，他的才華算是得到充分的施展。

據《通鑑》記載：

時軍書日以百數，德林口授數人，文意百端，不加治點。

意思是，當時每天需要起草的軍事文書，不下上百份，李德林一人，對著數個文字祕書口授，每一篇文章都有獨特的風格和立意。口授後，完全不需修改。多麼高明！

再看高熲。如果說，李德林較像謀士，是比較單純的文人型官員的話，高熲則是能文能武。

據《隋書・高熲傳》記載：「熲強明，又習兵事，多計略。」是個可以出將入相的人物。事實上，在平定三方的過程中，高熲的軍事能力得到充分檢驗。

據史書記載，高熲從前線載譽歸來後，楊堅親自在臥室裡宴請他，還把御帷賜給他，顯示出對他的格外寵信。能夠發現這兩個人才，楊堅覺得這一仗打得值！

當年的九月初九，司馬消難的叛亂剛平定，楊堅即以周靜帝的皇后司馬氏是叛臣之女為由，把小皇后廢了。皇后都可以廢掉，可想而知，周靜帝的皇帝之位搖搖欲墜。

現在，北周宗室的勢力已經摧毀，地方反抗的戰火也已平息，楊堅改朝換代似乎只是時間問題。那麼，這個歷史時刻究竟會在什麼時候到來？

【第十章】

建立大隋

五八一年，楊堅終於迎來他人生最輝煌的時刻，登基稱帝，建立大隋，史稱「隋文帝」。楊堅是如何完成這個巨大轉變？楊堅稱帝，對於中國歷史又意謂著什麼？

改朝換代

五八〇年下半年，楊堅平定三總管叛亂，剷滅了北周宗室力量，度過人生最波瀾壯闊的一段時光。眼看北周的支撐力量一個個倒掉，楊堅改朝換代的工作也就進入倒數計時。

怎樣實現改朝換代呢？在中國古代，權臣篡權是有固定模式的。哪些固定模式呢？可分成四方面。

第一、天降祥瑞；第二、臣民勸進；第三、殊禮相待；第四、前朝皇帝表態。

現在，楊堅想要改朝換代，這一套當然也得來一遍。於是，從五八〇年年尾開始，蒼鳥、白雀、慶雲一類的祥瑞在各地紛紛湧現，勸進的表文也像雪片一樣飛進楊堅的丞相府，其中，領頭的就是老臣李穆。天意人事都看好楊堅，當然，楊堅的身分便開始越過正常大臣的紅線。五八〇年九月二十九日，楊堅被任命為大丞相；十月十日，又加上大塚宰；到十二月十三日，楊堅的爵位晉升為隨王。過了年，周靜帝改元大定。大定元年，即五八一年二月九日，周靜帝又把楊堅的職務換成相國，劍履上殿，贊拜不名，加九錫之禮，而且，建天子旌旗，出警入蹕。到這一步，其實大臣已經當到盡頭。現在，改朝換代只剩下時間問題。

在這種情況下，專門負責觀測天象，精通天文曆數的術士庾季才出面了。他說：

二月日出卯入酉，居天之正位，謂之二八之門。日者，人君之象，人君正位，宜用二月。其月十三日甲子，甲為六甲之始，子為十二辰之初，甲數九，子數又九，九為天數。其日即是驚蟄，陽氣壯發之時。昔周武王以二月甲子定天下，享年八百，漢高帝以二月甲午即帝位，享年四百，故知甲子、甲午為得天數。今二月甲子，宜應天受命。

首先，二月份太陽從正東方出來，進入天空的正位。太陽象徵天子，所以，天子即位應該就在二月。那具體是二月的哪一天呢？甲子日最好。因為甲是天干的開始，子是地支的開始，都是天數。另外，當年的二月甲子正好是驚蟄，正是陽氣復甦、萬物萌動的時候，也是吉祥的節氣。當年，周武王就是二月甲子即位，所以周朝一共傳承八百年。因此，您要改朝換代，也就在這一天吧！既然連具體日子都選好了，周靜帝也只有配合的份了。

怎麼配合呢？大才子李德林早把禪位詔書替周靜帝起草好了，這時，周靜帝只要派人宣讀即可。禪位詔書內容如下：

元氣肇闢，樹之以君，有命不恒，所輔惟德。天心人事，選賢與能，盡四海而樂推，非一人而獨有。……朕雖寡昧，未達變通，幽顯之情，皎然易識。今便祗順天命，出遜別宮，禪位於隨，一依唐虞、漢魏故事。

意思是，天命不常，唯德是輔。現在天意人心都已在隨王這邊，我雖然愚昧，但也看得清清楚楚。所以，我決定禪位於隨王！

皇帝的禪位詔書一下，算是正式表態。再履行一番三讓而後受之的手續，終於，在二月的甲子，即十三日這天，楊堅接受北周的傳國印璽，正式稱帝！

楊堅建立的新王朝如何稱呼？在中國古代，國號往往根據開國者原來的封號而定。原來楊堅是隨國公，後來又成為隨國王。所以，新的王朝名為隨。不過，隨國公也好，隨國王也好，都是走之旁的隨字，楊堅覺得不吉利。好不容易建立起來的新王朝，可別輕易走了！怎麼辦呢？改一個同音字，從此，走之旁的隨就成了今日的隋。楊堅也就成為隋朝開國皇帝，史稱隋文帝。

朝代的名字定了，還得定年號，稱為開皇。此一年號也有講究。首先，它是個佛教名詞，意思是「聖皇啟運，像法載興」。楊堅從小由尼姑養大，是個佛教徒，這個年號是向佛教表態，北周武帝廢佛的時代過去了，從此，皇帝要弘揚佛法。

另一方面，此一年號也是個道教名詞，道教《靈寶經》記載，天地之間，每四十一億萬年是一劫，每個新劫數開始，就有一個新年號。其中，開皇就是道經裡提到的年號之一。這樣看來，用了這個年號，即可保證四十一億萬年的統治，真是野心不小。楊堅一個年號拉攏了佛、道兩教，自然希望得到這兩教的保佑，開啟萬年基業。

建立大隋，改元開皇，這可能是楊堅一生中最幸福的時刻。當年，尼姑智仙不是說「兒當大貴」嗎？算命的術士也屢次說他必有天命，為此，周武帝、周宣帝都要拿他開刀。現在，那些憂心忡忡的日子終於過去，他終於大富大貴了！一種君臨天下、威加八方的豪情油然而生。

但是，月兒彎彎照九州，幾家歡樂幾家愁。在巨大的歷史轉變面前，有人笑，就有人哭。誰哭呢？兩個女子。一是楊堅的女兒楊麗華，另外一個則是北周武帝的外甥女竇氏。

兩名女子

楊麗華是個軟弱的女人，周宣帝剛去世時，她確實希望父親楊堅幫她度過艱難時期，還動用太后的權威，幫助楊堅謀得輔政大臣的地位。但是，後來，當她發現楊堅志不在此時，楊麗華態度就變了。她可不希望楊堅改朝換代。為什麼？

第一、古代女子出嫁從夫，既然嫁給北周皇帝，她就得維護北周的利益。

第二、這也涉及她的地位問題。一旦楊堅改朝換代，她這個前朝太后算什麼？

那麼，楊麗華不滿父親篡位，她有什麼表現呢？

按照《隋書・后妃傳》的記載：

> 後知其父有異圖，意頗不平，形於言色。及行禪代，憤惋逾甚。

意思是，楊麗華發現她爸爸楊堅圖謀不軌，形於言色，換言之，楊麗華指桑罵槐、摔摔打打，表現得忿忿不平。

但是，做為女兒，除了生氣發火，她還能怎麼辦呢？那隋文帝楊堅怎麼處理楊麗華呢？其實，楊堅也覺得挺對不起女兒，只好重新把她封為樂平公主，還要再為她找個乘龍快婿。

沒想到，楊麗華誓死不從，就以樂平公主的身分了此一生。從皇太后變成公主，這在中國歷史上也是獨一無二。

那竇氏是怎麼回事呢？這個小女子前面提過。周武帝時期，想結好突厥，對付北齊，為此，還特地娶了突厥公主。

可是，娶回來後，周武帝對公主沒感情，整天把人家冷落在一邊。當時，竇氏才六、七歲，就勸武帝善待突厥公主，遠交近攻，實現平齊大業。從這件事就可以看出來，她是個有政治智慧的女孩子。

聽到楊堅改朝換代的消息，竇氏氣得撲倒在殿階下，撫膺長嘆，說：「恨我不是個男子，不能把舅家宇文氏一家從災難中拯救出來！」真是剛烈之氣，不讓鬚眉。難怪以後能夠嫁給唐朝的開國皇帝李淵，生出李世民那般英雄之子。

但是，楊太后的委屈也罷，竇姑娘的烈性也罷，在周隋禪代的滾滾洪流中，都只不過是朵小小的浪花罷了，既然北周的文武大臣都已經決定和楊堅合作，她們的憤懣還有什麼意義呢？

歷史鋪墊

楊堅建隋，從前到後一共用了不到九個月的時間，在中國古代王朝的創業史裡算是比較容易的。清代學者趙翼甚至說：

> 古來得天下之易，未有如隋文帝者。以婦翁之親，值周宣帝早殂，結鄭譯等矯詔入輔政，遂安坐而攘帝位。

古來得天下，沒有比隋文帝更容易的了，是不是真的如此呢？

從一定意義上講是這樣的。楊堅能當皇帝，確實具有一定偶然性。這個偶然性就是周宣帝暴崩、北周主幼國疑，方便了楊堅奪權。此即所謂得國於孤兒寡母之手。

但是，我們知道，歷史上所謂的偶然性背後，往往有些必然性的因素在起作用。楊堅建隋也一樣。雖然事出偶然，但是，就在此一偶然性事件之前，已有足夠多的歷史鋪墊了。

什麼樣的歷史鋪墊呢？我歸結為天時、地利、人和三方面的因素。

先看天時。所謂天時，即魏晉南北朝以來的民族分裂，已經到該結束的時候。

自從西晉末年匈奴人劉淵建立政權，中國北方一直處於少數民族的統治之下。北魏時期，魏孝文帝施行漢化改革，但是，因損及六鎮鮮卑的利益，引發「六鎮起義」，漢化進程又被打斷。後來，由北魏分裂而成的西魏和東魏都重新出現胡化的傾向。

當年，宇文泰建立府兵制，統兵的漢人將領均賜給胡姓，楊堅的爸爸楊忠即被賜姓為普六茹。楊忠有生之年一直叫普六茹忠，而楊堅在三十多歲前，也一直叫普六茹堅。事實上，不僅他改姓普六茹，他所統的士兵也都跟著他改姓普六茹。這是想要讓漢人，特別是有軍事權力的漢人將領認同於胡人，讓所有士兵都成為胡人的部落兵。

但是，西魏畢竟是以少數鮮卑將士統治關中地區，這就陷入漢人的汪洋大海之中，要想站穩腳跟，不可能完全忽視漢人的力量。所以，雖然一方面在主觀上推行著胡化，但是在另外一方面，客觀上的漢化也在悄悄地滲透。西魏時期，宇文泰就模擬《周禮》建立六官制度，試圖通過繼承漢族古制，打造文化基礎，贏得關中漢人的認同。

到北周以後，漢化傾向更為明顯。北周武帝實行兵制改革，允許漢人參軍，從此，漢人士兵逐漸成為北周軍隊主力；而周宣帝雖然是個不肖子，但是在推行漢文化方面倒是完全繼承其父衣缽，甚至更激進。事實上，周宣帝是著漢人衣冠登基，在他統治下，百官官服都改成漢服。

更重要的是，周宣帝為加強皇權，打擊元老重臣，重用一些沒有根基的漢人小臣，使得官僚隊伍的構成發生深刻變化。

在楊堅建隋的過程中，支持他的文官劉昉、鄭譯、李德林、高熲，無一例外都是漢人。甚至連平定三方的武將韋孝寬、王誼和梁睿也都是漢人。這說明，漢人出身的官僚已占據北周官僚的主體。

中原地區居民原本就以漢人為主，現在，兵是漢人，官也是漢人，那麼，讓漢人當皇帝也就是理所當然之事。

但是，到底什麼樣的漢人能當皇帝呢？當時各少數民族畢竟已在中原大地活動了兩百多年，他們不僅仍有很強的政治軍事實力，而且，他們的文化傳統和生活方式也已經在中原地區打上深深的烙印，在這種情況下，一個純粹的漢人也無法承擔統治重任。新時代的統治者既需要是漢人，又不能是純粹的漢人，到底什麼樣的人才最合適呢？楊堅這樣的人最合適了。

從身分上講，他是漢人，可以得到廣大漢族官兵的擁護；但是，他又是在鮮卑政權體制下長大，而且還和鮮卑族建立了錯綜複雜的姻親關係，他的夫人不就是鮮卑化的匈奴人嗎？他的女兒嫁給鮮卑皇帝，這使得他同樣可以得到胡人認可。

換言之，楊堅本身就是民族融合的產物，這也是他能夠當上皇帝的深層因素。能產生這樣一個既體現著民族融合的精神，又代表著未來發展方向的領導人委實不易，如果從三一一年「永嘉之亂」算起的話，中國已經摸索了整整兩百七十年。以將近三百年的時間為楊堅登基做鋪墊，這個天下得來並不容易。

當年，美國太空人阿姆斯壯登上月球後，曾經說過一句感人至深的話：「這是我個人的一小步，但卻是人類的一大步。」其實，這句話放在楊堅身上也同樣成立，改朝換代，是楊堅的一小步，但是，重新建立一個以漢族為主體，包含多民族因數的國家，卻是中華民族發展史上的一大步。

地利人和

再看地利。所謂地利，就是楊堅出身關隴貴族集團此一優勢。楊堅之父楊忠出身武川鎮，後來又在武川鎮軍閥締造的西魏政權中大顯身手，成為西魏十二大將軍之一。

八柱國、十二大將軍家族構成所謂關隴貴族集團的核心。正是因為隸屬於這個集團，楊堅才得以早早踏入仕途，順利地進入政治高層，並且和北周皇室聯姻，成了太上皇的岳父。

這是他最終篡位的基礎。而奠定這個基礎，如果從其父楊忠算起，已經歷了幾十年，這當然也不是件容易的事。

再看人和。所謂人和，即周宣帝時代的政治局面。周宣帝時代，有兩個政治特徵值得注意。

第一、他為了加強皇權，疏遠宗室，寵幸佞臣。

第二、他荒唐殘暴，人心喪盡。

因為第一特徵，周宣帝暴崩之際，宗室中無人主持局面，佞臣才得以勾結國丈楊堅篡權。

又因為第二特徵，北周的大臣也好、百姓也好，對北周的統治並無留戀之情，所以，楊堅也未遭遇特別激烈的反對，而是很快贏得大多數官僚支持。這個因素，從北周宣帝的角度來講，是失人心；但從楊堅的角度講，卻是得人心。得人心者得天下，就是所謂的人和。這個因素，如果從周宣帝當政算起的話，也有三年之久。

這樣看來，雖然楊堅建隋看起來順風順水，充滿偶然因素，但是，要論起偶然之中的必然因素，那就不是幾個月，而是幾年，幾十年，甚至幾百年的艱難歷程！

氣象一新

可能有人會說，既然把楊堅建立隋朝拔高到西晉以來的民族融合基本完成、以漢族為主體的多民族國家最終建立的高度，這就不是普通的宮廷政變，而是一個新歷史時期的開始。那麼，這個新時代有哪些新氣象呢？楊堅在稱帝前後，有兩方面的表現值得注意。

第一、恢復漢姓。五八〇年十二月，即楊堅稱帝之前，他以小皇帝名義發布一項詔令：「諸改姓者，宜悉復舊。」

原來在西魏時代賜姓胡姓的，都恢復漢姓。當然，第一個恢復漢姓的就是楊堅本人，到此時，普六茹堅才正式變成楊堅。換言之，楊堅終於恢復漢人身分了。當然，隨之而來的，是一大批人都恢復漢人身分。

第二、恢復漢制。開皇元年（五八一）二月，即楊堅剛當上皇帝後，馬上宣布，廢除北周的六官制度，恢復漢、魏舊制。這樣一來，楊堅當過的什麼大前疑、大塚宰等比較陌生怪異的官職統統退出歷史舞臺，相反，所謂三師，也就是太師、太傅、太保；三公，也就是太尉、司徒、司空等我們耳熟能詳的傳統官名重新出現。

另外，尚書、門下、內史、祕書、內侍五省，御史、都水二臺，太常等十一寺，左、右衛等十二府也都建立起來，成為新政府最主要的職能部門。毫無疑問，這是恢復漢人的管理體制。

很顯然，無論是恢復漢姓，還是恢復漢制，楊堅的目的都是要彰顯漢人和漢文化在整個國家中的主體地位。這並非大民族主義，事實上，因為漢人在總人口中占絕大多數，漢文化當時的發展程度也遠遠高於其他文化，所以，恢復漢人在國家中的主體地位和漢文明的主導作用有其積極意義，它代表中國的發展方向，也符合在中原地區生活的各民族的根本利益。從這兩件事上我們可以看出，楊堅對時局具有非常好的把握能力，是個有為的政治家。

但是，建立新政權，要走穩、走遠，除了建立良好的制度，還要樹立相應的政治風氣和政治精神。隋朝的政治風氣如何呢？應該說有其寬容的一面。

舉一個例子。當時有人名為榮建緒，和楊堅一向關係不錯。楊堅即將接受禪讓時，榮建緒被朝廷任命為息州刺史。這時，楊堅喜滋滋地對榮建緒說：待兩天再走吧！和我一起享受榮華富貴。楊堅暗示得很清楚，就要改朝換代了，你等著看這個光榮的歷史時刻吧！沒想到，榮建緒兜頭給他潑了一盆冷水，說：您這樣的話我可不想聽。一天都沒耽擱，往息州赴任。後來，楊堅順利即位，榮建緒入朝，楊堅問他：你現在後悔了吧？榮建緒一臉正氣，回答說：「臣境非徐廣，情類楊彪。」徐廣是誰？他本是東晉大臣。後來，權臣劉裕篡權，東晉變成宋，徐廣嗚咽流涕，悲不自勝。楊彪則是東漢老臣，曹魏篡漢後，他閉門不出，始終自稱漢臣。這兩人都是在王朝更迭之際眷戀舊君的人物，也就是所謂的忠臣，榮建緒以之自比，態度還是很強硬。

那麼，楊堅聽完做何反應？根據《通鑑》記載，帝笑曰：「朕雖不曉書語，亦知卿此言不遜！」朕雖然沒什麼文化，不明白你掉書袋說的那些典故，但也知道這肯定不是好話！說笑完，照樣賞識榮建緒。

楊堅為什麼這樣做？有兩個原因。

第一、樹立傳統的儒家價值觀。雖然自己是北周叛臣，但是，現在已經建立隋朝，楊堅衷心希望，每個大臣都能向榮建緒學習，對自己的王朝忠心耿耿。

第二、展現新政權的寬容精神。楊堅的大隋是從宇文氏的大周脫胎而來，所有的大臣都曾為北周效勞。如何對待這些出入兩朝的臣子，讓他們心悅誠服地為新政權服務，這是當時楊堅急需解決的問題。怎樣解決呢？

楊堅的作法就是寬容，寬容地對待他們對前朝的感情，同時，既往不咎，給他們在新朝繼續服務的機會。這是明智的作法，透過對這些異見分子的寬容和優待，隋文帝有容乃大的形象樹立起來，官僚系統中的敵意逐漸消失，這才叫做天下歸心！是很正面的政治氣象。

但是，就在隋文帝對官僚隊伍溫情脈脈，樹立寬容政風的情況下，有一段不太光彩的插曲出現。

在楊堅登基前，大臣虞慶則為楊堅出了個主意，讓他把北周所有存活的宗室統統殺掉，以絕後患。應該不應該這麼做呢？楊堅開始考慮了。他覺得，北周宗室和大臣不一樣，大臣固然可以實施懷柔政策，讓他們慢慢歸心隋朝。但是，宗室就不同了。因為他們有政治號召力。

雖然在清除五王勢力後，北周宗室其實已經沒有什麼能幹的人了，並不足以對他的統治構成威脅；但是，萬一他們被別人利用怎麼辦？這樣一來，楊堅心裡傾向於同意虞慶則的意見，斬草除根。儘管如此，為了保險起見，隋文帝又問謀臣高熲。高熲怎麼表態？高熲知道，這可不是一般的出主意、想辦法，這是關係到政治大是大非的問題。如果說不用誅殺北周宗室的話，會不會被皇帝懷疑為政治立場不堅定？

這樣一想，高熲表態了，該殺！隋文帝本來就想大開殺戒，高熲表示贊同，這件事幾成定局。但是，就在這時，有一個人跳出來反對。

誰呢？出身北齊的才子李德林。李德林是何態度？他主張寬恕。按照他的想法，誅殺北周宗室固然可在短時間內消除隱患、震懾大臣，但是，也有明顯的負面效果。因為，隋朝得國於孤兒寡母之手，本來道德合法性就有可議之處，如果再誅殺無辜的宗室，豈不更讓人不服氣？而一個王朝從建立之初就沒有道德、正義可言的話，不利於長久發展。所以，李德林希望能透過懷柔解決問題。

這種想法和他在「三方叛亂」時主張派監軍其實一脈相承。當時，楊堅聽取他的意見，這一次，楊堅還會對他言聽計從嗎？非常遺憾，沒有。現在，楊堅的身分變了，納諫的心情也變了。他一聽李德林這麼說，馬上怒氣沖沖回了一句：「君書生，不足與議此！」你是個書呆子，哪裡曉得這裡面的厲害！

就這樣，因為虞慶則的建議，因為高熲的默認，更因為隋文帝的堅持，以周靜帝宇文衍為首，北周文帝、孝閔帝、明帝、武帝、宣帝五代君主的後嗣和一些關係更遠的宗室都被誅殺殆盡。李德林也因此被楊堅疏遠了。

從這件事上，我們可以看出什麼問題？

第一、隋文帝的寬容並不穩定，他的性格中，不乏猜忌和嚴苛的一面。

第二、對李德林這樣的儒家知識分子和他們所代表的儒家文化，隋文帝有一種深深的懷疑。換言之，對楊堅來說，所謂寬容，更多的只是權宜之計，而不寬容，才是根深柢固的基本精神。這種陽儒而陰法的精神，其實在一定程度上奠定了整個隋朝的政治基調。

就這樣，大隋王朝帶著欣欣向榮的氣象，也帶著肅殺的氣息隆重登場。這一年，楊堅剛剛三十九歲。正是一名政治家的黃金年齡。那麼，他會把隋朝帶向何處呢？

【第十一章】

萬物維新

三省六部制是隋文帝創建的政治制度，生命力極其旺盛。不僅唐朝直接繼承了隋朝的三省六部制，而且直到清朝，其影響一直存在。三省六部制到底是什麼樣的政治制度？為什麼影響如此深遠？除了三省六部制，隋文帝還創立哪些垂諸後世的優秀制度呢？

官制改革

五八一年，楊堅建立隋朝。隋朝的建立雖然是楊堅謀畫宮廷政變，欺負孤兒寡母的成果，但是，它也是中原地區三百年民族融合的產物，是一個新時代的開端。那麼，楊堅上臺伊始，有哪些新的舉措呢？楊堅做了三件大事，非常引人矚目。

第一件大事是改革中央官制，確立三省六部制。這是對北周官制的重大改變。

北周中央官制的核心是六官制。六官分別是大塚宰，也就是天官；大司徒，也就是地官；大宗伯，又叫春官；大司馬，又叫夏官；大司寇，又叫秋官；大司空，又叫冬官。分別掌管各類行政事務，由大塚宰統領。這是宇文泰當西魏權臣時制定的制度，後來一直沿用到北周。

西魏為什麼實行六官制呢？有兩個原因：

第一、尋找政治合法性。當初西魏剛建立時，處處不如人，不僅在軍事實力上遠不及東邊的東魏，在文化上也比不過以漢文化正統自居的南朝。如何維持東西南三足鼎立的局面呢？宇文泰一方面加強軍事力量、一方面則打出文化復古的旗號，利用地處關中的地緣優勢，宣稱自己是西周的嫡系繼承者。要知道，在古代中國人心目中，西周的地位是非常神聖的，現在，宇文泰表態說，我就是要繼承西周。那麼如何才能表現明自己是西周的繼承者？

根據《周禮》的記載，西周的制度就是天、地、春、夏、秋、冬六官，西魏便實行六官制度，繼承西周政治傳統。中國人好古，又愛家鄉，宇文泰拉起這麼一面立足關中地區、追隨西周古制的大旗，既團結了關中地區的漢人，也給自己找到立足中原的政治合法性，豈不是一舉兩得。

第二個原因，突出宇文泰的專權地位。六官制度中，大塚宰（即天官）統領其他五官，居於主導地位，而宇文泰擔任大塚宰。給予他把持西魏朝政的制度依據，有利於宇文泰專權。這兩點對西魏的成長都非常有利，所以，六官制度一直沿用下來，到北周仍繼續使用。

但是，事物總是向前發展，再好的制度總有時效性。隨著時間推移，六官制度愈來愈顯示出不利的一面。

首先，六官制度畢竟是西周制度，而西周距離當時已有一千多年的歷史，用一千多年前的制度規範一千多年後的生活，難免格格不入。制度和現實生活不匹配，怎麼辦呢？不能改造生活，只能對制度進行斷章取義的改造，以適應現實政治需要。所以，宇文泰便把好多適應鮮卑人情況的制度因素塞進六官制裡。一個中國遠古時代的制度外殼，再加上一些少數民族的政治原則，成了四不像！所以，史學大師陳寅恪有個很刻薄的評價，他說：「虛飾周官舊文以適鮮卑野俗，非驢非馬。」肯定不能維持長久。

其次，當初宇文泰制定這套制度，是為了方便他當權臣。可是後來，無論是宇文泰的子孫篡西魏建立北周，還是北周的權臣楊堅篡權建立隋朝，當然都希望維護君主集權，不能容忍權臣再度出現。這樣一來，以大塚宰為核心的六官制度顯得非常討厭。怎麼辦呢？如果仍然是東、西、南三家鼎力，鮮卑人當皇帝也就罷了，再不方便也不敢輕易丟掉這面大旗。可是，既然中原地區已經統一，而且新皇帝楊堅還是個漢人，那麼，爭奪文化正統性，收服關中民心就顯得不那麼重要。

在這種情況下，楊堅決定廢除六官制度，實行漢魏官制！

不過，所謂的漢魏官制，既不是漢朝的制度，也不是曹魏的制度，而是把南北朝時期經過歷代政權改革的中央官制整合起來，形成的一套新官制。新官制有何內容？

按照《資治通鑑》的記載，開皇元年，隋文帝採取如下作法：

> 置三師、三公及尚書、門下、內史、祕書、內侍五省，御史、都水二臺，太常等十一寺，左右衛等十二府，以分司統職。

這段記載涉及內容很多，其中，核心就是三省六部制。

什麼是三省六部制呢？

所謂三省，就是尚書、門下、內史三省。相當於唐朝的尚書、門下、中書三省。其中，內史省負責起草詔令，長官叫做內史令，相當於唐朝的中書省和中書令；門下省負責審核詔令，長官叫納言，相當於唐朝的侍中；而尚書省則負責執行，長官叫尚書令。當然，因為尚書令位高權重，一般情況下都出缺，因此，實際的領導是尚書省的副長官，左右僕射。

六部則是尚書省下設的吏、禮、兵、都官、度支和工部等六個行政部門，相當於唐朝的吏、戶、禮、兵、刑、工六部。

大家一看三省的職能分工即明白，門下省和內史省發出政令，是最高權力機構，相當於全國人大；而尚書省則是最高行政機構，相當於國務院。六部則相當於國務院各部委。三省之間互相配合，共同構成國家最主要的政務部門，而中國古代最重要的官職宰相則由三省長官共同擔任。

這可是中國宰相制度的一大變化。中國宰相制度的發展，概略說來，一共分為三個階段：第一階段是秦漢時期的三公九卿制；第二階段則是隋唐時期的三省六部制；第三階段是明清時期廢除宰相，實行內閣或軍機處的替代體制。那麼，三省六部制和三公九卿制相比，有什麼不同？

有三個特點值得注意。

第一、宰相由具體的個人變成機構負責人。在原來的三公體制下，誰是宰相？是太尉、司徒、司空這三公。皇帝先任命他們做三公、做宰相，他們再組建丞相府，管理全國政事。這樣一來，是先有宰相個人，再有宰相機構。在這種情況下，宰相是名副其實的一人之下、萬人之上，當然氣焰熏天，經常和皇帝發生衝突。

最典型的就是漢武帝時期，田蚡當宰相，此人攬起權來當仁不讓，不停安插親信。武帝最後氣憤不已，質

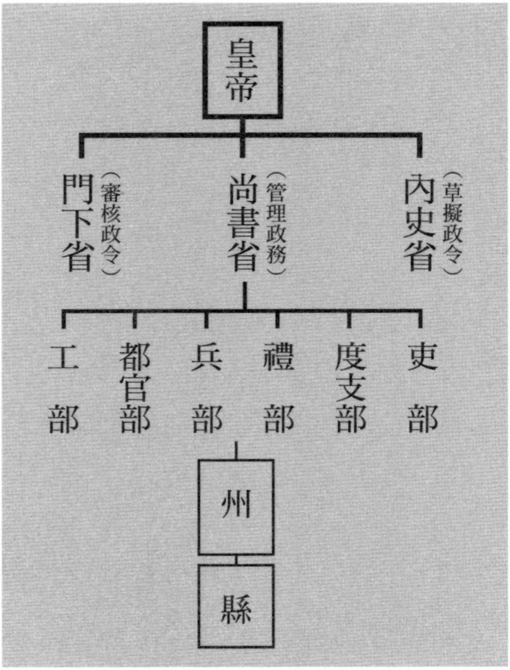

隋朝三省六部制結構圖

問他：「君除吏已盡未？吾亦欲除吏。」意思是，你任命官員任命夠了嗎？我也想任命幾個自己人當官，行不行啊？可見君相衝突有多嚴重。

為了對抗宰相，皇帝只好不斷發展內廷勢力，提拔身邊人。三省長官，尚書令也好，納言也好，內史令也好，最初不是皇帝身邊的隨從，可是，在三省體制下不一樣了。三省長官共同構成宰相集團，這意謂著，先有宰相機構，再有宰相個人。這樣一來，突出的就不是宰相個人，而是整個宰相機構的權力。

這其實是把國家對於個人的依賴，轉化為國家對於機構的依賴，這是個很偉大的進步！在此制度變革中，宰相個人的權力下降了，相應的，皇帝的權力上升了。

第二、三省制還意謂著決策和行政的分離。在三省體制下，內史省和門下省是最高決策部門，主管詔令起草和出臺，但是不管執行；而尚書省是最高行政部門，主管詔令的執行，但是不管決策。這種決策權和行政權的分離其實也是在分割宰相權力，同樣有助於提高皇權。

第三、三省制還意謂著決策的程序分工。任何一個詔令，都是在皇帝領導下，經過宰相，也就是三省長官集思廣益而成。而且，在宰相形成基本意見後，還需要經過內史省起草、門下省審核和尚書省執行這三步驟才能真正生效，這種程序分工其實意謂著決策的審慎化。這當然可以最大程度地避免輕率決定，也減少行政失誤。

把這三個特點綜合起來看，就會發現，三省六部制貫徹的是君主集權、宰相分權及行政理性化這些基本原則，符合中國社會的發展方向，所以生命力特別旺盛，不光被唐朝直接繼承，而且一直影響到清朝，真可以說是為萬世法了。

地方制度改革

中央官制理順了，隋文帝做的第二件大事是改革地方制度。有兩個方向：第一、改革原來州郡縣三級行政體制，實行州縣二級制。第二、改變高門大姓把持地方的局面，地方佐官由中央任命。

為什麼改三級制為二級制呢？因為當時的地方行政區實在太多。舉一個數字。當年西漢時，全國一共一百零三郡、一千五百八十七個縣。平均每一郡統轄十幾個縣，是比較合理的行政分層。可是到了隋朝，領土少了江南一大塊，但是，地方的行政層級反倒複雜起來，也多起來了。隋朝實行州、郡、縣三級體制，州有兩百一十一個、郡有五百零八個、縣則有一千一百二十四個。平均一州才管兩個半郡，一個郡管兩個多一點縣。十分不合理。

為什麼隋朝的行政區這麼多？很簡單，因為隋朝繼承的是北周和北齊的行政設置，北周和北齊的行政區就這麼細碎。當年北齊和北周分裂時，爭相以官職來籠絡人才。可是現有的官職不夠，便拚命把地方行政細碎化，原來應該設一個州的地方，設三個州；原來應該設一個郡的地方，設五個郡，這樣地方官就多起來了。官職多，就可以多安排幾個幹部。可是你這樣籠絡人才，我也這樣籠絡人才，最後，北齊和北周競相設置新的行政區畫，這樣一來，無論北齊還是北周，行政區都愈畫愈小，官也因此愈來愈多。

後來，北周吞併北齊，地方基本沒做變動，照單全收，而隋朝又篡了北周天下，這個問題依然沒有解決。問題是，這麼多行政區，這麼多官，不僅意謂著人浮於事，行政效率低下，還涉及行政成本的問題。所有官員都得老百姓來養，官員多了，老百姓不就苦了？國家財政也承受不起。在這種情況下，改革地方行政體制便顯得十分迫切。

開皇三年（五八三），官員楊尚希上了一份奏章，他說：

竊見當今郡縣，倍多於古。或地無百里，數縣並置；或戶不滿千，二郡分領。具僚已眾，資費日多；吏卒又倍，租調歲減……民少官多，十羊九牧。……今存要去閑，併小為大，國家則不虧粟帛，選舉則易得賢才。

這份奏章把問題說得非常清楚，但是，解決辦法並不理想。什麼叫存要去閑、併小為大啊？閑和不閑到底怎麼區分，小和大的界限在哪裡？還有，如果這樣做，三個層級豈不要大動干戈？隋文帝覺得太難操作，乾脆直接省掉一個行政層級，省哪一級呢？

只能省中間層，把郡這一級取消！開皇三年（五八三），隋文帝一聲令下，全國五百零八個郡馬上全部撤銷，這樣一來，實行了好幾百年的州郡縣三級制重新變成州縣二級制，行政層級減少，十羊九牧的局面大大緩解，地方行政開支也大幅下降，對老百姓而言，是件大大的好事。

再看第二項措施，地方佐官由中央任命，是一項重要改革。從秦漢以來，中央只任命州刺史、郡太守、縣令等主要長官，而長官下屬的官吏，也就是佐官，均由長官自行辟召。地方長官都辟召什麼人呢？當然首選當地的高門大族。因為他們對地方的情況比較清楚，而且人脈發達，有能力擺平各種局面，中央空降過來的地方官還得依靠他們才能站穩腳跟。這就和《紅樓夢》中賈雨村當官，先要抄一張當地的護官符一樣。這樣一來，雖然地方的主要長官是中央任命，但是，地方的實際行政往往把持在當地豪門手裡。

東漢時就有這樣的歌謠：「南陽太守岑公孝，弘農成瑨但坐嘯。」意思是，當時的南陽太守是弘農人，叫成瑨，他到南陽做官後，辟召當地的名士岑公孝，讓他當功曹。結果，岑公孝把政事打理得清清楚楚，根本不用成瑨操心。成瑨每天只需找個清靜地方吹口哨玩就可以了。所以，人們說，真正的南陽太守是岑公孝，弘農來的成瑨不過是坐在那裡吹口哨罷了。問題是，這就助長了世家大族把持地方的風氣！不利於中央集權。中國從東漢末年到隋朝三百年分裂，貴族把持地方即為主要原因之一。怎麼辦呢？

於是在開皇三年（五八三），隋文帝規定，原來由長官辟召的佐官統統下崗，擔任鄉官，只管教化風俗，不管行政事務。空出來的行政職務由誰擔當？文帝下令，從今以後，地方佐官一律由中央任命，而且一年一小考、四年一大考，依據考核情況決定去留。

這樣一來，地方官吏的任免權就牢牢抓在中央手裡，中央和地方的步調高度一致，世家大族再想橫行鄉里，左右地方政權，鬧分裂、割據就難了，由此加強了中央集權。

法律制度改革

隋文帝做的第三件大事是改革法律制度。這是隋文帝非常關注的大事。隋文帝為什麼關注法律？從正面來說，法律是治國的根本。法律制度健全，國家管理才能走上制度化、規範化的軌道，老百姓的行為也才能有所依據。所以，有為的統治者都重視法制建設。

從反面來說，隋文帝的教訓太深了。當年，北周統治者迷信亂世用重典，本就法令森嚴，到了周宣帝時期，更是嚴刑酷法，官員動不動就來一頓天杖，使得人心惶惶、眾叛親離，才讓楊堅有機可乘。這是血的教訓。現在，自己當了皇帝，當然不能重蹈覆轍。

隋文帝一上臺，馬上組織一個班子，由宰相掛帥，專門負責修訂法律。怎麼修訂？按照三方面原則修訂。

第一個基本原則是法律條文從疏、從簡。

北周原有罪名將近一千八百條，太複雜了，對社會管得太細了。老百姓動不動就會觸犯法律，這樣的法律反而失去人民應有的敬意。如果大家都覺得犯法是常有的事，還怎麼指望他敬畏法律？怎麼改呢？隋文帝和眾大臣大刀闊斧，一下子把法律條文減少一千兩百多條，只剩下五百條，法網稀疏了，老百姓就不會莫名其妙地犯罪；另外，減少法律條文後，也就突出了法律的重點，反倒讓人容易掌握真正的法律精神。

這和秦末農民戰爭時，劉邦進入關中地區，馬上廢除秦朝的嚴刑酷法，宣布「殺人者死，傷人及盜抵罪」，這三條基本法律相同道理，目的是安撫人心，讓社會規範更寬容。但是，無論法網怎麼稀疏，肯定還是有人犯法。怎麼樣處理觸法者呢？

第二個基本原則就是量刑從寬、從輕。

按照《資治通鑑》的記載：

去前世梟、轘及鞭法，自非謀叛以上，無收族之罪。始制死刑二，絞、斬；流刑三，自二千里至三千里；徒刑五，自一年至三年；杖刑五，自六十至百；笞刑五，自十至五十。除前世訊囚酷法，考掠不得過二百；枷杖大小，咸有程式。

第一、除了謀叛、謀反等重罪，剩下的犯罪行為都是一人做事一人當，不再族誅、連坐。

第二、把車裂、梟首示眾這類酷刑都加以廢除，只允許五類刑罰存在。第一類是死刑，又分為斬首和絞死。斬重於絞。為什麼？斬不留全屍，絞留全屍。這是最嚴肅的判決。第二類是流放，路程從兩千里到三千里；可能有人會以為，流放也可以當旅遊來看待，把我流放到海南島，我順便觀光好了。不是這麼回事，在流放到海南島的同時，還要打板子，在打板子的同時還要服苦役。換言之，流放和苦役是配套的，所以是第二等重罪。第三類是徒刑，年限是一年到三年，即現今的有期徒刑；第四類是杖刑，打板子六十到一百下，根據罪行輕重，再分為五等。最輕的打六十大板，最重的一百大板；第五類是笞刑，還是打板子，數量是十到五十下。要知道，周宣帝時期打板子最少是兩百四十下，這樣一對比，可見隋朝的刑罰輕了。

第三、盡可能減少審訊過程中的刑訊逼供。因為中國司法重視口供，隋文帝覺得，審訊人犯時可以用點刑，但是不能刑訊逼供。這個尺度怎麼把握呢？文帝規定，拷打人犯不能超過兩百下。這恐怕是他心目中人類忍耐的極限，過了這個線，除非天賦異稟，大概就是屈打成招了。這是保護嫌疑犯的合法權益。這就是以輕代重、化死為生。說到這裡，可能有人會想，隋文帝在現代也是法制建設的標兵、維護人權的典範哪！

是不是呢？不是，因為還有第三個原則。

第三、維護君主專制，維護等級制度。隋文帝無論如何還是封建統治者。他做這一切工作，歸根結柢還是要維護皇權、維護封建統治秩序。怎麼維護呢？

舉一個例子即可明白。大家都知道一個詞——十惡不赦。怎麼來的呢？就是從隋朝的法律中來的。隋朝法律規定，最重的罪行有十種，分別是謀反，就是危害國家；謀大逆，就是毀壞皇陵、皇宮、宗廟一類的皇家建築；謀叛，就是陰謀叛國；惡逆，就是毆打和謀殺父母、公婆等尊長；不道，就是投毒、滅門等引起社會公憤的罪行；大不敬，就是盜竊皇帝專用物品，或因失誤而威脅到皇帝安全。舉個例子，比方說，皇帝用水晶枕頭睡覺，你是一個江洋大盜，你把水晶枕頭偷走，這叫大不敬。或者說，你本來是宮殿守衛，你打盹，一個江洋大盜溜進去，把皇帝的水晶枕頭偷走，這也叫大不敬，因為你的失誤，而危害到皇帝的安全，這是重大罪行；不孝，就是辱罵父母，在為父母服喪期間談婚論嫁、吹拉彈唱；不睦，就是賣掉或謀殺五服以內的親屬或妻子毆打丈夫；不義，就是殺害自己的老師和長官，或者妻子不為丈夫服喪等等；內亂，就是強姦近親或和近親私通，危害家庭倫理。這十種罪行都是罪大惡極，即使皇帝下令大赦天下時也絕不赦免，所以叫十惡不赦。

把這十種罪名通盤考察一下，我們知道，這共是三類案件。

第一類是危害國家和皇帝，一共占了五條，分別是謀反、謀大逆、謀叛、大不敬、不義；第二類是危害家族倫理，一共占了四條，分別是惡逆、不孝、不睦和內亂；第三類是嚴重危害社會治安，只有一條，就是不道。

從這個比例可以看出來，隋朝的法律在維護什麼？維護禮教，維護倫理秩序。

中國古代講禮別異、樂合同。音樂是講和諧的，眾音和諧，才能演奏出美妙的音樂。但是禮是講差異，所謂禮，講的就是人和人之間的等級秩序。在等級秩序裡，家長地位比子孫高，丈夫地位比妻子高。所以，如果子孫敢打罵尊長、妻子敢打罵丈夫，就是重大罪行，不能寬恕。而中國又講究家國一體、家國同構，皇帝好比全國人民的大家長，長官就是一個地方的父母官，所以，在家挑戰家長罪大惡極，在國家挑戰皇帝、挑戰長官也是罪大惡極。此即禮入法，這才是立法原則的重中之重，也是中國傳統法律的基本精神。

隋文帝制定的這部《開皇律》在歷史上的地位極高，首先，它奠定了中國古代法律的基本精神和基本框架，此後的唐律、宋律、元律、明律、清律一律照既定方針制定，所以說，《開皇律》奠定了中國封建社會後期法律制度的基礎，是中國法制史上最重要的一塊里程碑。這是從國內的角度看。再從國際的角度看，它還傳入日本、朝鮮、越南等鄰國，奠定了整個東亞法律體系的基礎。可以和西方《漢謨拉比法典》相媲美。

隋文帝的三個新政措施有什麼特點呢？有兩個基本特點相當引人矚目。

第一、無論中央官制、地方行政建制，還是法律制度，都把維護君主集權、中央集權擺在最首要的位置。

從東漢末年開始，中國就走上貴族政治、分裂割據的道路，現在，隋文帝以強悍的姿態，重建中央集權，對於整個中國重新走上統一道路當然具有莫大的意義。

第二、無論中央官制、地方行政建制還是法律制度，都是整合南北朝時期制度發展優秀成果的產物。

舉法律的例子。《開皇律》是怎麼制定的？

按照史書記載，是「采魏晉刑典，下至齊梁，沿革輕重，取其折衷」。意思是，所謂「魏晉刑典」，即少數民族元素進入前的漢人傳統法律體系，所謂「下至齊梁」，齊代表的是融入了北方少數民族元素的法律體系，梁代表的是南渡後進一步發展的漢人法律體系，這就把源和流、南和北、漢人和少數民族的優秀文化成果融為一體。

事實上，不光是法律制度，官僚制度也是如此，隋文帝並沒有憑空發明任何制度，他的真正業績是集大成。這種集大成可不是件小事，它是把幾百年間胡漢民族在東西南北各個區域創造出來的優秀成果凝合成一個有機的整體，讓它為新王朝服務。

這樣的成就，沒有大眼界、大雄心和大手段，怎麼能夠實現？那麼，這個生機勃勃的新王朝和雄心勃勃的新皇帝還有那些不凡的舉措？

【第十二章】

妙選賢才

楊堅稱帝後，如飢似渴地選拔人才，其中一位名為蘇威的大臣深得隋文帝楊堅欣賞，居然讓他身兼五職。蘇威是何等人也？隋文帝為什麼如此欣賞他？隋文帝的用人方略又有什麼特點呢？

隋初三賢

隋朝剛建立，就進行大規模制度改造。不過我們知道，再好的制度，也需要人來運行。那麼，雄心勃勃的隋文帝，在用人方面又有什麼樣的眼光呢？

要考慮隋文帝的用人政策，當然要先看他選什麼樣的人當宰相。如前所述，隋朝的宰相由尚書、內史和門下三省長官構成。那麼，這三省長官由誰擔任呢？

《資治通鑑》記載得非常清楚：隋文帝一上臺，就下達命令：

> 以相國司馬高熲為尚書左僕射，兼納言；相國司錄京兆虞慶則為內史監，兼吏部尚書；相國內郎李德林為內史令。

這裡一共提到三個人。其中，高熲身兼尚書和門下兩省的重任，地位最高，而李德林和虞慶則則共同執掌內史省。但是，虞慶則除了擔任內史監外，還擔任吏部尚書，主管人事工作，而李德林只擔任內史令，因此，虞慶則的地位又高於李德林。這三個人，就是當時隋朝大臣中的第一、第二、第三號人物。

在這三個人中，高熲本是楊堅岳父獨孤信的部下，文武兼資；而李德林則是北齊才子，北齊滅亡後又任職於北周，是個比較典型的文人型官員。這兩人都是楊堅輔政之初即延攬的人才，在三方叛亂和周隋禪代等重大關頭為楊堅提供極大協助。

那麼，虞慶則又是何許人呢？《隋書·虞慶則傳》記載：

京兆櫟陽人也。本姓魚。其先仕於赫連氏，遂家靈武，代為北邊豪傑。父祥，周靈武太守。慶則幼雄毅，性倜儻，身長八尺，有膽氣，善鮮卑語，身被重鎧，帶兩鞬，左右馳射，本州豪俠皆敬憚之。初以弋獵為事，中便折節讀書，常慕傅介子、班仲升為人。

從這段記載中，我們能看出來兩個問題：

第一、虞慶則按原始出身，可能是個漢人，但是，他是個胡化程度很深的人。從祖輩起就為北方少數民族服務，他本人喜歡說鮮卑語，可見內心相當認同鮮卑族。

第二、此人雖然也算文武雙全，既能左右馳射，又能夠折節讀書，但是很明顯，在他身上，武的因素遠重於文的因素。把這兩個因素綜合在一起考慮，虞慶則是個什麼人呢？他很像楊堅本人，是民族融合的產物。

楊堅是怎麼發現虞慶則這個人才的呢？高熲推薦的。

北周宣帝時，虞慶則是并州總管，鎮守太原，功勛卓著。當時，太原西邊的石州（呂梁）稽胡叛亂，高熲受命討伐，討平後，他向皇帝建議，派虞慶則擔任石州總管，把局面穩定下來。虞慶則到任後，恩威並施，稽胡非常服氣，沒費一兵一卒，向他投降的就有八千多戶，徹底解決稽胡問題。這是一件大功，讓高熲非常欣賞。

所以，高熲投靠隋文帝後，便把虞慶則推薦給楊堅，很快，虞慶則就受到楊堅賞識。

楊堅看重他什麼呢？看重他的狠勁。隋朝剛建立時，面臨處理前朝宗室的問題，虞慶則勸楊堅對北周宗室斬盡殺絕，以絕後患。

這件事遭到李德林反對，李德林主張寬恕，不希望濫殺無辜。兩派意見擺在楊堅面前，楊堅怎麼表態？他不耐煩地對李德林說：君書生，不足以議此事！很顯然，虞慶則的意見更符合楊堅的心願。也許，在這一刻，虞慶則和李德林的排名就出來了。在隋文帝看來，虞慶則更像一個務實的政治家，所以排在第二位；而李德林過於書生意氣，只能屈居第三。這是三省長官的排序情況。

在三省長官之外，隋朝初年還有一個人非常受楊堅重視。誰呢？楊堅的族侄楊雄。這個人在楊堅改朝換代的過程中出力甚多。楊堅網羅高熲和李德林，都是楊雄出面聯絡的。所以，楊堅當上皇帝後，馬上任命楊雄擔任左衛大將軍。

左衛大將軍是什麼職務？簡單來說，就是國家最高軍事統帥。我們知道，隋唐時期實行府兵制。府兵的最高統帥，即中央的十二衛大將軍。而十二衛大將軍中，排名第一的是左衛大將軍。負責率領府兵宿衛皇帝。

這樣重要的職位當然要讓本家擔任才放心，所以，楊雄出任左衛大將軍，同時參與朝政。和高熲、虞慶則、李德林一起，成為隋朝初年的政治核心。

這四個人的搭配好不好？按照我們的看法應該算相當好。

楊雄是武將，虞慶則文武雙全但偏重於武，高熲則是文武雙全而偏重於文，李德林則是比較純粹的文臣。在文武搭配上非常合理。

再看出身，高熲、虞慶則和楊雄屬於北周系統，而李德林則屬於原來的北齊系統，東西兼顧，也算合理。

再從民族成分上看，高熲、楊雄、李德林都是漢人，而虞慶則胡化色彩非常明顯，至少可以算半個胡人，乃至於大半個胡人。從胡漢搭配的角度看也很不錯。

那麼，這個權力核心會不會維持長久呢？沒有。很快，有個新人插進來了。誰呢？蘇威。

隋代諸葛

按照史書記載，蘇威出身於關中大族，武功蘇氏。他的爸爸名叫蘇綽，是中國歷史上大名鼎鼎的人物，為什麼大名鼎鼎呢？因為他是當年第一批支持宇文泰的京兆大族。當年宇文泰率領鮮卑兄弟入主關中地區，曾經問過蘇綽如何治理國家。蘇綽經過深思熟慮，提出六條意見：

第一條，治心身。你要治理國家，先要管好自己，這叫治心身。

第二條，敦教化。治國要從教化開始。

第三條，盡地利。既然到中原地區統治農民，就要做好農業問題，這是盡地利。

第四條，擢賢良。管理國家要提拔人才。這條原則背後的含意即尋求漢人知識分子合作。

第五條，恤獄訟。治理國家要用法律治國。

第六條，均賦役。不要對老百姓進行過於殘酷的超經濟的剝削，要有穩定的剝削方式。

這六條建議看起來簡單，但其實是中原地區，積累千年的政治倫理和政治經驗的總結，讓宇文泰大開眼界，馬上頒行天下。此即西魏時代赫赫有名的「六條詔書」。宇文泰不僅把這六條詔書頒行天下，自己還貼在座位旁邊，隨時提醒。這是蘇綽的大功勞。

蘇綽不僅有卓越的政治眼光，還有實幹能力，是個財政專家。他創立記帳法，編寫預算，幫助宇文泰理財。宇文泰這些少數民族統治者固然弓馬嫻熟、深沉勇敢，但是，他們對漢人社會缺乏了解，缺乏長遠的治國理念，更不擅長複雜細緻的管理方法，所以，蘇綽這些貢獻對他們來講極其難得。宇文泰甚至下令，誰要是不會背六條詔書，不會記帳法，就不能當官。

五四六年，蘇綽病逝。歸葬鄉里時，宇文泰扶棺痛哭，說：

> 尚書平生為事，妻子兄弟不知者，吾皆知之。惟爾知吾心，吾知爾意。方欲共定天下，不幸遂舍我去，奈何！

意思是，蘇尚書平常做的事情，有些連他妻子、兄弟都不知道，但是我知道。只有他知道我的心，也只有我知道他的意。我本來想和他一起共定天下，沒想到他棄我而去，奈何、奈何！這句話說得情真意切。這是對蘇綽的最大認可！

蘇威在這樣的政治世家長大，聰慧勤奮，從小就頗受矚目。北周初年，權臣宇文護專權，宇文護對蘇威頗為垂青，希望他能為自己服務。

怎麼樣籠絡這個年輕人呢？宇文護乾脆使出美人計，把女兒嫁給蘇威。宇文護在北周的位置堪比西魏時期的宇文泰，蘇威會不會像他父親那樣選擇合作呢？

蘇威考慮問題可沒這麼簡單。他覺得，時代在變，宇文護未必能長久。怎麼應付宇文護呢？蘇威雖然沒有拒絕這門親事，但也沒有到岳父的手下任職，而是做了最清高的姿態，帶著新娘子到山寺隱居讀書。

這樣一來，宇文護倒臺時，他並未受到牽連。說明他有政治頭腦。所以，北周武帝也很賞識他，多次讓他當官，但是，蘇威好像決心清高到底，每次都說自己有病，不接受。這好比高臥隆中的諸葛亮，聲望愈來愈高。人人都說，蘇威是不出山，他一出山，保證天下大治。

隋文帝楊堅剛當上北周大丞相，高熲馬上把蘇威推薦給楊堅。楊堅求賢若渴，趕緊請蘇威出山。和他一談天下大勢，真是驚為天人，心裡暗暗地把他當成佐命大臣。可是，在楊堅即將改周為隋前，蘇威忽然連夜逃跑了。

跑到哪裡了呢？一打聽，回老家種田了。這樣一個人才怎麼能讓他跑了呢？高熲勸楊堅派人去追。蕭何月下追韓信，這才叫誠意。可是，楊堅想了想，說：這是不想參與我改朝換代的事。別追了，還是等事情定下來再說。現在，隋文帝成功地改朝換代了，馬上徵拜蘇威為納言，兼任度支尚書，即戶部尚書，主管經濟。蘇威這次不再推辭，立即出山。

講了蘇威這麼多經歷，我們該思索一下。到底，蘇威是一個什麼樣的人？蘇威有三個特點。

第一、謹小慎微。不願意捲入任何災禍中。所以，他既不想參與宇文護專權，也不想參與楊堅改朝換代。

第二、注重名節。蘇威不願意捲入宇文護和楊堅的活動，除了謹慎之外，還因為他愛惜名譽，不願意參與不符合傳統禮法的活動。這是占據道德制高點，也是他當時受人尊重的重要原因。

第三、頭腦清楚，而且渴望建功立業。這從他在楊堅改朝換代成功後，馬上接受任命，出任宰相就可以看得出來。蘇威非常清楚當時的政治形勢，也看好楊堅做為開國之君的非凡能力，在內心深處，他願意輔佐這位明主，和他一起建功立業。所以，該出山時，他自然會出山。

把蘇威這三項特點放在一起看，蘇威是個什麼樣的人呢？此人可能有點幹勁不足，但是，心思縝密，頭腦清楚，道德高尚，非常適合當大臣。隋文帝對這點看得很清楚，所以，對他滿懷期待。

那麼，蘇威能不能符合隋文帝這些期待呢？毫無問題。

蘇綽是經濟學家，蘇威自然繼承父親這方面的才華。不過，他可不是亦步亦趨沿著爸爸的方向往前走，蘇威一上臺，馬上改革其父制定的賦役制度。

西魏時期，蘇綽規定，男子十五歲成丁，成丁就是成年，可以分地，這叫均田。分了田後就要向國家提供田租、勞役和絲織品，此即所謂的租庸調。這可是個沉重的負擔。後來，北周雖然把成丁的年齡提高到十八歲，降低租庸調的數額，但是，老百姓的負擔依然很沉重。

現在，蘇威提出，繼續減輕農民負擔。根據《資治通鑑》記載：

> 初令民二十一成丁，減役者每歲十二番為二十日役，減調絹一匹為二丈。周末榷酒坊、鹽池、鹽井，至是皆罷之。

不僅成丁的年齡提高三歲，而且，向國家繳納絲織品的數額也從一匹變為兩丈，足足減少一半。另外，向國家提供的無償勞役也從每年一個月減少到二十天，減少了三分之一。這是向農民讓利。

除此之外，蘇威還建議免收酒稅和鹽稅，這是向工商業者讓利。這樣大幅度的惠民政策，放在任何一個時代都會讓人感動，一下子，全國人民無不擁護隋文帝。

可是，中國人說三年不改為父之道，蘇威為什麼一上臺就先把父親訂立的制度改了呢？蘇威這些政策，雖然表面上看是改變父親的制度，但是，其實質恰恰是在完成父親的心願。當年，西魏政府實在太窮了，又整天打仗，沒辦法，只能向老百姓徵收重稅。但是，蘇綽在制定稅收政策後，喟然長嘆，說：「今所為者，正如張弓，非平世法也。後之君子，誰能弛乎？」我今日的所作所為，是把弓拉滿了，這不是正常狀態。以後的君子，誰能讓這張弓稍微鬆點勁呢？蘇威從小記牢這句話，現在隋朝的財政狀況不那麼緊張了，自己又當政，怎能不實現父親的遺願呢？

事實上，不光是賦稅制度，我們前面所講的開皇初年的法律制度、地方行政制度的改定，蘇威都參與其中，為隋朝制度的完備做出重要貢獻。

確立各項制度體現了蘇威的施政能力，但是，政治家光有能力不行，還要有道德。在政治道德這個問題上，蘇威也是可圈可點。

舉兩個例子。第一個，據《資治通鑑》記載，隋文帝宮裡掛了許多帳子，帳子鉤都是銀制的。蘇威看見了很心疼。便找上隋文帝，滔滔不絕地講述節儉的美德，隋文帝一聽，大為感動，馬上把鉤子都換成鐵的。這是不肯逢迎帝王的喜好。

再舉一例，也是《資治通鑑》的記載。有一天，有個小官不知道為什麼得罪隋文帝，隋文帝大怒，非要殺了他。隋朝的《開皇律》非常完備，什麼罪該殺、什麼罪不該殺規定得清清楚楚，可沒有說得罪皇帝就得死！所以，蘇威趕緊勸文帝。

可是，文帝正在氣頭上，不肯聽，非要親手殺了這個官員不可。一看文帝握劍在手，殺氣騰騰，蘇威乾脆用身體擋在文帝前面。文帝繞過蘇威，追殺那個官員，蘇威又一次撲上去阻止。文帝氣得不行，拂衣而入。然後呢？過了一陣子，隋文帝出來了。對蘇威說：「公能若是，吾無憂矣。」這是不肯逢迎皇帝之憤怒。

一名宰相，能夠堅守政治原則，不計較個人得失，不逢迎皇帝喜怒，當然是有政治道德。既有政治能力，又有政治道德，這樣的人，隋文帝怎麼能不欣賞？所以，沒過多久，又給蘇威加擔子。他原是納言兼度支尚書，開皇二年（五八二），文帝又讓他兼任大理卿、京兆尹、御史大夫。大理卿管刑獄，相當於最高法院院長；御史大夫管監察，相當於國家紀檢委的書記；京兆尹相當於北京市市長。這五個部門無一不是重要部門，蘇威一人包攬了！

此時，有官員有意見了。治書侍御史梁毘彈劾蘇威，說蘇威兼任五職，一點舉賢自代的心意都沒有，這是貪戀權位。問題是，蘇威五個職務都是隋文帝給的，這哪是彈劾蘇威，分明是提醒文帝要給別人機會。

那麼，隋文帝有何反應？

他說：「蘇威朝夕孜孜，志存遠大，何遽迫之！」、「威若逢亂世，商山四皓，豈易屈哉！」意思是，第一、我之所以讓蘇威擔任這麼多職位，是因為他有本事。第二、蘇威願意擔任這些職位，還因為我是明君。如果遇上亂世昏君，請蘇威當官他也不會當。

所以，我倆是一而二、二而一的關係，「蘇威不值我，無以措其言；我不得蘇威，何以行其道。」隋文帝對蘇威評價那麼高，別人還敢說什麼？

眼看蘇威權勢熏天，連推薦者高熲都坐不住了。高熲當時是尚書左僕射兼納言，尚書左僕射是二品官，而蘇威雖然職務多，但都是三品官。這時，高熲上表說，我這個官太大，能力又不夠，不如也讓蘇威兼任。隋文帝如何表態？

他說：「蘇威高蹈前朝，熲能推舉。吾聞進賢受上賞，寧可使之去官！」蘇威這個大賢才是你推薦給我的，我賞你還來不及，怎麼會讓你辭職？你就踏踏實實當你的官吧！

連高熲都這麼低調，朝堂簡直就是蘇威的天下了。是不是呢？不是。

有個人對他不大服氣。誰呢？李德林。兩個人總是發生爭執。

舉個例子。隋朝平陳後，蘇威建議隋文帝，每五百家設立一鄉，每鄉設一名鄉正，處理民間訴訟，以便加強對江南地區的控制。李德林一聽，馬上反對。他說，當初改革地方行政，很重要的一條就是不讓鄉官理事，如果現在再賦予他們處理訴訟的權力，這不是走回頭路了嗎？另外，這些鄉正都是本鄉本土的人，難免有三親六故，你怎麼能保證他們處理訴訟時立場公正？這不是培養惡霸嗎？兩名主要大臣意見相左，多像當年虞慶則和李德林爭論要不要殺北周宗室的場面？

那一次，隋文帝請高熲裁決，結果高熲投了虞慶則的贊同票，李德林因而敗北。這一次，隋文帝又問高熲。那高熲投誰的贊同票呢？這一次，高熲又放棄李德林，支持蘇威。他說：李德林這個人對同僚凶狠，遇事又固執己見，還是蘇威可靠。

高熲這番表態太厲害了。為什麼？他不比較觀點，直接攻擊人格，不就等於把李德林連根拔起嗎？二比一，隋文帝下令，按蘇威的意見來，各地馬上設立鄉正。

可是，這事還沒完。一年後，到關東地區視察的虞慶則回來，向隋文帝匯報，新設的鄉正果然橫行鄉里，地方社會又遭到他們把持。

隋文帝一聽，也很鬱悶，只好下令廢除鄉正。按說，這是回到李德林的想法來了，李德林應該高興吧！沒想到，李德林又上諫。他說：這件事我本來就說不行。但是，現在剛設立鄉正，又旋即廢掉，這不是朝令夕改嗎？法令如果太不穩定，就沒有權威了，請陛下三思。

隋文帝本來就覺得沒面子，現在聽李德林又牽扯上朝令夕改、政令不一這些刺激性意見，馬上惱羞成怒，乾脆把李德林貶官，讓他到地方擔任刺史，永遠離開中央。

這時，隋朝的政治核心變了。原來是高熲、虞慶則、李德林、楊雄位高權重，隨著蘇威登場、李德林失寵，隋朝的掌權者變成了高熲、蘇威、虞慶則和楊雄。此即所謂的隋初四貴。

隋初四貴

李德林在隋文帝楊堅改朝換代過程中，立過大功，但是在隋朝建立後，他卻出局了。為什麼李德林的位置會被蘇威取代？李德林的出局，反映隋文帝何種用人思想？

李德林之所以被蘇威取代，固然有一些具體因素，但是，在所有的具體因素背後，還有兩大隱性因素非常重要。

第一、李德林是關東人，屬於原來北齊的範疇；而蘇威是京兆武功人，屬於原來北周的範疇。在隋文帝心中，顯然更信任出身關中地區的北周系統官員。

事實上，這樣的地域傾向性不僅在隋文帝身上存在，在隋文帝的重要謀臣高熲身上也同樣存在。李德林和虞慶則發生衝突，他無條件支持虞慶則；李德林和蘇威發生衝突，他又無條件支持蘇威。他的支持恐怕不僅出於政治見解，更多的則是門戶之見。虞慶則和蘇威都是他推薦的人，都是關中人，都是自己人，而李德林是外人，這就是黨同伐異。以此言之，隋朝君臣確實有器局不夠闊大的弱點。

第二、李德林更多地考慮基本政治原則，而蘇威則偏重於具體的行政工作。換言之，李德林是思考型官員，蘇威是辦事型官員。在思考型和辦事型之間，楊堅更喜歡辦事型的。因為楊堅自視甚高，個人權力欲望非常強。他亟需有人把他腦中的藍圖變為現實，而不是也長出頭腦，跟他一起思考，甚至跟他辯論。

這樣一來，蘇威的優勢就非常明顯。雖然在當時就有人批評蘇威過於苛碎，但是，隋文帝仍不為所動，對他賞識有加。隋文帝為什麼這樣做？因為他覺得，他和蘇威這樣的關係，才是最為典範的君臣關係，這才是君為元首、臣為股肱！

這樣看來，隋文帝的用人政策有其狹隘的一面。這種狹隘，不僅表現在地域上，也表現在思想和心靈上。

儘管有一些問題，但總的說來，隋初四貴都是相當不錯的大臣。特別是居於核心位置的高熲和蘇威。兩個人都兢兢業業、克己奉公。隋朝各項制度，也都灌注了這些人的心血。

據史書記載，高熲即使在夜裡也經常思考公務，每天晚上睡覺前，都在枕邊放粉盤，夜裡想起什麼事，馬上記到粉盤上，以免早晨忘掉。這樣一心為公的大臣，正代表著隋朝初年的政治元氣。

另外，這四名大臣雖然各有特點，但是，總的來說，他們都是政治的後起之秀，在北周並沒有什麼勢力，全靠隋文帝把他們提拔到宰相的崗位。因此，他們對隋文帝非常忠誠，這無疑有助於加強皇權。

事實上，隋朝初年，不光大臣政治熱情高漲，隋文帝的勤政程度也是罕見的。當時，官員楊尚希看到隋文帝「每旦臨朝，日側不倦」，勸他說：

周文王以憂勤損壽，武王以安樂延年。願陛下舉大綱，責成宰輔，繁碎之務，非人主所宜親也。

隋文帝也許管得有點太多太細，但是，這比魏晉南北朝那些什麼正事也不管、只知享樂的荒唐皇帝強太多了。有這樣知人善任、克己奉公的皇帝，再有這樣一些忠誠勤勉的大臣，對於歷經南北朝混亂政局的老百姓而言，當然是一種嶄新的氣象。

【第十三章】

營建新都

剛當上皇帝的隋文帝，除了進行制度建設外，還興建一項舉世無比的工程——大興城，即後來的長安城。大興城如何興建？設計者是誰？它體現了隋文帝何種夢想？

歷史古城

隋文帝剛上臺，就進行三項重大的制度建設。與此同時，他啟用新人擔任輔政大臣，幫助他治理國家。經過一番制度和人事的變革，隋朝的中央集權顯著加強，整個國家也欣欣向榮。

可是，隋文帝覺得還不夠，他還要建一個有形的東西，讓人一看上去，就能感覺到君主至高無上的權威，也感受到新王朝的宏大氣魄！這個有形的、天下人都能看到的東西是什麼呢？

武則天為了凸顯女皇的權威，修建一座明堂，而隋文帝氣魄更大，他要建一座都城！

既然要建新都，那麼，原來的都城在哪裡？隋朝篡了北周天下，同時也繼承北周的都城，這個都城就是西漢時期建立的長安城。地處渭水南岸的龍首原上，西漢後，王莽的新朝、東漢末年、西晉後期、前趙、前秦、後秦、西魏、北周都把這裡做為都城，累積算下來，已經有將近八百年的歷史。這麼一座歷史悠久的古城，隋文帝為什麼不滿意呢？有三個原因。

第一、長安城有鬼怪。是什麼鬼怪史書沒有明確記載，反正就是神出鬼沒。說到鬼怪，現今的無神論者可能覺得這是無稽之談，但是，隋文帝接受的並非無神論教育，他是在尼姑寺長大的，是個有神論者，他怕鬼。

他最怕什麼鬼呢？政治鬥爭的屈死鬼。隋文帝在建國之初對北周宗室大開殺戒，當初是希望能減少威脅，睡覺踏實，但是，現在這座城市鬼氣森森，他又害怕了，是不是這些人變成厲鬼來報復？反倒愈來愈睡不踏實了。既然這座城市裡故事太多，那還不如建座沒什麼故事的新城。

第二、長安城的水有問題。什麼問題？最重要的問題是地下水污染嚴重。水污染不僅是現在存在的問題，古代同樣存在。長安城建都將近八百年，無數人在此生息繁衍，淺層地下水早已污染，按照當時的說法就是「水皆鹹鹵，不甚宜人」。

另外一個問題是離河太近，容易鬧水災。長安城北面即渭水。隋朝時，渭水的位置遠比現在靠南，就在長安城邊上流過，渭河一發水，長安城就告急。根據《隋唐嘉話》記載，有一天，隋文帝做了個夢，夢見渭水把長安城淹了，一下子把他嚇醒。這是日有所思，夜有所夢。這樣的都城讓人沒有安全感，這是隋文帝想要遷都的第二個原因。

第三、也是最重要的原因，長安城的格局不規整，不足以體現皇家威嚴。漢朝的長安城不是規畫好再建的城市，而是從漢高祖到漢武帝，陸陸

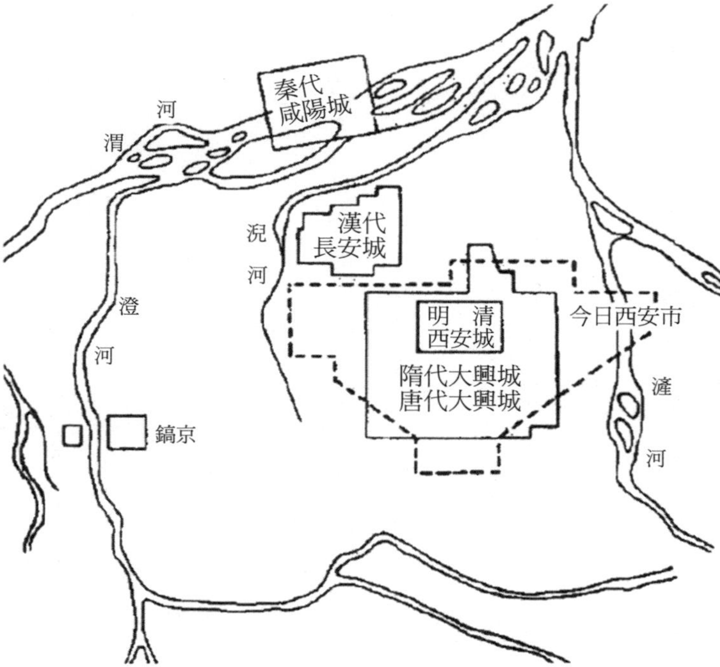

歷代王朝長安城位置圖

續續修成的，是自然成長起來的城市，這樣的城市必然不規整。一般的不規整也罷了，最要命的是，皇宮未央宮居然偏在城市西南角，豈能體現出天子堂堂正正、君臨天下的器局？

另外，因為城市是自然形成的，所以，宮殿和官衙、民居都交錯在一起，不僅不夠嚴整、氣派，即便治安也非常不好把握。

因為以上原因，隋文帝當上皇帝後，亟思遷都。

都城藍圖

遷都是一件大事，不能說遷就遷，要考慮各種因素。最重要的因素是，當時國家剛建立，財政不富裕，而且北有突厥、南有江南的陳朝，還得準備軍事戰爭，再進行這麼大的工程建設，大臣也好，老百姓也好，能不能接受呢？

隋文帝不是個任性的昏君，他是個律己甚嚴的皇帝，不希望落人褒貶。所以，儘管很想遷都，但還是非常猶豫。不過，猶豫到開皇二年六月，終於出現實質性進展。

文帝有兩位最得力的大臣，一是高熲，一是蘇威。開皇二年（五八二）六月，文帝找來兩人商量。商量了半夜，沒有得出結論，便散會了。

可是，第二天早晨上朝時，著名術士庾季才上了一份奏章。他說：「臣仰觀玄象，俯察圖記，龜兆允襲，必有遷都。」我仰觀天文，俯察地理，發現天地都在暗示一件事：我們該遷都了！看了他這份奏章，文帝做何反應？

按照《通鑑》記載：帝愕然，謂熲、威曰：「是何神也！」這也太神奇了吧！怎麼我想遷都，上天就來湊巧呢？那麼，是不是真有這麼個神奇的天象呢？這倒不一定。

當年，楊堅剛當上輔政大臣時，向庾季才打聽過天意，庾季才說了一句最老實的話，他說：天象精微，我也說不好，但是，就算上天不支持，您難道還能退回去不成！那時，他承認看不懂天道，這時，怎麼又懂了？所以，所謂的天象，恐怕只是個說辭。

問題是，既然所謂天象不一定存在，庾季才為何在此時恰如其分地拿出這麼一份奏章呢？很明顯，有人給他暗示。誰呀？高熲和蘇威這兩位宰相。兩人知道皇帝想要遷都，但又猶豫不決，便向庾季才打了招呼，讓他利用專業知識給皇帝打打氣。

但是，光有天象還不行，更重要的是人的支持。這時，老臣李穆出面了。

李穆是所謂關隴貴族集團的代表人物。三方叛亂時，李穆支持楊堅，對楊堅贏得戰爭發揮至關重要的作用。所以，楊堅當上皇帝後，投桃報李，為李穆安排了太師的榮譽頭銜，雖然沒有實際權力，但是，畢竟是國家最高官職，正一品，比宰相還高。

不光讓李穆當一品大員，隋文帝照顧到李穆全家。他們家當五品以上官職的有一百多人。按照當時規定，五品以上官員上朝時就可以拿著象牙做的笏板，李家的笏板如果放在一起，能堆滿一屋子。這在中國古代可是難得的榮耀。要知道，唐代名將郭子儀富貴壽考，七子八婿都當大官，也不過是滿床笏，李穆比他威風多了！皇帝給足面子，李穆也得處處發揮模範帶頭作用。

現在，皇帝需要有人帶頭表態，李穆當仁不讓。所以，庾季才上書後沒兩天，李穆也上書了。他說：

帝王所居，隨時興廢，天道人事，理有存焉。始自三皇，暨夫兩漢，有一世而屢徙，無革命而不遷。曹、馬同洛水之陽，魏、周共長安之內，此之四代，蓋聞之矣。曹則三家鼎立，馬則四海尋分，有魏及周，甫得平定，事乃不暇，非曰師古。……伏惟陛下膺期誕聖，秉籙受圖，……變大亂之民，成太平之俗，百靈符命，兆庶謳歌。……至若帝室天居，未議經創，非所謂發明大造，光贊惟新。自漢已來，為喪亂之地，爰從近代，累葉所都。未嘗謀龜問筮，瞻星定鼎，何以副聖主之規，表大隋之德？

這段話有三層意思。

第一、一個王朝對應一個都城，從三皇五帝直到兩漢，沒有改朝換代而不遷都的。那怎麼解釋曹魏和西晉都定都洛陽，西魏和北周都定都長安呢？李穆說，那是因為這些朝代都是亂世，還沒來得及遷都就滅亡了，不足為法。

第二、陛下是應天順人的一代明君，一登基就移風易俗，開創了嶄新的大好局面，所以，在都城方面也應該有所改變。

第三、現在的都城自漢代以來屢經戰火，已經殘破不堪，而且開始建立時未經規畫，怎麼能擔當起大隋首都的重任呢？

這三條道理講得頭頭是道，足以打動人心。楊堅一看，大喜過望，說：「天道聰明，已有徵應，太師民望，復抗此請，則可矣。」現在，天意人心都已經表達清楚，楊堅便下定決心，營建新都！

營建新都，隋文帝君臣已經達成共識。既然決心已下，接下來就是如何實現的問題了。在這個大工程的建設過程中，還有什麼問題呢？

要把理想變為現實，還要解決三個問題。

第一、新都城建在哪裡？

第二、這麼大的工程，怎麼規畫？

第三、怎麼樣在國家財力不太雄厚的情況下把城建起來？

先看第一個問題。新都城建在哪裡？關中平原被山帶河，進可攻，退可守，地利位置優越，又是關隴集團的大本營，隋文帝可不想離開這裡。不僅不想離開關中，他連舊都所在的龍首原都不想離開，龍首，這名字聽著多吉利。那新都到底建在哪兒呢？舊都建在龍首原的北部，隋文帝倒是看好龍首原的南部。南部比較開闊，可以容納一座比較大的城市。另外，南部遠離渭河，也可避免水災干擾。

解決了選址的問題，接著就要解決規畫問題。這次營建新都可是一切從零開始，等於是在一張白紙上重做文章，規畫當然是重中之重。規畫由誰負責呢？隋文帝找上宇文愷這個人。

根據《隋書・宇文愷傳》記載，宇文愷是鮮卑人，其父宇文貴和隋文帝的父親楊忠一樣，都是西魏十二大將軍。他的哥哥宇文忻則是隋文帝平定尉遲迥叛亂時重要的將領。全家都以武力知名，只有宇文愷「好學，博覽書記，解屬文，多技藝，號為名父公子」。

從這段描述中，我們可以明白隋文帝為什麼選他。宇文愷有兩個優點。

第一、多技藝，是個技術專家，懂建築；第二，博覽群書，有理想，有才情。

所謂博覽，不是只看專業書籍，他還具有綜合的人文素質。能夠把專業技術和人文精神結合起來，讓技術工藝體現文化內涵，這是難得的人才。

隋文帝稱帝時，對北周宗室大開殺戒，北周皇族姓宇文，宇文愷也姓宇文，本來，他也在死亡黑名單上，但是，因為宇文愷是個難得的建築人才，他哥哥又是功臣，所以，隋文帝才高抬貴手放了他。

現在，隋文帝把營建新都的任務交給他，對於宇文愷來說，有點戴罪立功的味道，所以，他格外賣勁。那麼，他怎樣完成這項任務呢？

為了完成這個光榮而艱巨的任務，宇文愷先在腦子裡建了一座城。他覺得，既然要做都城，就必須符合三個要求：第一、氣派；第二、文化意象好；第三、安全。怎麼才能做到氣派呢？這就要從規模上下工夫。這座新都多大呢？

根據宇文愷的規畫，東西寬九千七百二十一公尺，南北長八千六百五十一公尺，周長三十六・七公里，總面積八十四平方公里。它的規模大不大呢？做個比較就知道了。它是漢代長安城的二・四倍，是明清時期北京城的一・四倍，在整個中國古代無出其右。這是縱比。

再看橫比。它是黑衣大食（也就是阿拉伯帝國）的首都巴格達城的六・二倍，是東羅馬帝國首都拜占庭城的七倍。在當時，隋朝、大食和東羅馬可是三足鼎立的強國，但是很顯然，論都城，其他兩個國家可比隋朝差遠了。事實上，宇文愷規畫的這座新城，是全世界在近代以前建造的最大的一座城，這當然意謂著氣派。

氣派有了，文化怎麼體現呢？用結構體現。宇文愷把整個都城劃成三個區域。

第一個區域是宮城，即皇帝的辦公區和生活區，在全城的最北面。為什麼在最北面呢？宇文愷說，皇帝好比天上的北極星。北極星在中國古代是顆政治星。孔子說過：「居其所，而眾星拱之。」眾星圍著北極星，猶如全國人民圍著皇帝一樣。既然北極星在天空最北面，皇帝居住和辦公的地方當然也得在都城的最北面。

第二個區域是皇城，即文武百官辦公區，在宮城的南邊。從天象上說，這象徵著圍繞北極星的紫薇垣；從人事上說，皇帝南面稱尊，面朝南接受臣子的跪拜，臣子辦公的地方當然應該在皇帝的南面。

第三個區叫外郭城，從東、西、南三面拱衛著宮城和皇城。從天象上說，這意謂著眾星拱衛北極；從人事上說，則象徵著全國人民團結在皇帝和朝廷的周圍。這是南北方向的結構。

那麼，東西方向的結構怎麼安排呢？

我們中國人喜歡對稱，所以，沿著中軸線東西對稱是最合理的安排。這條中軸線就是從皇城的正南門直通整座都城正南門的朱雀大街，街寬一百五十公尺，比現在北京城的長安街還寬整整三十公尺。在朱雀大街兩側，是整整齊齊、東西對稱的里坊，相當於現在的居民區。

因為太整齊了，後來唐朝詩人白居易曾寫詩說：「百千家似圍棋局，十二街如種菜畦。」這種棋盤般整齊劃一的安排已極具文化水準，但是，還不算完。

宇文愷在實地考察時發現，龍首原不是一馬平川，它從北到南共有六條高坡，避不開。既然避不開，那就只能考慮怎麼合理利用。

怎麼處理這六條土坡呢？宇文愷把這六條坡和《易經》的卦辭聯繫在一起。他說：這就是乾卦的六爻，《易經》一共八八六十四卦，排在第一的就是乾卦。每一卦都有六爻，也就是陰陽的六種組合方式。那乾卦的六爻是什麼呢？初九，潛龍勿用；九二，見龍在田；九三，君子終日乾乾；九四，或躍在淵；九五，飛龍在天；九六，亢龍有悔。雖然說每個卦象都有自己的道理，但是，從一般角度看，比較好的當然是九二、九三和九五這三個爻辭。既然如此，宇文愷就在這三條土坡上安排主體建築。

怎麼安排呢？他把皇帝的宮殿放在九二這條坡上。皇帝是龍，見龍在田。九三這條坡上建百官官衙，此即君子終日乾乾，象徵為官之道。再下一個好位置就是九五，九五是飛龍在天，這可不是凡人能待的地方。乾脆建寺廟和道觀，給神仙和佛祖住。就這樣，通過宇文愷設計，整座長安城處處透出文化氣息。這個文化的核心是什麼？一言以蔽之，君尊臣卑，皇權至高無上！

再看第三個重點考慮的問題：安全。安全問題怎麼解決呢？

其實，把百姓住宅區、政府辦公區和皇帝專區分開來，已經是一種安全防範措施，但是，宇文愷覺得還不夠。為了體現皇帝就像北極星的理念，他把皇宮放在最北面，可是，北面無遮無攔，不太安全。

怎麼辦呢？宇文愷大筆一揮，把皇宮北面都劃成禁苑。也就是皇帝的後花園——狩獵場。原來的舊都城都包在禁苑之中。禁苑裡再駐紮上軍隊，專門保衛皇帝，這樣一來，安全問題不就解決了嗎？到底解決沒有呢？其實沒有完全解決。我們知道，唐朝發動宮廷政變，都是勾結禁軍，從北門打進來的，不過這是後話了。

經過宇文愷這麼一番精心設計，整座新都真是氣魄宏偉、美侖美奐。

建築史奇蹟

不過，怎麼樣才能迅速地把圖紙變為現實，還不過於勞民傷財呢？在這一點上，隋文帝做出表率。做什麼表率呢？

低碳環保，廢物利用。新都要建好多宮殿，建築材料從哪裡來呢？隋文帝可沒有到處砍森林、運木材。他直接從舊都城拆，拆東牆補西牆！

這事我們怎麼知道的呢？唐朝開元年間，太廟忽然塌了，唐玄宗覺得很不吉利，就問姚崇。姚崇說：這太廟早該塌了。太廟的柱子是前秦時留下的，從前秦一直用到北周。後來隋文帝遷都，又把這些柱子拆下來，搬到新都，修成太廟。而我們大唐又沿用隋朝的太廟。所以，這幾根柱子已經用了幾百年，哪有不朽爛的道理！

在古代，太廟可是非常重要的建築，連太廟的柱子都是從舊城拆下來的，那其他建築的材料也就可想而知。

就這樣，因為隋文帝的雄心和節儉，因為宇文愷的規畫和監督，當然，也因為幾萬老百姓的辛勤建設，新都很快建成了。

到底有多快呢？開皇二年（五八二）六月開始規畫，到了開皇三年（五八三）三月，隋文帝已經率領文武百官搬家了！這麼大的工程只用了十個月就竣工，這在世界建築史上也是奇蹟。

那麼，這座新都叫什麼名字呢？隋文帝為它取名大興城。為什麼叫大興城？這是根據楊堅在北周的爵位而來。楊堅剛踏上仕途，得到的第一個爵位就叫大興郡公。在隋文帝看來，大興郡公是他一生事業的開始。他希望這個吉祥的名字，也能成為這座城市輝煌的開始。從名字可以看出來，隋文帝對這座新都，對他主宰的這個新王朝，寄予多大的希望。

這座嶄新的都城，對於隋朝，對於中國歷史，有三個方面值得注意：

第一、大興城是隋朝建設的第一項重大工程，也是最為成功的一項工程。為什麼說它成功？因為它兼顧了氣魄宏大和愛惜民力兩方面。大興城是中國古代最大的都城，不僅滿足了隋朝的需要，而

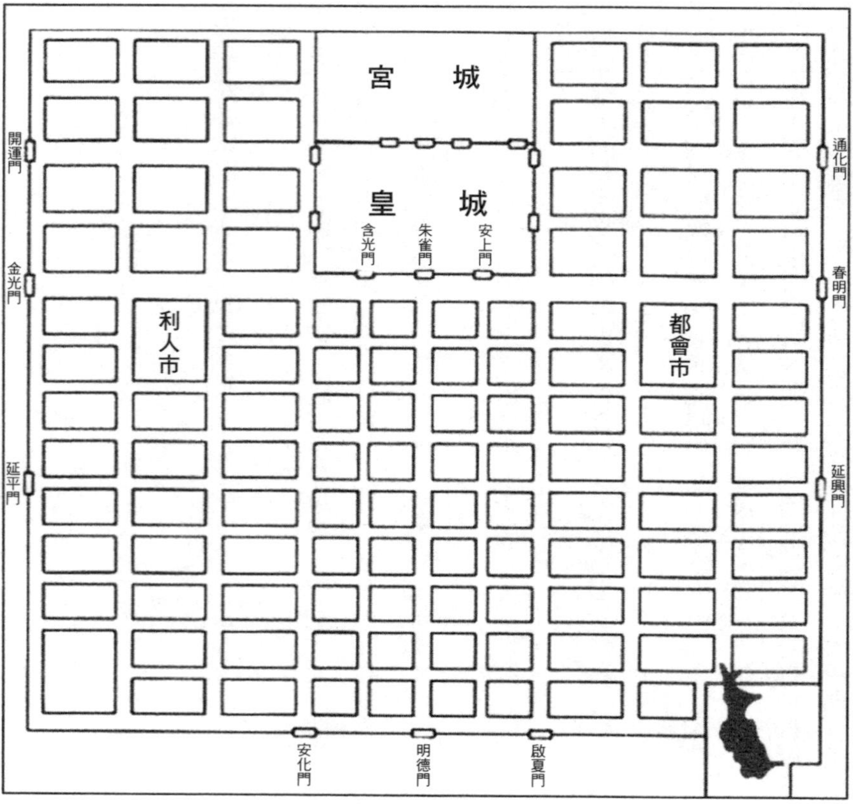

大興城

且，後來中國歷史上最為強盛的唐朝繼續在此定都，仍然一點也不覺得局促。

唐朝時期，首都的人口超過百萬，但是，整座都城除了局部調整外，並沒有整體的擴建改建，就是因為隋朝建立時的氣魄宏大，給後世留下充足的發展空間。但是，更難得的是，建設這麼大的工程，並沒有使得官怨民怨，這不得不說是隋文帝的偉大之處。

他如何建設這座城市呢？簡單來說是八個字：大膽規畫，小心落實。他明白，這麼大的工程如果想一步到位，老百姓的負擔肯定相當沉重，怎麼辦呢？分期建設。

隋文帝時期，只是把城市的框架搭建起來，把最重點的宮殿修建起來，其他都暫緩進行。比如說城牆，文帝時還相當低矮，後來到隋煬帝時，才又增修，基本成為後來一丈八尺的規模。

一位封建帝王，能夠在建設公共工程時兼顧老百姓的承受能力，算是難能可貴了，也正因為如此，這項工程才能得到老百姓的理解和擁護。反觀後來煬帝修大運河，本來是一件好事，就因為沒有兼顧到老百姓的承受能力，才落下千年罵名。

第二、大興城建設的核心精神是皇權至上。大興城的設計和建設皆以皇帝居住的宮城為出發點。整座城市以宮城為原點向南層層推進，地位愈高，離皇帝愈近，反之，地位愈低，離皇帝愈遠，這是禮教的秩序。但是，無論地位高低、距離遠近，只要居住在這座城市，看著高大的宮殿和森嚴的布局，每個人都能由衷感受到皇帝的權威。而皇權至上，正是這個新王朝的基本精神。

第三、大興城固然彰顯新王朝的宏大氣魄，但是，也體現出某種拘謹的精神。為什麼這樣說呢？可以看出來，這座城市其實像一個俄羅斯套娃。宮城是個基本的模子，皇城就是宮城的擴大版，外郭城是皇城的擴大版，甚至，城裡每個坊也都是用同個模子套出來的。可以想像，居住在此一城市中的老百姓，就像一個個士兵一樣，整齊但是缺乏個性。這就是隋文帝心目中臣民的標準形象。

這種既昂揚向上、尊重權威，但又嚴肅有餘、活潑不足的精神其實也正是隋朝的精神。那麼，在這種精神指引下的新王朝，還會遇到哪些問題呢？

【第十四章】

降服突厥

就在大隋王朝沉浸在新都落成的喜悅中時，北部邊境傳來壞消息，突厥這支少數民族突然進犯隋朝。在這種情況下，隋文帝如何應對？在與突厥交戰的過程中，雙方有何心智較量和武力比拚？

突厥進犯

隋朝建立後，建立新制，起用新人，營建新都，可謂萬物維新，整個國家呈現出一派欣欣向榮的局面。但是，隋朝並非孤立存世，除了要處理國內問題，還要面對紛繁複雜的「國際關係」。

開皇二年（五八二）五月，就在隋朝上下齊心合力進行內部建設時，邊境忽然傳來壞消息，北方強國突厥率領四十萬大軍，夥同原北齊營州刺史高寶寧，朝著整個長城沿線撲來！

四十萬大軍，這在當時可是極大的數字，突厥為什麼要如此大規模地進攻隋朝？有三個原因。

第一、突厥不希望隋朝統一。自從六世紀初突厥從蒙古草原崛起後，很快就成為東北亞霸主。而當時中原地區北齊和北周並立，雙方為了壓倒對手，爭相結好突厥，每年都向突厥輸送大量的財物。這樣一來，突厥樂不可支，說：「但使我在南兩個兒孝順，何憂無物邪！」只要我在南邊的兩個兒子都孝順，我怎麼會擔心缺東西呢！

兩家的回扣都吃，突厥到底幫誰呢？北齊強的時候幫北周，北周強則幫北齊，反正，務必讓兩方勢均力敵。

持續維繫東西分裂的局面，讓自己漁翁得利。可是後來，北周統一北齊，接著，隋朝又取代北周，這個平衡被打破了，對突厥相當不利。更讓他們覺得不滿的是，新生的隋朝對突厥非常冷淡，再也不進貢了，突厥怎麼能夠容忍呢！

第二、突厥的可賀敦，即第一夫人，是北周的千金公主，也想為自己的家族報仇。我們講過，千金公主是趙王宇文昭之女，在北周末期嫁到突厥和親，可是，楊隋代周，整個北周皇室差不多被一網打盡，她的父親趙王也被楊堅陷害，死於非命。想想娘家的悲慘遭遇，千金公主真是無限辛酸。於是，她天天在突厥可汗沙鉢略面前吹耳邊風，讓他替自己報仇。在她的鼓動下，沙鉢略對下屬貴臣說：「我，周之親也。今隨公自立而不能制，復何面目見可賀敦乎！」

第三、當時蒙古草原正面臨嚴重的自然災害，整整一年都沒有下雨下雪。突厥逐水草而居，現在，水沒了，草也枯了，牲畜大量死亡，這可是致命的打擊。突厥人要維持生存，也只能走打仗、搶掠這條路。

基於這三個原因，在開皇二年（五八二）五月，突厥向長城一線發起猛攻。

那麼，面對來勢洶洶的突厥，隋文帝抱持什麼態度呢？

別看隋朝剛立國不久，但是，文帝還是堅決主張，打！隋文帝為什麼這麼堅決呢？有兩個原因。

第一、他知道，突厥出於己方利益的考慮，不樂見中原地區統一，因此，想和突厥尋求和平是不可能的。既然想打也得打、不想打也得打，不如索性丟掉幻想，破釜沉舟。

第二、他覺得，突厥沒有傳說中那樣可怕。當年，文帝的父親楊忠曾經和突厥打過交道，與突厥聯手攻打北齊。結果突厥人搶東西倒是勇猛，真打起仗來就一哄而散，讓楊忠怒不可遏。回朝後，他報告說：

突厥甲兵惡，賞罰輕，首領多而無法令，何謂難制馭？由比者使人妄道其強盛，欲令國家厚其使者，身往重取其報。朝廷受其虛言，將士望風畏懾。但虜態詐健，而實易與耳。

意思是，突厥人裝備差，而且賞罰不分明、法令不統一，因此並沒有傳說中那樣能征善戰。過去我們老是覺得他們可怕，現在我認為，他們不過是些貌似強壯的紙老虎！

當時楊忠這番言論並沒有打動皇帝，但是，倒給楊堅留下深刻印象。誰說突厥一定戰無不勝呢？這兩方面的原因疊加起來，隋文帝不想妥協。

所以，他當了皇帝後，馬上停止對突厥進貢，而且，徵調百姓，修補長城，還派出將領鎮守邊關，一直為戰爭做準備。現在，既然敵人進犯，那就還擊吧！

以寡擊眾

自從五胡十六國時代以來，中原政權和北方少數民族打仗基本沒贏過。那麼，這次隋朝和突厥交戰結果如何？

這一次，打出威風來了，湧現出兩個一級戰鬥英雄。一是達奚長儒，另一個是史萬歲。

先看達奚長儒。達奚長儒是個鮮卑人，隸屬於行軍元帥虞慶則麾下。

當時，突厥已進入渭水流域，文帝命令虞慶則進駐弘化，即現今甘肅慶陽。到弘化後，虞慶則派達奚長儒先帶一支小分隊去探路。

可是，達奚長儒萬萬沒想到，就在離弘化不太遠的周槃，他遭遇上沙缽略的大部隊。達奚長儒手下有多少人呢？兩千人。而沙缽略這邊則是十幾萬人。士兵一看面前黑壓壓望不到頭的騎兵，嚇得腿都軟了。

怎麼辦呢？達奚長儒覺得，眾寡如此懸殊，如果調頭逃跑的話，等於自己先亂了陣腳，到時候，突厥騎兵蜂擁而上，不用說打，踩也被踩死了。因此，不能亂跑，只能以戰求生。

怎麼以戰求生呢？達奚長儒把戰士編成嚴整的方陣，每個人都長刀在手，步調一致地往弘化方向撤退。突厥人怎麼會讓這些到嘴的羊羔輕易逃跑？排山倒海般衝過來，他們人數眾多，一陣刀光劍影，達奚長儒的方陣很快就被衝散了。

可是，衝散了不要緊，達奚長儒馬上在旁邊糾集散兵，只要有一支小隊伍，就凝結成一個方陣，幾個小方陣到一塊兒，就聯合成一個大方陣。就這樣，聚了又散，散了再聚，緊緊團結在達奚長儒周圍，硬是不屈服。開始戰士們手裡還有兵器，後來，劍折了，刀也捲刃了，就用拳頭來打，打得手上的白骨都露出來了。

這些戰士為何如此頑強？因為達奚長儒本人身先士卒。他身受五傷，其中，貫通傷就有兩處，但是依然裹傷迎敵，這就是對部下最好的激勵！達奚長儒這支小分隊堅持了多久？整整三天，頂住了突厥人十四次進攻！到了第三天，兩千人的隊伍只剩下兩、三百人，但是他們離弘化城愈來愈近了。

按說，這時，虞慶則應該率軍出來接應。非常遺憾，他沒有。別看虞慶則平時左右開弓，號稱名將，但是，他看到這一小隊衣衫襤褸、血肉模糊的隊伍後面跟著那麼多突厥人，還是害怕了，緊閉城門，不敢救援！

那麼，這兩、三百人的隊伍到底怎麼樣了？是不是被突厥人消滅了？也沒有。仗打到這麼慘烈，已經遠遠超過突厥人的預期，面對眼前這支不要命的隊伍，再看看身後一路的屍體，驕傲的突厥人忽然失去繼續戰鬥的勇氣，主動撤退。

最後清點戰場，達奚長儒以兩千人的兵力，殺傷敵軍一萬人，這是世界戰爭史的奇蹟。隋文帝也深受震撼，下詔通令嘉獎，大力表彰這支英雄群體。詔書說：

突厥猖狂，輒犯邊塞，犬羊之眾，彌亙山原。而長儒受任北鄙，式遏寇賊，所部之內，少將百倍，以晝通宵，四面抗敵，凡十有四戰，所向必摧。凶徒就戮，過半不反，鋒刃之餘，亡魂竄跡。自非英威奮發，奉國情深，撫御有方，士卒用命，豈能以少破眾，若斯之偉？言念勳庸，宜隆名器，可上柱國，餘勳迴授一子。其戰亡將士，皆贈官三轉，子孫襲之。

再看第二位戰鬥英雄史萬歲。史萬歲對付的不是沙缽略可汗，而是阿波可汗。

怎麼又出來一個可汗呢？要知道，當時突厥一共有五大可汗，沙缽略算是他們的共主。每個可汗都有地盤，互不統屬，但是，遇到戰爭則要聽沙缽略調遣。所以，沙缽略可汗進攻東部地區時，阿波可汗也從西邊向隋朝發起進攻。

怎麼對付呢？隋文帝派他的姊夫竇榮定為行軍元帥，西出涼州，即現今甘肅武威，迎戰阿波。兩軍即將交戰，竇榮定說話了。他說：兩國交戰，士兵何罪之有！為何非得殺這麼多人才能分出勝負呢？不如我們雙方各派一名壯士決一雌雄，如果我們贏了，你們撤退；你們贏了，我們撤退。

阿波可汗一聽，沒問題，那就單挑吧！竇榮定為什麼有這麼大的把握單挑？因為他手裡有個祕密武器，這個武器就是史萬歲。

史萬歲可是個傳奇人物。他出身昭武九姓史國，是個胡人。北周末年三方叛亂時，他隸屬於韋孝寬軍團，為行軍總管梁士彥手下。

一次行軍途中，天上飛來一行大雁。史萬歲對梁士彥說：看我射那第三隻！說完，盤馬彎弓，第三隻大雁應聲落地。從此史萬歲神箭手的名聲一下子傳開了。

後來，史萬歲因為捲進一起謀反案，被發配到敦煌戍邊，開始時，長官不了解他，總是羞辱他，後來有一次，史萬歲在長官面前露了一手，長官馬上心服口服，把他視為得力助手。

敦煌緊鄰突厥，史萬歲經常到突厥那邊打獵，每次都深入好幾百里，從來沒有失手過。所以，突厥人對他也是久仰大名，如雷貫耳，相當畏懼。現在，朝廷用人之時，史萬歲投靠竇榮定門下，竇榮定當然欣喜異常，把他當成祕密武器。

既然兩軍長官都同意單挑，史萬歲躍馬而出，就在兩馬交錯的一瞬間，突厥壯士的人頭已經在史萬歲手裡了，真是百萬軍中取上將首級，如探囊取物耳。突厥人一看，大驚失色，再一打聽，原來就是大名鼎鼎的敦煌戍卒史萬歲，更是佩服，只好如約後退。就這樣，因為史萬歲一人，保住了成千上萬人的生命。

至此，大家應該已經明白，如果說達奚長儒和他的部隊體現的是隋朝軍隊堅韌頑強的集體風貌的話，那麼，史萬歲體現的就是隋朝將領的個人英雄主義。有這樣的英雄將領，再有這樣不屈的士兵，隋朝還有什麼打不贏的仗呢？

遠交近攻

但是，自古以來，打仗並不只在戰場上進行。就在將士們於前線浴血廝殺時，隋朝的外交活動也在配合進行。

在這條戰線上，也出現了一名了不起的人物。誰呢？就是隋朝著名的外交家，唐朝長孫皇后的父親——長孫晟。

長孫晟有什麼功勞呢？開皇二年（五八二），突厥甫出兵，長孫晟便上了一道奏疏給隋文帝。他說：

> 玷厥之於攝圖，兵強而位下，外名相屬，內隙已彰；鼓動其情，必將自戰。又，處羅侯者，攝圖之弟，姦多而勢弱，曲取於眾心，國人愛之，因為攝圖所忌，其心殊不自安，跡示彌縫，實懷疑懼。又，阿波首鼠，介在其間，頗畏攝圖，受其牽率，唯強是與，未有定心。今宜遠交而近攻，離強而合弱。……乘釁討之，必可一舉而空其國矣。

意思是，突厥目前最大的問題是內部分裂。當時，突厥分為五大可汗，第一個是沙缽略可汗，名叫攝圖；第二個叫第二可汗，叫奄羅；第三個稱為阿波可汗，名叫大邏便；第四個稱為達頭可汗，名叫玷厥，第五個則是沙缽略可汗的親弟弟突利可汗，名叫處羅侯。長孫晟說，在這五大可汗中，達頭可汗、阿波可汗和突利可汗都與沙缽略有矛盾。既然他們彼此有矛盾，我們就應該離強合弱、遠交近攻，充分利用他們之間的內部矛盾，可以收到事半功倍的效果。

這是具有戰略眼光的判斷。隋文帝一看這份奏疏，非常高興，馬上把長孫晟請來，想親耳聽聽他的高見。結果，長孫晟一邊講天下大勢、一邊把突厥的山川地圖畫出來，而且，還剖析每位可汗的強弱虛實。隋文帝一聽十分震撼，這長孫晟怎麼什麼都知道？

那麼，長孫晟為什麼對突厥的事情那麼清楚？因為當年送千金公主和親，他就是送親使團的副團長。

當年突厥和北周和親，兩邊都爭相誇耀自己的力量，所以，送親團也好，迎親團也好，各個都是容貌英俊、武藝高強。長孫晟能在精選出來的隊伍裡成為副團長，可見水準很高。

果然，到了突厥後，沙缽略可汗對其他人都沒放在眼裡，唯獨看中長孫晟，挽留他住了一年多。有一次，沙缽略可汗和長孫晟一起出遊，正好看見兩隻鵰爭肉吃。沙缽略給了長孫晟兩支箭，說，你把這兩隻鵰射死吧！長孫晟看了看角度，只抽出一支箭，彎弓射過去，一下把兩隻鵰串成了糖葫蘆。這就是成語「一箭雙鵰」的由來。

突厥民族天生崇尚英雄，一看長孫晟武藝高強，沙缽略對他佩服得無以復加，讓貴族子弟都來陪伴他，向他學射箭。特別是沙缽略的弟弟突利可汗，乾脆偷偷跟長孫晟結盟，天天來和長孫晟一起指點江山，縱論天下大事。歷史上哪個情報員有這麼好的工作條件？一年後，長孫晟已經把突厥的部眾強弱、山川地理和戰略虛實弄得一清二楚。

現在兩國交兵，他把這些成果貢獻給隋文帝，文帝能不重視嗎？馬上照長孫晟說的去做。到底怎麼做呢？

文帝派出兩個使團。一個使團往西，找上沙缽略的叔叔達頭可汗，賜給他一面狼頭纛，即狼頭大旗。要知道，突厥人崇拜狼，狼頭大旗，這在突厥人看來是權力的象徵，向他表示，隋朝更認可他的權力；還有一個使團往東，由長孫晟親自率領，找上老朋友，沙缽略的弟弟突利可汗，和他重修舊好。這不等於在沙缽略的東西兩邊各插一把尖刀嗎？

這還不算，更厲害的一招是對付阿波可汗的。阿波可汗和竇榮定交戰，結果，竇榮定讓敦煌戍卒史萬歲出馬，把阿波嚇退了。當時，長孫晟就在竇榮定身邊當偏將。他一看阿波退兵，馬上派使者找阿波。對他說：

攝圖每來，戰皆大勝。阿波才入，便即致敗，此乃突厥之恥，豈不內愧於心乎？且攝圖之與阿波，兵勢本敵。今攝圖日勝，為眾所崇；阿波不利，為國生辱。攝圖必當因以罪歸於阿波，成其夙計，滅北牙矣。願自量度，能禦之乎？

人家沙缽略每次出馬都能打勝仗，可是你居然一打就輸，這不是突厥的恥辱嗎？沙缽略早就想吞併你的勢力，這次肯定要拿這件事做文章了，你估計打得過他嗎？阿波一聽，出了一身冷汗，是啊，怎麼辦呢？派人聽聽長孫晟的高見吧！

長孫晟對他的使者說：

今達頭與隋連和，而攝圖不能制，可汗何不依附天子，連結達頭，相合為強，此萬全之計，豈若喪兵負罪，歸就攝圖，受其戮辱邪！

一句話，你就投靠大隋吧！阿波聽長孫晟分析得頭頭是道，馬上派使者跟著長孫晟入朝了。

沙缽略一聽阿波可汗派遣使臣入隋，怒不可遏。你打敗仗也就罷了，居然還敢叛變！趁著阿波可汗還沒有回來，自己率軍襲擊阿波可汗的牙帳，不僅收編阿波可汗的部眾，還把阿波可汗的母親給殺了。

阿波可汗回來一看，椎心泣血，只好掩埋老母親，向西投奔達頭可汗。達頭可汗早已投靠隋朝，一聽阿波的遭遇，勃然大怒，馬上援助阿波向東進攻沙缽略，阿波和沙缽略一交鋒，原來被沙缽略收編的那些部眾隨之倒戈，又回到阿波旗下。

這樣一來，沙缽略可就吃虧了，只好狼狽逃回東邊。俗話說牆倒眾人推，一看沙缽略實力不如從前，其他大大小小的勢力群起造反，沙缽略眾叛親離。最後，突厥逐漸分成了沙缽略的東部集團和阿波的西部集團兩大勢力。本來，突厥看著中原分裂，現在，風水輪流轉，該統一的中原政權看著突厥分裂。這就是外交戰的成果。

至此，隋朝終於迎來戰略轉折。此後，雖然隋朝並非戰無不勝，但是總體來說，已無關大局。

到了開皇四年（五八四），沙缽略西抗阿波，南抗大隋，終於精疲力盡，撐不下去了，只好向隋朝求和。

自古以來，少數民族政權和中原政權建立友好關係，有個重要的手段就是和親。可是，現在突厥已有一位北周的千金公主，再和隋朝和親不太方便。怎麼辦呢？千金公主是個聰明人，一看形勢不利，她再也不提為娘家報仇的事了，而是主動上表，請求改姓楊，做隋文帝的女兒。這就等於突厥再度和隋朝和親。

那麼，隋朝同不同意和親呢？當時，文帝的次子楊廣，即後來的隋煬帝說，和親幹什麼，一舉滅了算了！聽兒子這麼說，隋文帝笑了。小孩子懂什麼？如果滅了沙缽略，那阿波可汗不就沒人制衡了？所以，接受沙缽略的請求。千金公主請求當隋文帝的女兒，隋文帝便重新給她一個封號，叫大義公主。這個封號有何含意？可理解成深明大義，也可理解成大義滅親，反正，頗有點嘲諷意味。

但是，這時候，沙缽略可汗管不了那麼多，趕緊向隋文帝上書：

從天生大突厥天下賢聖天子伊利居盧設莫何沙缽略可汗致書大隋皇帝：皇帝，婦父，乃是翁比。此為女夫，乃是兒例。兩境雖殊，情義如一。自今子子孫孫，乃至萬世，親好不絕。」上天為證，終不違負！此國羊馬，皆皇帝之畜。彼之繒彩，皆此國之物。

這封信寫得太高調了。雖然當了女婿，但是處處想和隋文帝分庭抗禮。說什麼我的牛羊是你的，你的絲綢也是我的，隋文帝哪能同意。一看這情況，隋文帝給他回了一封信：

大隋天子貽書大突厥沙缽略可汗：得書，知大有善意。既為沙缽略婦翁，今日視沙缽略與兒子不異。時遣大臣往彼省女，復省沙缽略也。

既然你認我這個老丈人，我也把你當兒子看。我們兩家結了親，那我就去看看我女兒。派誰去呢？正團長是宰相虞慶則，副團長則是外交家長孫晟。為什麼這兩人搭配？一個有勇，一個有謀。

使團到了突厥，沙缽略果然耍起花樣。他在帳篷裡擺滿各種各樣的兵器和珍寶，然後大模大樣地坐在榻上迎接虞慶則和長孫晟。說：「我病了，不能起來拜見，再說，我們家從祖宗以來從來沒給別人下跪過。」態度強硬。不光沙缽略強硬，千金公主也來幫腔。她偷偷地對虞慶則說：「可汗豺狼性，過與爭，將齧人。」我家可汗是豺狼，你可別惹他，小心他咬你。這不是在威脅虞慶則嗎？怎麼辦呢？

這時候，長孫晟說話了。他說：

突厥與隋俱大國天子，可汗不起，安敢違意！但可賀敦為帝女，則可汗是大隋女婿，奈何不敬婦翁！

這是搬出家禮，兩國關係先不談，既然你要當隋文帝的女婿，無論如何得拜見岳父。沙缽略一聽，愣住了，想了想沒別的辦法，只好起身下拜，跪著接受隋文帝的璽書。

眼看沙缽略氣焰被打下去，虞慶則又往前進一步，讓沙缽略稱臣。沙缽略不知道什麼叫臣，就問左右說：「何謂臣？」左右有跟隋朝打交道多的，告訴他說：「隋言臣，猶此云奴耳。」這哪是沙缽略想要的結果？可是，既然跪也跪了、拜也拜了，沙缽略都洩氣了，再爭還有什麼意思？乾脆認命吧！

又過了一年，開皇五年（五八五），阿波可汗和達頭可汗再次進攻沙缽略，沙缽略只好南遷到漠南，即內蒙古草原，成了隋朝的保護國。不料禍不單行，一次，就在沙缽略和阿波打仗時，有支叫阿拔的部落偷襲沙缽略老巢，連他的妻子兒女都俘虜了。這時候，又是隋朝替沙缽略打敗阿拔，幫他奪回妻子兒女。

走到這一步，沙缽略徹底服氣了，上表給隋文帝說：

天無二日，土無二王。大隋皇帝，真皇帝也！豈敢阻兵恃險，偷竊名號！今感慕淳風，歸心有道，屈膝稽顙，永為藩附。

再也不提什麼我的牲畜都是你的、你的絲綢也都是我的這類硬話，而是心甘情願地承認隋文帝的霸主地位。

到了這時，突厥問題終於圓滿解決。就這樣，因為隋文帝的堅強領導，因為將士的拚命廝殺，加上長孫晟的外交努力，隋朝的北邊威脅徹底解除，國內建設有了安全的保障，與此同時，一個以隋朝為核心的東亞新秩序即將確立。

那麼，隋朝下一步會向何處去呢？

【第十五章】

隋陳對壘

與隋朝對峙的江南政權，史上稱為陳朝。陳朝有個大名鼎鼎的風流天子，〈玉樹後庭花〉是他的代表作，此人就是陳後主。陳後主是個什麼樣的人？為什麼擁有長江天塹和禮樂文明的陳朝會在他的手中走向窮途末路？

放眼江南

開皇四年（五八四），隋朝經過外交努力和軍事鬥爭，基本解決了突厥的問題。帝國北部的威脅解決了，有一件大事立刻提上隋文帝的計畫表。

什麼事呢？平定江南。

從三一一年永嘉之亂，西晉滅亡算起，江南地區和中原分離已將近三百年，如果再算上西晉之前割據江東的東吳政權，南北分裂的時間就更長了。這三百多年裡，江南地區先後建立六個政權，就是東吳、東晉和宋、齊、梁、陳四朝，此即所謂的六朝。

經過六個王朝的開發治理，江南地區經濟發達、禮樂文明，有一個說法叫六朝金粉，和北方的金戈鐵馬形成鮮明的對比。問題是，中國有大一統的傳統，雖然江南江北各自發展得都不錯，但是，誰都覺得南北分裂不是長久之計。

在將近三百年的時間裡，不斷有人想統一南北，但是，最後都以失敗告終。現在，輪到隋文帝謀畫統一大業。那麼，他能不能成功呢？

其實，古往今來，兩國交兵，能否取勝取決於兩方面因素。第一、自身如何；第二、對手如何。隋朝在文帝的帶領下，兵強馬壯，欣欣向榮，情況良好。

那麼，隋朝的對手怎麼樣呢？

風流天子

當時，和隋朝隔江對峙的是陳朝。陳朝皇帝是個大名鼎鼎的人物。此人姓陳，名叔寶，歷史上稱為陳後主。

有人一聽這個名字，馬上就會想起杜牧那首詩：

煙籠寒水月籠沙，月泊秦淮近酒家。
商女不知亡國恨，隔江猶唱後庭花。

陳後主就是〈玉樹後庭花〉的作者，是位著名的昏君。

這可是我們說隋朝以來講的第三個昏君了。第一個是齊後主，第二個是周宣帝，第三個就是陳後主。這三個皇帝雖然都是昏君，但是，昏得各有特點。其中，齊後主是荒唐，周宣帝是暴虐，陳後主是文弱。怎麼文弱呢？陳後主的文弱體現在三大方面，在歷史上備受指責。

第一是重用沒有政治經驗的文士。陳後主在江南文雅的環境下長大，自己是個詩人、書法家，他眼裡的人才，都是和他一樣的人。

當時，江南有個著名的才子江總，很入他的法眼。此人從小沒別的愛好，就喜歡讀書，家裡有幾千卷藏書，他「晝夜尋讀，未嘗輟手」。十七、八歲就蜚聲江南，好多五、六十歲的老文豪爭相做他的忘年交。陳後主覺得這樣的人才難得，便任命他當宰相。

問題是，江總雖然讀書好、寫詩好，但是，並沒有什麼施政經驗。不過幸好陳後主也不要他打理政務，他的最高職責就是陪皇帝飲酒賦詩。

這正是江總的本行，完成起來當然容易。江總每天糾集十幾個文士，到後宮陪陳後主飲酒賦詩。宰相組團來了，皇帝也不能遜色，於是，陳後主在後宮挖掘出十幾個才色雙全的宮女，封為女學士，和江總他們對壘。要知道，中國古代講究男女授受不親，特別是皇帝的後宮，更是戒備森嚴。

但是，到陳後主這裡，妃嬪也好，女學士也好，男學士也好，都混雜在一起，猜拳行令，贈答唱和，往往通宵達旦，一點規矩都沒有。其中，有個名為孔範的大臣還和陳後主的寵妃孔貴嬪拜了乾兄妹，兩人終日往來無度、烏煙瘴氣。誰的詩寫得好，就馬上配上曲子，組織宮女排練演唱。其中，最著名的曲子就是陳後主親自作詞的〈玉樹後庭花〉：

> 麗宇芳林對高閣，新妝豔質本傾城；
> 映戶凝嬌乍不進，出帷含態笑相迎。
> 妖姬臉似花含露，玉樹流光照後庭。

詩是寫美人的，其實就是寫一件事，美人真美。美人到底有多美？她的臉像帶著露水的花朵一樣嬌豔，她的身材像臨風的玉樹一樣，婀娜多姿。典型的宮體詩，辭藻華麗，內容空虛。

從這首代表作，可以知道，江總他們寫的詩如何。宰相和大臣不想著怎麼治國，競相在後宮寫豔情詩，一般人當然看不慣，就管江總他們叫「狎客」。本來，如果這幫傢伙只知道幫閒就罷了，問題是，他們還不安分，不僅要幫閒，還要幫忙，想攬權，而且是文武大權都要攬。怎麼攬軍權呢？孔範對陳後主說：

外間諸將，起自行伍，統不過一匹夫敵，若望他有深見遠慮，怎能及此？

什麼意思呢？外面帶兵的那些武將，都是行伍出身，只有匹夫之勇，哪裡有什麼深謀遠慮，怎麼能事事聽他們的呢？

陳後主一聽，覺得挺有道理，壓制武將，歷來符合君主集權的大方向，立刻欣然接受，此後，只要陳朝將師稍有過失，陳後主就會下詔奪去他們手下兵馬，分給孔範等文士指揮。這樣固然不用擔心武將造反，問題是，整個朝廷的文武大權交到一幫只會吟風弄月的小白臉手裡，對國防安全而言十分危險！

第二是寵幸女色。陳後主的皇后姓沈，是個有才學又很端莊的女性。這樣的人當然和後主不投緣，所以，陳後主很快便冷落沈皇后。

那麼，他寵幸誰呢？多了。在歷史上留下名字的有龔貴妃、孔貴嬪等一干人，但是，最著名的是張貴妃。

此人名叫張麗華，本是兵家之女，父兄都以織席為業。張麗華雖然出身低微，卻天生風神秀朗、顧盼神飛，是陳後主後宮中第一號人物。張麗華為什麼這麼得寵呢？因為她有三大優點，無人能及。

第一、漂亮。張麗華可是中國歷史上著名的美人。著名的美人總是各有特點，趙飛燕美在瘦，楊貴妃美在肥，而張麗華美在長髮飄飄。能飄多遠呢？據史書記載，張麗華髮長七尺，比身高還要長，而且黑亮如漆、光可鑑人。這樣長而黑的頭髮，更襯托得張麗華膚如凝脂、貌若天仙，每天看張麗華臨窗梳妝，陳後主的眼珠都快掉下來了。

第二、不嫉妒。要知道，古代後宮競爭壓力大，一般妃嬪嫉妒心都極強。但是，張麗華與眾不同。她不僅不嫉妒，而且還經常把身邊的妃嬪、宮女推薦給陳後主，所以，在後宮人緣極好，甚至達到了「競言其善」的程度。這當然也成為陳後主眼裡的加分項目。

漂亮又善解人意已經很難得了，張麗華還有第三個優點，就是聰明。陳後主流連後宮，懶於上朝，百官奏事都由宦官代為轉達，陳後主就抱著張麗華，坐在軟椅上聽政。宦官文化程度不高，表達起來常常顛三倒四，這時，張麗華就幫他們理清思路，而且還能融會貫通，把事情的前因後果都向陳後主說得明明白白。有這樣的紅顏知己，陳後主真是夫復何求，朝廷裡大事小情都和張麗華一起決策，對張麗華言聽計從。張麗華也就藉此招權納賄、無所不為。

問題是，這樣一來，皇帝輕鬆，國家可就倒楣了。本來，國家大事應該由宰相和皇帝思考處置，現在，宰相是個狎客，皇帝是個浪蕩子，誰都不把朝政放在心上，整個國家就處於失控的狀態。

第三是奢侈享樂。陳後主是個文雅的人。文雅往前走一步，往往就和奢侈交相連了。

陳後主怎麼奢侈法呢？他上臺沒多久，就大肆興修樓堂館所。其中，最具代表性的就是臨春、結綺、望仙三座高閣。

這三座高閣是陳後主在後宮中為自己和愛妃修的私家花園，其中，陳後主住在臨春閣，張貴妃住在結綺閣，龔貴妃和孔貴嬪兩人住在望仙閣，三座樓用迴廊連在一起，往來方便。每座高閣都高達數十丈，閣下磊石為山，引水為池，門窗欄杆全是檀香木做成，裝飾著金玉珠翠，微風吹來，香飄數里。皇帝和愛妃往樓上一站，衣袂飄飄，宛如神仙一般。

問題是，過這樣的日子得要花錢。有了錢，才能做活神仙。怎麼才能斂財呢？這時，陳朝歷史上幾個著名的佞臣，施文慶、沈客卿等派上用場了。這些人統統出身寒門，受經典教育的程度不夠，缺乏政治理想，但是他們辦事能力很強，在朝廷中沒有什麼依靠，只能盡力投靠陳後主，迎合他的所思所想。

現在，皇帝需要錢花，這些能幹的寵臣一點都不為難，增加稅收項目，加大稅收額度。就這樣，各種各樣的苛捐雜稅層出不窮，老百姓苦不堪言。稅收問題是關係全民的大問題，這個方面一動，亂的就不光是朝廷，而是整個社會。

有這樣三大方面的問題，可以斷定，陳後主雖然在歷史上以文采風流著稱，但要論政治能力，確實是個昏君，根本不是隋文帝的對手。可能有人會問，既然如此，隋朝建立後為何不先進行統一戰爭？

事實上，隋朝建立之初，確實曾經把攻打陳朝做為優先考慮，而且調兵遣將，做了很多準備。問題是，當時隋朝的北邊還有突厥，從開皇二年（五八二）開始，突厥大舉入侵，隋文帝無力兩面作戰，也不想腹背受敵，才放棄先南後北的計畫，改為先解決突厥問題。

不過，雖然隋朝並沒有急著打陳朝，但是，這幾年來，隋文帝也沒閒著，一直為戰爭做準備。怎麼準備呢？有三個方向。

首先是麻痺敵人。隋文帝一上臺，便派出使臣主動向陳朝示好。而且，每次派出使臣，還特意囑咐他們，要有涵養，「勿以言辭相折」。也就是說，不要占口頭上的便宜。怎麼叫勿以言辭相折呢？隋文帝自己做出表率。使者通好，會帶上皇帝的信，隋文帝給陳叔寶寫信，署名是「楊堅頓首」。頓首就是磕頭的意思，是非常客氣的說法。

從領土來說，隋朝比陳朝大，從軍事力量來說，隋朝也比陳朝強。這麼強大的對手，居然如此客氣，如果是精明的皇帝，早就提高警惕了。另外，按照一般做人的道理，人敬我一尺，我敬人一丈，如果是厚道的皇帝，也會禮尚往來。可是，陳後主既不精明，也不厚道，他是昏君，馬上被麻痺了，還以為隋文帝真怕他，既沒有提高警惕，也沒有做到基本的禮貌，反倒妄自尊大起來，回信相當無禮。

怎麼無禮呢？他說：「想彼境內如宜，此宇宙清泰。」我統轄的宇宙非常清靜太平，你那小地盤也還不錯吧？這樣自不量力，不是自找麻煩嗎？隋文帝拿著這封信遍示群臣，讓大臣記住這個恥辱，但是，照樣客客氣氣的回信，派使節，這就叫卑辭厚禮。光卑辭厚禮還不算，隋文帝發布通令，再也不招降納叛。

本來，南北朝對立，互挖牆角的事司空見慣。但是，隋文帝說，現在隋陳睦鄰友好，所以，一律不再接受陳朝的文臣武將投誠隋朝。有了卑辭厚禮和拒絕投誠這兩種表態，隋文帝的和平誠意似乎相當明顯。陳後主本來就無心國事，現在更加放心了。不再做戰爭準備，安心花天酒地。這樣一來，隋文帝也就達到目的。

其次是消耗敵人。怎麼消耗敵人呢？宰相高熲出了個好主意。他說：

江北地寒，田收差晚，江南土熱，水田早熟。量彼收積之際，微徵士馬，聲言掩襲。彼必屯兵禦守，足得廢其農時。彼既聚兵，我便解甲，再三若此，賊以為常。後更集兵，彼必不信，猶豫之頃，我乃濟師，登陸而戰，兵氣益倍。又江南土薄，舍多竹茅，所有儲積，皆非地窖。密遣行人，因風縱火，待彼修立，復更燒之。不出數年，自可財力俱盡。

這條計策其實包含兩方面的內容。

第一、消耗敵人財力。具體來說，就是利用江南和江北莊稼成熟季節上的差異，掌握時間差。江北冷，莊稼晚熟；而江南天氣暖，莊稼早熟。江南的莊稼即將收割時，江北這邊還沒什麼活要幹。正好，在這時徵調士兵，做出一副要打仗的樣子。陳朝那邊肯定堅壁清野，準備迎戰。這樣一來，莊稼就沒法收割了，只能糟蹋在田裡，消耗財力。

另外，當時江北地區主要是土坯房，而江南則是竹樓、木樓。竹木結構的房子容易著火，所以，高熲提出，多派一些間諜到江南，趁人不備放火，一燒就是一片。而且要經常去，你修好了我再燒。這也是消耗財力，莊稼收不成，房子總著火，江南自然財政困難，沒錢了，仗也就不好打了。

第二、消磨敵人的精力。怎麼消磨呢？和消耗財力一起進行。剛才說，每到江南快要收割莊稼時，隋朝便假裝集結兵力，等到江南那邊也調動軍隊，隋朝這邊就解散，讓對方白忙一場。這樣反覆幾次，敵人就會覺得，北方是在虛張聲勢，玩狼來了的遊戲，當然就放鬆警惕，等以後真的狼來了，他們肯定措手不及。文帝一聽，妙計啊，趕緊依計而行，果然，使得陳朝的軍隊和百姓疲憊不堪。

最後調兵遣將。高熲擅謀略，開皇初年，隋文帝一上臺，就問高熲，誰可以經略江淮地區。高熲馬上為隋文帝推薦兩人。一是賀若弼，一是韓擒虎。

賀若弼出身武將世家，而且博覽群書，文武雙全。其父賀若敦是北周名將，臨死前對賀若弼說：「吾必欲平江南，然此心不果，汝當成吾志。」賀若弼將父親的話牢記心頭，念念不忘要平定江南。開皇元年（五八一），隋文帝任命賀若弼為吳州總管，鎮守廣陵，即現今揚州西北。得遂夙願，賀若弼自然相當激動，當即寫給好友，壽州總管源雄一首詩：

交河驃騎幕，合浦伏波營，勿使麒麟上，無我二人名。

表示要向漢朝的名將霍去病和馬援學習，建功立業。

再看韓擒虎，也是一員勇將。此人原名韓擒豹，後來十三歲時打死一隻老虎，才改名韓擒虎。無論是擒豹還是擒虎，反正聽其名即知是個威猛之人。事實上，民間傳說，擒虎、擒豹都算不了什麼，韓擒虎就是主管人間生死的閻羅王。不過，此人雖然威猛，但是，和賀若弼一樣，喜歡讀書。同樣是在開皇元年（五八一），隋文帝派他當廬州總管，即現在的安徽合肥。

隋文帝為什麼任用這兩人？很明顯，這兩人不僅有勇，而且有謀，不是一味蠻幹的將領。隋文帝已經決定先打突厥，再打陳朝，為此還卑辭厚禮，迷惑陳叔寶，在這種情況下，派兩名有智謀的將領坐鎮前方，既能扎實推進工作，又能領會皇帝的意圖，不會孟浪作戰，打亂國家的整體安排。這就是隋文帝和高熲的眼光。

就這樣，在對抗突厥的同時，隋朝已悄悄進行平陳戰爭的準備。開皇四年（五八四），隋朝大致解除了突厥的威脅，馬上，平陳被排上日程表了。

蓄謀出兵

可是，畢竟和陳朝喊和平友好已經喊了很多年，現在要開戰，總得有個理由。找什麼理由呢？

隋文帝利用了傀儡政權——後梁。後梁又是怎麼回事呢？南朝分成宋、齊、梁、陳四個朝代，梁朝滅亡時，有個皇孫逃到湖北江陵，投靠西魏，建立傀儡政權，史稱後梁。後來，西魏變成北周，北周變成隋朝，後梁的地位不變，始終是傀儡政權。國土面積不過四百里，人口也才十幾萬。有道是在人屋簷下，怎敢不低頭。後梁沒有實力，對隋朝向來非常恭順，隋文帝對後梁也很客氣，還讓二兒子晉王楊廣，即後來的隋煬帝娶了後梁的公主當王妃，就是後來的蕭皇后。

問題是，臥榻之側豈容他人酣睡，隋文帝決心統一天下，連陳朝都準備打了，怎麼能允許後梁再存在下去？就在開皇七年（五八七）八月，隋文帝忽然下令，徵後梁國主，也就是楊廣的大舅子蕭琮入朝。蕭琮哪敢怠慢，趕緊率領文武大臣出發。結果，這些人一到長安，直接被扣押，與此同時，隋文帝派崔弘度率部進駐江陵，穩定局勢。

崔弘度就是北周末年尉遲迥叛亂時，最終逼死尉遲迥的那位將軍，在隋朝也算威名赫赫。後梁百姓一聽說崔弘度來當接收大員，驚懼不已。因為崔弘度不僅是能打仗的將軍，還是個著名的酷吏，以殘酷著稱。

舉一個例子。崔弘度有次吃甲魚，旁邊有八、九個小吏伺候。吃著吃著，崔弘度一個一個問身邊的小吏，甲魚味道好不好？小吏都說，味道很好。

八、九個人問完，崔弘度勃然大怒，說：你們根本沒吃，怎麼知道好不好吃呢，可見欺詐成性！每個人重打八十大板！這樣嚴酷的名聲建立起來，民間就編了一則順口溜：「寧飲三升酢，不見崔弘度。」

後梁向來偏南朝風範，統治比較寬鬆，人民自由慣了，現在讓這樣殘暴嚴苛的人接收江陵，江陵百姓能不怕嗎？怎麼辦呢？既然當時陳隋對立，乾脆投降陳朝。於是，趕緊派人跟陳朝溝通。十萬人都要投降陳朝。那麼，陳後主該不該接納呢？如果他是聰明人，就不該接納。為什麼？因為兩國早有互不招降納叛的協議。陳朝如果違反協議，明擺著是挑起釁端。可是，陳後主並不聰明，他是個好大喜功之人，一看有這麼多人投奔自己，這叫窮鳥入懷，正好彰顯自己是有道明君，萬方來朝的風範，焉有不接納之理！馬上派人接應，把江陵的十萬百姓接到陳朝。

問題是，這樣一來，蓄謀已久的隋文帝找到了理由，隋陳兩國號稱友好鄰邦，所以，我從來不從你那邊招降納叛，如今，你怎麼敢隨便接收我這邊的叛臣！在這種情況下，隋文帝馬上表態。他說：「我為民父母，豈可限一衣帶水不拯之乎！」

但是，儘管陳叔寶如此昏庸，儘管隋朝此前已做了大量準備工作，儘管陳朝招降納叛，隋朝師出有名，儘管隋文帝已表態要弔民伐罪，但是，這句話放出去之後，隋文帝並沒有立刻開始對陳朝用兵。為什麼？

他也有顧慮。畢竟，南北分裂已經三百年，統一不是件容易的事。南朝經濟文化的發展程度都很高，水軍也有幾十萬之眾，綜合國力並不弱。而隋朝雖然地廣人多，軍隊也算百煉成鋼，但是，畢竟並不擅長水戰。

萬一打不好怎麼辦？當年，十六國時期，前秦的苻堅統一北方後，雄心勃勃地南征，集結八十萬軍隊，號稱只要把馬鞭子全扔在河裡，長江就會斷流，結果淝水之戰，被東晉打得慘敗，留下風聲鶴唳、草木皆兵的成語，強大的前秦政權也因此滅亡。這是多麼慘痛的教訓。現在討伐陳朝，萬一有個閃失，會不會也斷送隋朝已經取得的大好局面？

就在隋文帝心懷猶豫的情況下，眾大臣按捺不住了。紛紛獻計獻策，表決心。其中，有兩位大臣的意見非常重要有代表性。

第一個是皇甫續。此人即將到晉州當刺史，臨行前，他對隋文帝說：陛下伐陳定會成功。隋文帝當時正為這件事焦心，趕緊說：講講理由。皇甫續說：

大吞小，一也；以有道伐無道，二也；納叛臣蕭岩，於我有詞三也，陛下若命將出師，臣願展絲髮之效！

他講了三方面理由。第一、隋大陳小，這是比實力。第二、隋朝的皇帝有道，陳朝的皇帝無道，這是比政治能力和政治道德。第三、陳朝接納後梁的叛臣，師出有名，這是比戰爭的合法性。隋朝在這三方面都占優勢，豈有不成功之理！

第二個大臣是薛道衡。此人是個著名的文學家，本來並不以謀略見長。但是，對於平陳問題，薛道衡也是信心滿滿。他說：

凡論大事成敗，先須以至理斷之。《禹貢》所載九州，本是王者封域，南北分裂已久，戰爭不息，否終斯泰，以運數言之，其必克一世；有德者倡，無德者亡。自古興亡，皆由此道。我隋主上躬履恭儉，憂勢庶政，陳叔寶峻宇雕牆，酣酒荒色。其必克二也；為國立體在於用人，陳重用小人，命將非才，其必克三也；陳甲士不過十萬，西至巫峽，東至滄海，分之則勢懸而力弱，聚之則守此而失彼，其必克四也。

他提了四個理由。第一、統一是人心所向，大勢所趨。現在已經到了統一的時候了，這是天意。第二、隋文帝有道，陳後主無道。以有道伐無道，必定勝利，這是人心。第三、陳朝重用小人，將領不利，難以組織有效抵抗。第四、陳朝的防線過於漫長，兵力不夠，肯定顧此失彼。有這樣四個有利條件，隋朝肯定沒問題！

聽了大臣們的意見，隋文帝總算放下心中大石。因為從這些慷慨激昂的獻計獻策中，他看到民心。這兩位提出意見的大臣既非武將，也非重要的謀士，其實代表著普通官員的判斷和心聲。當年苻堅未能打敗東晉，很重要的原因就是內部不統一，因此，在作戰時離心離德。而現在，普通的大臣都對勝利充滿信心，說明舉朝上下在認識上是一致的。團結就是力量！

就這樣，開皇八年（五八八）三月，隋文帝下詔說：

陳叔寶據手掌之地，恣溪壑之欲，劫奪閭閻，資產俱竭，驅逼內外，勞役弗已；窮奢極侈，俾晝作夜；斬直言之客，滅無罪之家；欺天造惡，祭鬼求恩；盛粉黛而執干戈，曳羅綺而呼警蹕；

自古昏亂，罕或能比。君子潛逃，小人得志。天災地孽，物怪人妖。衣冠鉗口，道路以目。重以背德違言，搖盪疆埸；晝伏夜遊，鼠竊狗盜。天之所覆，無非朕臣，每關聽覽，有懷傷惻。可出師授律，應機誅殄；在斯一舉，永清吳越。

簡而言之，我已經決定要弔民伐罪！這道詔書一出，表示隋正式對陳宣戰。

那麼，這場精心準備的統一戰爭能否順利呢？

【第十六章】

統一天下

大隋王朝建立八年後，隋文帝把矛頭指向江南陳朝，準備一統天下。但陳朝國富兵強，且有長江天塹阻隔，並不擅長水戰的隋朝有何戰爭方略？隋文帝平陳的過程能否順利進行？

整軍待發

開皇八年（五八八）三月，隋文帝頒布詔書，宣布弔民伐罪，討伐陳朝。那麼，他到底要怎麼打這場仗呢？

謀臣崔仲方為隋文帝出了個好主意。他說：

> 今唯須武昌已下，蘄、和、滁、方、吳、海等州更帖精兵，密營渡計。益、信、襄、荊、基、郢等州速造舟楫，多張形勢，為水戰之具。蜀、漢二江，是其上流，水路衝要，必爭之所。賊雖於流頭、荊門、延州、公安、巴陵、隱磯、夏首、蘄口、盆城置船，然終聚漢口、峽口，以水戰大決。若賊必以上流有軍，令精兵赴援者，下流諸將即須擇便橫渡。如擁眾自衛，上江水軍鼓行以前。雖恃九江五湖之險，非德無以為固，徒有三吳、百越之兵，無恩不能自立。

意思是，隋陳間隔著長江天險，因此，所謂統一問題也就是如何突破長江的問題。在長江中上游地區，有兩處兵家必爭之地：一是三峽峽口，一是漢口。針對這兩處關鍵，崔仲方建議隋朝在長江中游的武昌地區增派精兵，同時在位於上游的四川地區建造舟船，大造聲勢。如果陳朝擔心上、中游地區的安全，派精銳部隊布防的話，隋軍便在下游乘機橫渡長江；如果陳朝固守下游核心地區，隋軍便從上游及中游順流而下。簡單來講，就是上中下游互相配合，上游牽制，下游突破。此一策略其實就是三百年前西晉滅吳的故技。

隋文帝對此方略非常讚賞，馬上據以布置軍隊。

隋文帝總共糾集五十一萬多人兵力，分成三兵團，第一兵團由隋文帝次子晉王楊廣擔任行軍元帥，下設四路大軍，負責長江下游作戰，重點突破陳朝的首都建康，也就是南京。

第二兵團由隋文帝參子秦王楊俊擔任行軍元帥，下設三路大軍，負責長江中游作戰，重點突破漢口。

第三兵團由清河公楊素擔任行軍元帥，下設兩路大軍，負責長江上游的作戰，重點突破三峽的峽口。

在三支大軍中，第二、第三兵團是策應部隊，共同任務是吸引敵人注意。很明顯，這次戰爭是要一統天下，為楊家打江山，所以，楊堅當然要凸顯自己兒子的地位。

說到這裡，可能有人要問，楊廣和楊俊是楊堅之子，那楊素是何許人？他何德何能，能和皇子有相同地位？

楊素可是隋朝歷史上非常著名的人物。此人出身弘農楊氏，長得高大威猛、長髯飄飄，極具英雄氣概。不過，楊素可不是只會打仗的草莽英雄，他精研詩書、擅長書法，還兼通占卜術，是難得的文武雙全的人。

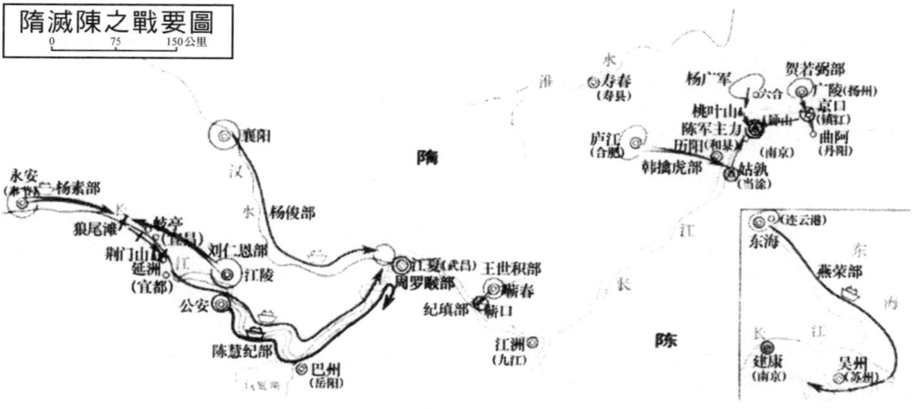

隋滅陳之戰要圖

北周時，楊素替周武帝起草詔書，下筆成章，周武帝讚賞不已，說：「善自勉之，勿憂不富貴。」小伙子，好好做，以後會有富貴等著你。這已經是很高的評價了。沒想到，楊素卻應聲答道：「臣但恐富貴來逼臣，臣無心圖富貴。」我倒不想要富貴，但我害怕富貴來逼我，追著來找我。此乃風流倜儻、落拓不拘。有這樣的才幹，加上這樣的性格，一看就是做大事的人。可惜，隋朝開皇四年（五八四），楊素狠狠地栽了個跟頭。怎麼回事呢？

楊素的夫人鄭氏是著名的悍婦，楊素一輩子連皇帝都不怕，但是就怕夫人。有一次，楊素被夫人欺負得實在忍不住了，忿忿然說了句：「我若做天子，卿定不堪為皇后！」我要是當皇帝，我也不讓妳當皇后。這樣反抗夫人的權威，鄭夫人當然饒不了他，馬上就向朝廷舉報，說楊素想當皇帝。這是謀反罪，按照法律，要殺頭的。當然，文帝知道他們是怎麼回事，頗為同情楊素，所以並未嚴加追究，只是把楊素免官了事。

開皇四年已大致結束對突厥的戰爭，朝廷的中心工作轉移到平定江南，楊素既然免官，整天在家琢磨平陳方略，幾次向隋文帝上書，獻平陳策。隋文帝知道，楊素是個難得的人才，待在家裡太可惜，於是，重新起用他擔任信州總管，駐紮在四川奉節，經營長江上游。

楊素到任後，馬上積極備戰，修造大船。船大到什麼程度呢？最大的叫五牙，高達一百多尺，船面上起五層樓，能夠容納八百士兵。船的前後左右設有六個拍桿，也就是投石的槓桿，相當於六門大砲，論作戰能力，簡直就是古代的航空母艦。而且，造船時故意大張旗鼓，牢牢捉住陳朝軍隊的注意。

這正符合隋文帝的戰略部署，所以，隋文帝對楊素相當看好，雖然不是自己的兒子，也讓他擔任一個兵團的司令。

旗開得勝

事實證明，隋文帝一點也沒看走眼，平陳戰爭第一戰正是由楊素打響的。

開皇八年（五八八）十二月，秦王楊俊率領十萬大軍進駐漢口，擺出一副要從武昌渡江的陣勢，陳朝趕緊調動駐紮在三峽口的數萬軍隊援助武昌。這樣一來，上游三峽兵力空虛。馬上，楊素率領的第三兵團下水了，浩浩蕩蕩，順流而下。可是，到了三峽的虎頭灘，也就是現今湖北宜昌西北，船過不去了。怎麼回事呢？陳朝一名大將率領幾千士兵扼守在前方的狼尾灘上。狼尾灘在長江水路的中間，水流湍急，隋朝的大船發揮不了作用。怎麼辦呢？楊素是個聰明人，他沒有硬打，而是進行水陸並進的夜間突襲。

陳朝士兵固然擅長水戰，但是，到夜裡也得到岸上休息。只要他們在陸地上，隋朝的軍隊就可以發揮優勢。就在當天晚上，趁著月黑風高，楊素組織三支軍隊出發。一支是水軍，由他親自率領，登陸狼尾灘，實施突襲；另外兩支則是陸軍，從南北兩岸進攻陳軍在長江兩岸的軍營。

陳軍將士睡得正香，一下子被打了個措手不及，稀里糊塗成了楊素的俘虜。就這樣，狼尾灘戰役首戰告捷。

狼尾灘大捷對隋朝的意義十分重大。因為歷來講南船北馬，北方士兵害怕水戰，對渡江作戰信心不足。狼尾灘戰役一打贏，等於為隋朝士兵打了一劑強心針。誰說我們不能打水戰呢！士氣一下高漲起來。

突破了狼尾灘，楊素的軍隊也出了三峽。長江的水面開闊起來，楊素苦心經營的大船也得以施展開來。一時間，長江江面「舟艫被江，旌甲曜日」。楊素坐在五牙大船船頭，衣袂飄飄，威風凜凜。陳朝人一看如此氣派，紛紛說：這哪是人，分明是江神啊！所到之處，望風投降。

就這樣，楊素順利地和中游的楊俊會合，牢牢牽制了陳朝布置在長江中上游的十幾萬大軍，完成既定的戰略部署。

上游的牽制工作已經完成，現在該看下游了。前文說過，下游是隋軍主力，負責直搗首都建康，由晉王楊廣親自率領，是整個戰爭的重中之重。當時，楊廣年方二十，難以獨當一面，隋文帝特意安排老練的宰相高熲為元帥長史，全面負責前敵指揮。

那麼，他們這邊的情況如何？一句話，比上游還順。為什麼？因為陳後主親自照顧他們，為他們送上一個千載難逢的大禮。怎麼回事呢？

前文說過，開皇七年（五八七），後梁宗室帶領十萬百姓投奔陳朝，陳後主對這些人一直不放心，總想震懾一下他們。按照慣例，新春時會舉行大朝會，陳後主想，在新春元會時大舉閱兵，向這幫降將展示武力，讓他們看看自己兵有多多、將有多廣。

問題是，光靠首都衛戍部隊營造不出千軍萬馬的場面。陳後主居然下令，把江州（江西九江）以東的水軍全部調往首都！這意謂著整個下游江面上連一艘巡邏艇也無，不是自尋死路嗎？陳朝也有明白人，很多大臣紛紛提意見，說現在隋朝軍隊大軍壓境，恐怕來者不善，請陛下不要孟浪，加強重點地區的防守。

可是，陳後主是個昏君，這些意見一提出來，他馬上否決了。他說：

王氣在此，自有天佑。齊兵三來，周師兩至，無不摧敗。隋軍此行，又能何為！

既然天命在此，何必加強防守？那豈不是對隋朝示弱？多沒面子。陳後主這番胡話已經夠讓人瞠目結舌了，偏還有人幫腔。誰呢？孔範，就是認陳後主愛妃孔貴妃做乾妹妹的那位狎客。孔範說：

長江天塹，古以為限隔南北，今日虜軍豈能飛渡耶！邊將欲做功勞，妄言事急。臣每患官卑，虜若渡江，臣定做太尉公矣！

意思是，老天安排這道長江，就是為了隔絕南北，所以我們根本不用擔心北方人打過來。所謂江防緊張，不過是沿江守衛的將領想要立功，拿來嚇唬陛下的小伎倆罷了！而且，我正嫌自己官小，如果他們真的打過來，就讓我替陛下把他們打回去，那時，陛下可別忘了封我做太尉。總之一句話，我們不怕！

就這樣，眼看隋朝大軍壓境，陳朝的江防居然前所未有的鬆弛，這不是千載難逢的大禮嗎？有道是，天與不取，反受其咎。楊廣和高熲可不是陳後主那樣的糊塗人，他們馬上決定，利用春節陳朝軍隊防守空虛這個有利時機，和陳叔寶決一死戰！

開皇九年（五八九）正月初一，天降大霧。這霧又酸又辣，嗆鼻子。陳後主喝得爛醉，一直睡到下午才醒來。就在陳後主作夢時，楊廣的軍隊已經在大霧掩護下展開渡江戰役。

楊廣兵團下分四路大軍，按照楊廣和高熲的部署，中路軍由楊廣親自坐鎮，直撲長江北岸的六合鎮桃葉渡，和建康隔江對峙。還有一路走海路，從東海南下，直撲吳郡，即現今浙江，從東南方向包抄建康。另外兩路則做為先頭部隊，率先渡江。這兩路的統帥是隋文帝安排好的兩員猛將——賀若弼和韓擒虎。其中，賀若弼在東，從揚州渡江；而韓擒虎在西，從江西六合渡江。

長江自古號稱天塹，他們怎麼過去？

先看賀若弼。他直接來到江邊，坐上船大搖大擺過來了。可能有人會問，江對岸的陳朝守軍怎麼不管？因為他們被賀若弼騙了。賀若弼長期駐防揚州，以前每次軍隊換防時，賀若弼都把隊伍拉到江邊，大張旗鼓。開始陳朝軍隊很緊張，嚴陣以待。沒想到，熱鬧一陣子就消停了，再一打聽，原來只是換防而已。久而久之，陳朝軍隊再看見賀若弼在江邊集結部隊，便直接認定是換防，根本不理會。這正是賀若弼想達到的目的。這一次，他又大張旗鼓地來到江邊，陳朝士兵還是不當一回事，該喝酒喝酒，該打牌打牌，於是，賀若弼開出事先準備好的戰船，率領一萬兩千大軍，在大霧掩護下直接過來了。

再看韓擒虎，他更順了。他在大年三十夜裡渡江，江對岸的陳朝守軍正在過除夕，一個個喝得爛醉，韓擒虎率領五百人，神不知鬼不覺地摸了過來。

兩支軍隊一兵一卒都沒損失。就這樣，開皇九年大年初一，賀若弼和韓擒虎這兩把尖刀已經一東一西，插在建康城兩邊。現在，他們的任務就是逐步向建康城推進，然後等待主力部隊過江，一起合圍建康城。

可是，就在這種情況下，更意想不到的情況出現了。

圍攻建康

賀若弼和韓擒虎的先頭部隊推進得出奇順利，根本沒遇到什麼抵抗。怎麼會出現這種情況呢？還是因為陳後主君臣決策失誤所致。

陳後主君臣都是文弱書生，最不信任的就是武將，唯恐武將乘機擴大權力。所以，雖然戰火已經燒到了自家門內，把陳後主嚇得直哭，但是一旦武將請戰，他還是畏首畏尾，就是不肯真給武將權力。

這幫了賀若弼他們忙，兩位將軍樂不可支，繼續擴大戰果，一路勢如破竹，向建康推進。隋朝的戰鬥檄文說要弔民伐罪，兩位將軍在軍紀方面十分嚴明。對士兵嚴格要求，三大紀律八項注意，哪怕喝老百姓一壺酒也要處死；抓到俘虜，則是寬大為懷，既不殺頭，也不收編，還奉送路費，讓他們帶上隋朝的宣傳品回家。江南軍民一看，這是仁義之師，紛紛主動投降。這樣一來，部隊推進得更加快速，到了正月十七，賀若弼和韓擒虎已經從東西兩方包圍建康城了。

眼看兵臨城下，陳後主終於意識到應該聽聽將軍們的意見。當時，陳後主的身邊最重要的將軍有兩位：一是蕭摩訶，一是任忠。兩人都是久經沙場的老將，手中的軍隊加起來不下十萬人。兩人中，蕭摩訶是積極主戰派。那麼，任忠怎麼想呢？任忠獻計說：

兵法：客貴速戰，主貴持重。今國家足食足兵，宜固守臺城，緣淮立柵，北軍雖來，勿與交戰；分兵斷江路，無令彼信得通。給臣精兵一萬，金翅三百艘，下江徑掩六合，彼大軍必謂其渡江將士已被俘獲，自然挫氣。淮南土人與臣舊相知悉，今聞臣往，必皆景從。臣復揚聲欲往徐州，斷彼歸路，則諸軍不擊自去。待春水既漲，上江周羅　等眾軍必沿流赴援，此良策也。

任忠是說，第一、我們主場作戰，應該老成持重、堅壁清野，不要輕易和這兩支軍隊交戰。第二、給我一萬精兵，我直接渡江打楊廣的主力，他們看到我們的軍隊，肯定以為自己的先遣部隊已經被我們吃掉了，士氣就會受影響。第三、我到淮南製造謠言，聲稱要進攻徐州，徐州是南北往來必經之路，他們怕我們截斷歸路，很可能慌不擇路地往回跑。

第四、在解決燃眉之急後，我們再靜待長江中游的軍隊來救援。

任忠這個方略非常好，既老成持重，又不乏開拓進取，可說是個積極的防守策略。

問題是，兩位將軍意見不一致，陳後主到底聽誰的？他也不知道該聽誰的。想了一夜，第二天終於表態，他說：「兵久不決，令人腹煩，可呼蕭郎一出擊之。」仗打了這麼久還沒打完，我都心煩了，要不，讓蕭郎跟他們打一場吧！等於認可了蕭摩訶的意見。

任忠一聽，趕緊叩頭苦諫，說，要是早幾天他們剛過江時打也就罷了，現在他們兵臨城下，不是打的時候啊！正在這時，旁邊孔範說話了：怎麼叫不是時候啊？只要打，保證贏，而且，一直打到北方去！這不是癡人說夢嗎？可是，陳後主就愛聽這種恭維話，當即下令，讓蕭摩訶領軍出戰！

就這樣，正月二十日，集結在國都的十萬陳軍傾巢出動，由蕭摩訶總領，要和東邊的賀若弼決戰。賀若弼當時有多少人呢？八千人。明顯寡不敵眾。所以，遠在六合的總指揮楊廣發來指令，讓賀若弼堅守，等待主力渡江，然後一起進攻。

可是，賀若弼登上鍾山一看，馬上改變主意。因為陳朝的十萬軍隊居然擺開一字長蛇陣，南北長達二十里，首尾不能兼顧，找個薄弱環節突破輕而易舉。

有道是將在外，君令有所不受，賀若弼當即決定，不等主力部隊，直接打！兩支軍隊便殺將起來。

陳朝雖然皇帝昏聵，但是軍隊還是有一定戰鬥力。特別是前鋒魯廣達部，打得相當頑強。沒一會工夫就殺死兩、三百隋軍。

賀若弼手下一共才八千人，犧牲不起呀！怎麼辦呢？只好放火，藉助煙火掩護往後撤。這時，如果陳朝軍隊窮追不捨，賀若弼還真是形勢危急。可是，在此危急時刻，又有一件意想不到的事情發生了。

什麼事情呢？陳朝的軍隊一看賀若弼往後撤，也不追，紛紛停下來爭搶死去隋軍的人頭。他們為什麼這麼做？原來陳軍出發前，陳後主發話，誰要是割下敵軍首級，必有重賞！所以，陳軍忙著跑回去領賞！

這樣，賀若弼終於緩過一口氣來，重振旗鼓，回頭反擊。這次，他不跟魯廣達的軍隊交戰，直奔孔範的隊伍殺去。孔範牛皮吹得比誰都厲害，一看見隋軍過來，他先怪叫一聲，縱馬就跑。他這麼一跑，整個長蛇陣就亂了套。各部士兵都四下逃命，打死的、踩死的就有五千多人，連總指揮蕭摩訶也被活捉。

可能有人會奇怪，蕭摩訶也是陳朝數一數二的人物，他是怎麼指揮的呀？確實，蕭摩訶根本沒發揮主帥的作用，不過，倒不完全是因為他無能，而是他無意指揮。

因為在開戰前，他忽然接到家人通報，他前腳走，陳後主後腳就派人把他夫人接到宮裡！蕭摩訶的夫人是個著名的美人，陳後主又是見一個愛一個的風流天子，夫人到了那裡，恐怕回不來了！這大大傷了蕭摩訶的心。本來，打仗無非是保家衛國，現在，陳後主把他的家先毀了，他還打什麼仗？老將軍乾脆什麼也不管了，束手就擒。

就這樣，陳朝十萬大軍，居然敗給了賀若弼八千人馬。堪稱世界戰爭史上的奇觀。

陳朝有兩員大將，蕭摩訶被俘，那任忠呢？任忠逃回建康城了。

一看見陳後主，任忠就說：陛下好自為之，我已經無能為力了。到這時候，陳後主才真急了，趕緊拿出兩大箱金子交給任忠，讓他出去招募勇士。任忠看了看金子，對陳後主說，陛下收拾收拾東西，準備上船逃吧！我一定拚死護衛您。

陳後主一聽，感激得眼淚都流下來了，趕緊讓任忠出去安排。自己和妃嬪穿好旅行裝，在宮裡坐等。可是，他們左等不來、右等也不來。任忠到底幹什麼去了？投降去了。

我們說隋朝有兩支先頭部隊，一支由賀若弼統率，一支由韓擒虎統率。任忠在賀若弼這邊吃了敗仗，乾脆找韓擒虎投降了。而且，任忠還主動當韓擒虎嚮導，領著他殺回皇宮。到了朱雀門，還有一些士兵想要抵抗，任忠發話了：「老夫尚降，諸軍何事！」我都投降了，你們還抵抗什麼？眾人一聽，一哄而散。內城裡的文武百官也紛紛逃走。

這時候，陳後主真是孤家寡人了，平時無時無刻不在身邊奉承的狎客早就不見蹤影，只有尚書僕射袁憲一個人陪在身邊。陳叔寶看看袁憲，長嘆道：

我平日待卿甚薄，今日深感追愧。非唯朕無德，也是江東衣冠道盡！

意思是，我平時待你不好，沒想到最後你護衛我。其實咱們亡國是其來有自，不光我無德，你看，咱們這些衣冠士人，一個個不也了無道德嗎？有道德應該陪著我啊！把亡國的責任推到所謂的「江東衣冠」身上，真是死到臨頭都不認錯。

這時，喊殺聲愈來愈近了。陳後主一聽，也顧不得嘆息，趕緊往外跑。袁憲勸他說：大軍已經來了，您還能跑到哪裡去呢？不如整齊衣冠，端坐正殿，還保持一點尊嚴。

陳後主哪有這個膽量，他說：你開什麼玩笑啊？刀劍不長眼睛，我可不敢跟大兵較勁。說完，陳後主拉上幾個妃嬪，撒腿就跑。跑到哪兒呢？跑到後宮景陽殿。那兒有一口枯井，陳後主要往井裡跳。

這時，老宰相袁憲也追過來，和另一個官員一起遮住井口，不讓他跳。別看陳後主平時是個文弱書生，關鍵時刻力氣可不小，南拳北腿一起上，到底把兩個老大臣推開，義無反顧地跳了下去。

這邊陳後主跳井，那邊隋軍也進來了。怎麼到處找不到陳後主呢？這時，有宮女悄悄指了指那口井。井裡黑，隋軍看不清裡頭的情況，便對著井口喊話。喊了好幾句，裡面都不答應。士兵說，你再不說話，我可扔石頭了。這時，陳後主終於說話了：別扔，我在裡面。隋軍一聽，趕緊扔下一根繩子，要把他拽上來。幾個精壯小伙子往上拽，一拽，不動；再一拽，還不動。小伙子們發牢騷，這皇帝怎麼這麼沉啊？好不容易加大力氣拉了上來，一出井口，大家都笑了。怪不得這麼沉呢！原來不是一個人。繩子的那一頭，陳後主、張貴妃、孔貴嬪三個人抱成一團出來，真是多情至死。

就這樣，因為隋朝的精心準備，加上陳後主的昏聵無能，隋朝平陳戰爭異乎尋常的順利完成，主力部隊甚至尚未出動，兩名偏師將軍便立了大功。江南三十個州、四百多個縣、兩百多萬人口都進了隋朝的版圖，南北方在分裂三百年後終於再次統一，這也是中華民族繼秦漢之後第二次真正意義上的統一。

南北統一

我們分析一下，這次統一有什麼意義。

首先，是把南北朝時期分別發展的南北國土、南北民族和南北文化整合為一，讓中華民族有更廣闊、也更深厚的發展空間。唐朝人在談到南北朝經學時曾說：「南學簡約，得其精華；北學深蕪，窮其枝葉。」其實這句話不僅可以概括學術，也可以概括整個社會發展。在南北朝分裂期間，南朝就像樹的主幹，保持著中國文化的根本；而北朝就像大樹的枝葉，把中華文化盡力向四周張揚。現在，南北統一，樹幹和樹枝、樹葉終於合而為一，這才是完整的中華文明之樹。隋唐兩朝的巨大繁榮就建立在這棵大樹之上！

第二，這次統一進一步提升了隋朝的國際地位。前面說過，經過隋朝和突厥間的戰爭，老東亞霸主突厥倒下了。現在，隨著隋朝統一戰爭結束，新的東亞霸主站了起來。這其實意謂著以隋朝為主體的新東亞，乃至世界秩序的建立。

那麼，一個以嶄新的姿態崛起的大隋王朝，還有哪些卓越的表現？

【第十七章】

再平江南

開皇九年（五八九），隋文帝異常順利地平定了陳朝。但是，誰也沒想到，兩年後，陳朝故地再次發生叛亂，大隋王朝重又捲入戰火之中。江南為何發生叛亂？隋文帝從這場叛亂中吸取何種教訓？

江南叛亂

開皇九年（五八九）初，隋朝僅僅用了不到兩個月時間便結束陳朝的統治，統一全國，整個戰爭進行得順風順水，讓隋文帝君臣志得意滿。

但是，誰也沒有料到，就在平陳後不到兩年，即開皇十年（五九〇）年底，一場席捲整個陳朝舊境的叛亂全面爆發，重新讓隋朝陷入戰亂之中，這是怎麼回事呢？

首先是因為隋朝對江南人不好，失人心。可能有人會說，不是吧，隋朝對陳後主挺好的呀！根據史書記載，隋文帝把陳後主俘虜到長安後，每次宴會都請他，讓他享受三品待遇。奏樂時，隋文帝怕他聽到家鄉的音樂傷心，從不當著他的面演奏江南音樂。聽說他整天喝酒，先是想勸他少喝，後來又怕他不喝酒更想不開，隋文帝就讓有關部門開放供應。這樣體貼入微，讓陳後主心情非常輕鬆。

南方是魚米之鄉，陳後主到長安後入鄉隨俗，不吃魚，改吃肉。吃什麼肉呢？他特別愛吃驢肉，估計天上龍肉、地下驢肉的說法就是從那時候開始的。生活幸福，陳後主還主動向隋文帝要官做，日子過得有滋有味。這全拜隋文帝所賜。

確實，隋文帝對陳後主是不錯，但是，對其他江南人就不一樣了。

舉個例子。大家都知道破鏡重圓的故事。陳後主有個妹妹，封為樂昌公主，嫁給太子舍人徐德言為妻。夫妻倆郎才女貌，非常恩愛。徐德言是個有政治眼光的人，他看到陳後主昏聵，國事衰微，預感到陳朝可能被隋朝滅掉，就對樂昌公主說：一旦國破家亡，憑著妳的才氣容貌，一定會被擄入豪門。咱們夫妻恩愛一場，倘若情緣未斷，還望有相見之日，到時應有信物為憑。什麼樣的信物好呢？

兩人一商量，就把一面銅鏡破成兩半，夫妻倆各拿一半，約定以後如果夫妻分離，每年正月十五便去市場賣半面鏡子，用這種方式發信號給對方。

後來，隋朝滅陳後，樂昌公主果然做為戰利品，被賞給大將軍楊素當小妾，跟楊素到了長安。而徐德言則亡命江湖。

楊素很寵愛樂昌公主，但是公主心裡還是想著徐德言，每年正月十五都讓老僕人到市場上賣鏡子，而且故意要價很高，當然從來沒人買。

過了好幾年，徐德言終於漂泊到了長安。正月十五這天，他也懷揣半面鏡子去市場。到那兒就看一個老頭高價在賣半面鏡子，徐德言把自己的鏡子往上一對，嚴絲合縫。愛妻終於找到了，徐德言當然非常高興，趕緊向老頭打聽妻子的下落。老頭講，樂昌公主現在楊素府上。楊素可不是一般人，徐德言一下子心涼了半截。怎麼辦呢？思來想去，他不敢貿然前往，就在鏡子上寫了一首詩：

> 鏡與人俱去，鏡歸人未歸。
> 無復嫦娥影，空留明月輝！

意思是，當年，鏡子和人一塊兒離開我，現在鏡子回來了，可是人回不來。我再也不能在鏡子裡看到我妻子像嫦娥一樣的身姿，鏡子裡只留下一片明月的光輝。

他讓老僕人把題了詩的鏡子帶回去給公主。公主一看丈夫的筆墨，淚流滿面，一連幾天都鬱鬱寡歡。楊素問怎麼回事，樂昌公主據實相告。楊素一聽，居然還有這樣的奇事！一時心動，便派人找到徐德言，請他吃飯。夫妻兩人終於重逢，淚眼凝視，原來風流倜儻的徐德言已是兩鬢斑白，而樂昌公主也已成為他人的小妾。夫妻相對，真是恍若隔世。

這時，楊素讓樂昌公主賦詩一首，公主應聲說道：

> 今日何遷次，新官對舊官。
> 笑啼俱不敢，方驗做人難。

今天到底是什麼日子啊？我的前夫和現任丈夫居然都到了眼前。面對這兩個人，我是哭也不敢、笑也不敢，這才體會到做人真難啊！一首詩道盡人生辛酸。

楊素是個風流人物，深受感動，便成人之美，把樂昌公主還給徐德言，還送他們一筆錢，讓他們回江南。

這就是成語「破鏡重圓」的來歷。這個故事結局很美，問題是，有多少人能有樂昌公主這樣的好運氣？可以想像，在這麼一個特例之後，是千千萬萬普通人的悲慘命運。

當時，上至王孫公主，下至貧民百姓，肯定有無數江南女子被擄入北方，也肯定有無數江南士人失去原來的社會地位。到處妻離子散、家破人亡。按照《隋書》記載，「江南士人，悉播遷入京師。」當然給社會造成極大的震盪。

其次，隋朝對江南的社會改造太急了。我們知道，南朝是典型士族社會，皇權比較弱，政府對社會的控制也較寬鬆，世家大族、地方領袖乃至少數民族首領，都為所欲為。

舉個最典型的例子。陳朝占據長江以南那麼大地盤，經濟發展那麼好，居然只有兩百萬人口，這不合理。江南人為什麼這麼少？其實不是江南真的人少，而是大部分人都成了豪強大族的依附人口，國家根本無法統計。

但是，隋朝不一樣，隋朝皇權極強，怎能容忍江南士族為所欲為，和國家爭奪社會資源呢？所以，平陳後馬上按照隋朝方式改造江南社會。怎麼改造呢？

第一、實行州縣兩級制，撤銷原來的郡。

第二、州縣長官都換成北方人擔任，原來的官員或押往北方，或退職在家，大多不再留用。

第三、在鄉村設立鄉正、里長，檢查戶口。

這些措施從大方向來講是對的，有利於加強中央集權，也符合社會發展的方向。但是，做得太急了，不僅觸犯官員和世家大族的切身利益，也讓老百姓非常不習慣，當然會引起反抗。

第四、隋朝對江南的文化政策太高壓了。怎麼高壓呢？兩件事足以說明。

第一件，限制佛教。隋文帝是個佛教徒，在北方也一直弘揚佛教，但是，在江南就不一樣了。江南佛教勢力大，隋文帝害怕有人利用宗教蠱惑民心，平陳後，他宣布每個州只能設置兩所佛寺，其餘的都要廢棄。我們學杜牧的詩都知道「南朝四百八十寺，多少樓臺煙雨中」，現在每州只剩下兩座寺，加起來還不到原來的零頭，老百姓哪能接受？

隋文帝不讓老百姓信佛，他讓老百姓信什麼呢？信五教。什麼是五教啊？就是父義、母慈、兄友、弟恭、子孝五項內容。平陳戰爭剛結束，隋朝文化專員就下江南，對江南人民宣講五教。而且，每一項都做了長篇大論的註釋，還要求江南人人背誦。

平心而論，這幾條倫理原則本身並沒有什麼錯，隋文帝是希望人民能夠經由學習，移孝作忠，都成為國家的順民。關鍵是作法太誇張了。

自南北分裂以來，江南一直以文化正統自居，文化水準比北方高得多，現在你北方人居然到江南推行文化，簡直是班門弄斧！而且，父義、母慈、兄友、弟恭、子孝這樣簡單的內容居然要人人背誦，簡直就像每天讓數學教授背九九乘法表一樣，這樣洗腦，豈不是侮辱人。不僅世家大族、知識分子反感，普通江南百姓也無法接受。

總之，可能正是因為平陳戰爭過於順利，隋朝的統治者對江南問題的複雜性認識不足，自我感覺過於良好，結果，造成統治政策的簡單粗暴，因此激起江南人民普遍不滿。

開皇九年（五八九）時，隋軍進入江南地區，老百姓還望風迎降，轉過年來，到開皇十年年底，民間的風向就轉了。老百姓紛紛謠傳，隋朝不僅要把官員、文人遷到北方去，還要把普通老百姓也統統遷到北方去。

中國人安土重遷，故土難離。這個謠言一傳出來，馬上，江南就開始造反了。大的隊伍有幾萬人，小的隊伍有幾千人，一路攻城掠地，見到隋朝派來的官員就殺，殺了還不解恨，還要抽他們的腸子、吃他們的肉，一邊殺，一邊罵：「更能使儂頌五教耶！」我吃了你，我看你我能讓我背五教嗎？

這場起義的規模到底有多大？江南戶籍人口一共才兩百萬人，其中三十多萬人都加入造反行列。差不多意謂著全民皆兵、全境皆反。

艱苦平叛

怎麼辦呢？只好趕緊平叛。隋文帝第一時間便派出大將楊素。

為什麼派楊素？原因有二。

第一、楊素參加過平陳戰爭，對江南比較熟悉，比較有經驗。

第二、楊素治軍嚴格，作風冷酷，戰無不勝。

為何說治軍嚴格、作風冷酷？根據史書記載：楊素每次作戰前都故意找碴，手下士兵犯點小過錯，他就軍法處置。每次殺人，少則十幾人，多則上百人，流血滿地，而楊素卻言笑自若。這就是立威，告訴士兵，誰要是不聽命令就是自討苦吃。

這還不算，每次兩軍對陣，楊素都先派一、兩百人前去迎敵。若取勝就罷了，如果打了敗仗回來，無論回來多少，全部斬首。然後派兩、三百人再去，不勝則照殺不誤。這樣一來，部下知道，不能取勝，回來也是死，所以拚命廝殺，這豈不戰無不勝？

可能有人會說，楊素這麼殘酷，手下難道不造反嗎？絕對不造反。因為楊素賞罰分明。在他手下當兵，只要有戰功，他一定讓你得到朝廷的封賞。絕對不會埋沒任何人的成績。當他手下，進步快，所以將士都願意跟著他。

既然楊素如此英猛，隋文帝當然第一個就想到他，希望他能像平陳戰爭那樣，打出威風，儘快結束戰鬥。

我們分析一下，是開皇九年的平陳戰爭難，還是這次平叛戰爭難？雖然平陳戰爭規模大，但是，若論戰爭的複雜程度，是這次平叛難。因為平陳戰爭是政府軍和政府軍之間較量，只要打敗敵人主力、攻破敵方首都便大功告成。但是這次平叛不一樣，撲滅這支隊伍，還有那支隊伍，占領這座城池，還有那個山洞。這是陷入人民戰爭的汪洋大海之中，能不難嗎？

果然，楊素到了江南後，馬上意識到困難。而且，愈往江南的腹地打，就愈困難。為什麼？每座山、每個洞都可能有武裝分子。純粹打游擊，各個擊破。太艱苦了。

舉個例子。我們經常聽說或在電影裡看到瓶中信的故事。現在的瓶中信一般記載男女主角的愛情宣言。隋朝有人用過漂流瓶，他就是著名的一級戰鬥英雄——敦煌戍卒史萬歲。

當時，史萬歲跟著楊素一起平叛。楊素主攻一個名為高智慧的大叛亂分子，讓史萬歲帶兩千士兵剿滅小股部隊。史萬歲就從浙江東陽沿小道往婺州，即自現今浙江金華出發，然後再從婺州向東打，一路翻山越嶺，轉戰一千多里，中間大大小小戰鬥打了七百多次。

古代通信落後，他們又一直在山裡轉，有一百多天音信全無，所有人都以為他們全軍覆沒。結果有一天，有人在下游打水，忽然看到從上游漂來一個竹筒，撿起來一看，裡面有封信，信裡寫著史萬歲這一百多天艱苦轉戰的經歷。打水人把這封信交給楊素，楊素一看，真是催人淚下，馬上上報隋文帝。文帝一看，也覺得大不易，趕緊給史萬歲家賞錢十萬。這樣打仗，可謂艱苦卓絕！

打了一陣子後，隋文帝開始反思，這樣單純的軍事路線可行嗎？反思的結果是隋文帝改變戰略，他覺得，江南的問題並非單純的軍事問題，還包括複雜的社會問題。

雙管齊下

既然不是單純的軍事問題，隋文帝便進行兩面策略。他又派了一個人。誰呢？晉王楊廣。不過，他派晉王楊廣去，主要不是為了打仗，而是為了懷柔。

為什麼選楊廣？也有兩個理由。

第一個理由，和楊素一樣，他參加過平陳戰爭，熟悉江南情況。

第二個理由，也是更重要的原因，楊廣對江南有感情。我們講過，楊廣的王妃蕭氏是後梁公主，這位王妃來歷不小。我們都知道梁朝有個著名的昭明太子，修了一部《昭明文選》，蕭妃是他的玄孫女，文化素養極高。楊廣受她的影響，非常好學，而且對江南文化極其推崇。推崇到什麼程度？他不僅學江南的詩風、文風，甚至學了一口吳儂軟語。這樣的江南通，是執行懷柔政策的最好人選。

那麼，楊廣到江南，到底做了些什麼呢？楊廣做了兩件大事。

第一件大事，拉攏儒家知識分子。舉個例子，陳朝有個博士名為潘徽，精通「三禮」。當年隋朝派使者前往陳朝，每次都派有學問的人，有次派了一名禮學專家。陳朝便派潘徽接待，結果兩位禮學專家一交談，潘徽引經據典、滔滔不絕，把隋朝派過去的禮學專家說得理屈詞窮、心服口服。楊廣把潘徽羅致在自己的幕府，讓他修書，領銜修《江都集禮》，當主編。既然當主編，底下就有一群執筆人，這些執筆人當然都是江南著名的文人。

就這樣，通過潘徽，通過修書，楊廣籠絡了一批江南儒生。儒學是中國古代社會的基本根基，把儒生籠絡住，對整個社會當然會有影響。

第二件大事，拉攏佛教高僧大德。我們說過，江南佛教發達。當年梁武帝四次捨身同泰寺當寺奴，後來陳後主也這麼做。皇帝尚且如此，可見人們的信仰程度。既然佛教影響力大，那就好好利用。

楊廣找上著名的智顗大師。此人俗家姓陳，是士族後裔，也是江南佛教界的頭號人物。當年，陳後主非常敬重他，曾經把他接到宮裡去，行三拜之禮，請他講經說法。既然是領袖人物，楊廣當然要傾心結交。他一到揚州，便先派人去請智顗大師，自稱弟子楊廣，請他到江都弘法。智顗大師是個傲岸的人物，征服者發出邀請，他哪能輕易接受，婉言謝絕了。

可是，他謝絕不要緊，楊廣有耐心，拿出劉備三顧茅廬的架勢，接著請，一次比一次恭敬。請了三次，智顗大師終於卻不過情面，駕臨江都。這給了楊廣表現的機會。

楊廣在揚州總管府內設千僧會，找來一千名高僧大德迎接智顗，場面相當隆重。而且，在歡迎會上正式拜智顗為師，受菩薩戒。既然拜師，老師便為楊廣起了個法號。智顗給楊廣起的法號叫「總持菩薩」。總持是梵文音譯，就是「持善不失，持惡不使起」，即揚善抑惡之意。從法號可以看出來，智顗大師對楊廣寄予厚望。

師父給徒弟起法號，徒弟也得為師父上尊號。楊廣為智顗上的尊號是「智者大師」。從此，師徒二人親密交往，光保存下來的往來書信就有四十多封。這種態度，當然受到佛教界好評，同時也得到全社會認可。

從這兩件事我們可以看出來，楊廣其實是在修正隋文帝的文化政策。隋文帝簡單粗暴地讓北方人當南方人的老師，教人家五教，楊廣則充分尊重南方儒家知識分子，讓他們編書；隋文帝限制江南佛教發展，楊廣則盡力在江南護法。透過他這種隨風潛入夜、潤物細無聲的工作方式，江南的民心平服不少。

這是和隋文帝唱反調嗎？不是，這是楊廣聰明之處，文帝讓他來，就是要他懷柔江南。就這樣，楊素用武，楊廣用文，經過楊素與楊廣胡蘿蔔加大棒的共同攻勢，到開皇十二年（五九二）底，江南的叛亂終於平定了。

但是，還不算完。除了江南，還有嶺南。嶺南當時也不平靜。

說到嶺南地區，不得不提到中國歷史上一位著名的巾幗英雄——冼夫人。冼夫人名英，娘家是俚人，是百越地區的大首領。丈夫名馮寶，是漢族，本來是十六國時期北燕皇帝後裔，亡國後逃到嶺南，在南朝當官。

一個外人在少數民族地區工作當然不容易，馮寶便娶了冼夫人，依靠夫人的威望進行統治。這樣一來，馮寶有了雙重身分，既是朝廷命官，又是部落首領。後來，馮寶去世，冼夫人順理成章地繼承他的雙重身分，一方面是嶺南幾千個部落首領、十幾萬戶老百姓的頭；另一方面歸順陳朝，當陳朝的官。

陳朝滅亡後，嶺南群龍無首，大大小小的頭領共同推舉冼夫人為王，管她叫聖母，請她帶領大家保境安民。這是義不容辭的事情，冼夫人當仁不讓。

可是，就在這時，隋朝派韋洸擔任廣州總管，想要接替陳朝，在嶺南行使主權。這對冼夫人是個考驗，接不接受隋朝的統治呢？冼夫人說，這事我說了不算，韋洸你說了也不算，誰說了算呢？陳後主說了算。

我是陳朝的命官，就得聽陳後主的命令，他讓我投降我才投降。韋洸如何處理？直接往前打？行不通。嶺南地區地形複雜、氣候複雜、民族更複雜，沒有冼夫人同意，韋洸不敢貿然往前闖。怎麼辦呢？

當時，楊廣擔任平陳總指揮，他讓陳後主寫了一封信給冼夫人，告訴冼夫人，陳朝已經滅亡，妳還是歸順大隋吧！可是，空口無憑，陳後主又把冼夫人當年獻給他的犀牛角手杖和信一起交給使者，做為信物。冼夫人一看到犀牛手杖，確認這是陳後主的意思，才召集幾千名部落首領向北痛哭一天，然後正式歸順隋朝，還讓孫子馮魂接韋洸進廣州城。

本來，嶺南問題至此已圓滿解決，但是，前面說過，平陳後，隋朝對整個陳朝舊境都實行高壓政策，嶺南也不例外。所以，韋洸在當地作威作福，想要在嶺南少數民族地區執行和中原一樣的政策。這怎麼可能呢？所以，嶺南大小首領早憋了一肚子火。後來，江南地區一起兵，嶺南一名部落首領王仲宣馬上響應，包圍廣州城。王仲宣一造反，嶺南好多部落首領也跟著響應。嶺南一下子處於半獨立狀態。

冼夫人再度面臨考驗，她在嶺南勢力大。她幫造反派，嶺南可能就鬧獨立；她支持朝廷，則朝廷的統治就可能維持下去。冼夫人如何抉擇？她講，不管政治風雲如何變遷，我認準一個道理，既然已經歸順朝廷，就要支持朝廷。她派孫子馮暄率兵增援廣州。

可是沒想到，馮暄本人傾向造反，對冼夫人陽奉陰違，跟叛軍串通好，逗留不進。冼夫人一看孫子這麼不成器，勃然大怒，派人把馮暄抓起來了，改派另一個孫子馮盎統兵，和朝廷派來的大臣一起討伐王仲宣。冼夫人既是聖母，有了她的支持，王仲宣很快就被討平了。順便一提，這位馮盎就是唐玄宗時期大宦官高力士的爺爺。

協助討平王仲宣外，冼夫人還親自身披鎧甲，騎馬張傘，帶著騎兵，護衛隋朝派來的使者巡撫嶺南諸州。冼夫人威望高，所到之處，部落首領紛紛前來拜謁，這樣一來，嶺南地區終於安定下來。就這樣，因為冼夫人深明大義、忠君愛國，嶺南問題得以解決。這麼忠君愛國的夫人，怎麼能不表彰呢？隋文帝下令冊封為「譙國夫人」。

這位譙國夫人和其他靠丈夫、兒子封為夫人的貴婦可不一樣，按照隋文帝的詔令，譙國夫人可以開幕府、任命官吏，而且，嶺南地區所有部落兵任憑她處置，遇到緊急情況，還可以自行調兵遣將。這意謂著什麼？

第一、當然意謂著隋文帝對冼夫人的信任。

第二、這也意謂著隋文帝對嶺南地區政策的改變，不是一味要求和中原整齊劃一，而是可以因俗而治。

就這樣，隨著嶺南地區的平定，原來陳朝舊境的反叛終於結束，隋朝對南方的統治基本穩定下來。

那麼，我們分析一下，隋朝再平江南，有何意義。我想，有三方面的意義值得重視。

第一、打擊南方的士族和豪強，加強中央集權。江南地區反叛，很大程度上是因為隋朝的政策觸動世家大族和豪強的利益。現在，透過一年多的平叛鬥爭，這些造反的大族和豪強或被消滅，或被削弱，對於隋朝加強中央集權當然具有積極意義，也符合歷史發展的方向。

第二、這場戰爭讓隋朝君臣明白，江南社會分裂了三、四百年，必然有其發展的特點，想穩定統治，必須學會尊重這些特點。換言之，整個國家的軍事、政治整合可能是一場戰爭就能解決的問題，但是，文化整合和社會整合絕對任重道遠。有了這樣的認識，隋朝的統治水準就此提高。

第三、這場戰爭提高了晉王楊廣的威望。平陳戰爭時，楊廣雖然號稱總指揮，但真正發揮作用的是宰相高熲，然而這一次他確確實實憑自己的智慧和力量，為江南的再次平定做出貢獻，也給江南人民留下美好的印象。這對於他以後的人生發展乃至整個隋朝的命運都至關重要。

那麼，隋朝接下來還會面臨什麼問題呢？

【第十八章】

計殺大義

大義是北周和親突厥的公主，在隋滅北周後，她一直尋找機會，試圖替娘家報仇。但不幸的是，她不僅沒有達到目的，反倒讓自己命喪黃泉。這究竟是怎麼一回事？隋文帝為何不能容忍這名弱女子？

亡國公主

平陳後，隋文帝把從陳朝宮廷繳獲來的一架精美屏風千里迢迢送給乾女兒大義公主，也就是突厥的可敦。可是，當時大概沒人想到，這架屏風最終要了大義公主的命，而且促成漠北草原各種勢力重新洗牌。

要了解這件事的來龍去脈，得先交代一下開皇年間突厥內部局勢的變化。

開皇四年（五八四），突厥的沙鉢略可汗向隋稱臣。沙鉢略可汗居住在蒙古草原東部，和西部的達頭可汗對抗。這種東西對立的局面本來是隋朝一手促成的，隋朝對此相當滿意。

但是，開皇七年（五八七），沙鉢略去世，弟弟處羅侯接班，史稱「莫何可汗」。隋文帝的乾女兒大義公主依照突厥風俗，嫁給莫何可汗。又過了一年，莫何可汗也去世了，可汗的位子又傳給沙鉢略的兒子雍虞閭，號稱「都藍可汗」。大義公主再依據風俗，成了都藍可汗的妻子。

都藍可汗可精明強幹。他一方面對隋表現得非常恭順，源源不斷地從隋朝套取財力物力支持；另一方面則狐假虎威，藉隋朝威望向西擴張。

到開皇十年（五九〇）的時候，都藍可汗的勢力已經達到天山地區。都藍可汗一得意，把從于闐掠回來的一柄玉手杖獻給隋文帝。

這個禮物一送來，隋文帝心裡不免忐忑，沒想到都藍變得這麼強，他不會有天把草原統一了吧？這不符合隋朝分而治之的戰略意圖，怎麼辦呢？隋文帝想找機會警告他，讓他別太得意。正好，隋朝攻破陳朝，從陳後主皇宮裡掠奪不少好東西。隋文帝下令，把其中一架屏風送給乾女兒大義公主。

為什麼送這麼個禮物呢？有兩層意思。第一層是示好。咱們是友好鄰邦，妳又是我女兒，我得了好東西，也想著妳，這是淺層次的意思。那深層次的意思呢？

深層意思是想警告一下大義公主夫婦，大隋武力很強大，你看，陳朝那麼快就被我們打敗了，今天我可以把從陳朝那邊繳獲的寶貝送給你，明天我也可以把從你們那裡繳獲的寶貝送給別人。所以，乖女兒、乖女婿，你們收斂一點，不要太張揚。

可能有人會覺得，這樣想是思之過深了，絕對不是。事實上，此前，隋朝已經威脅過突厥一次了。

當時，突厥派使者到長安，朝見隋文帝，隋文帝問他：你知道江南有個陳朝，陳朝皇帝叫陳叔寶嗎？使者說，知道。隋文帝把韓擒虎叫到突厥使者面前，說，你看看，這就是抓陳叔寶的人。韓擒虎長得威風，配合隋文帝，眼睛一瞪，嚇得突厥使者根本不敢抬頭。

讓韓擒虎亮相也好、送屏風也好，發出的都是同樣的政治信號。那麼，大義公主怎麼回應這個信號呢？

從理論上講，大義公主既然是隋文帝的乾女兒，應該表現得興高采烈才是，不僅要高高興興地接受，還要祝賀乾爹取得這麼大的功績。

可是，別忘了，大義公主本來不是隋朝公主，她是北周的千金公主，是在北周滅亡，前夫沙缽略可汗又窮途末路的情況下才不得不委曲求全，投靠隋朝，做了隋文帝的乾女兒，改名大義公主。對於隋朝公主這個新身分，她一直不情不願，難以認同。現在，看到陳朝的東西擺在面前，大義公主一下觸動了心事。陳朝和北周，真是同病相憐。

本來，如果她丈夫都藍沒什麼本事，得靠隋朝羽翼才能生存的話，大義公主即使心裡難過，也不敢表現出來。可是，現在都藍可汗強大了，大義公主有了底氣，表達感情也比較自由了。怎麼表達呢？大義公主有文化涵養，她在屏風上題了一首詩：

盛衰等朝暮，世道若浮萍。
榮華實難守，池臺終自平。
富貴今何在？空事寫丹青。
盃酒恆無樂，弦歌詎有聲！
余本皇家子，飄流入虜廷。
一朝睹成敗，懷抱忽縱橫。
古來共如此，非我獨申名。
唯有明君曲，偏傷遠嫁情。

意思是，盛衰就像早晨和晚上那樣輪迴，世道也像浮萍一樣不定。榮華富貴不能常有，就像水池和高坡一樣，都有成為平地的那天。我曾有的富貴又在哪裡呢？只在這屏風的畫裡罷了。這畫裡的酒哪能給人帶來快樂呢？這畫兒裡的歌又怎麼會有聲音呢？我本是皇家的公主，現在不幸漂泊到突厥的宮廷。目睹這麼多興衰成敗，我忍不住熱淚縱橫。古往今來就是這樣，也不是我個人的命運。儘管如此，聽到王昭君留下的出塞曲，我還是忍不住生出遠嫁天涯的悲涼之情。

大義公主這首詩寫得如何？從文學欣賞的角度來講太好了，情真意切，感人至深。問題是，從政治的角度看可就沒那麼好了。

這首詩一傳到隋文帝耳裡，他馬上意識到，大義公主始終忘不了北周的亡國之痛。忘不了北周，就是對大隋存有貳心！開皇二年（五八二）時，沙鉢略可汗大舉進犯隋朝，即因大義公主（當時還叫千金公主）攛掇著要為娘家報仇。現在，都藍的勢力正逐步增大，如果大義公主再從中挑唆，會不會對大隋構成新的威脅呢？想到這裡，隋文帝開始對大義公主心生警惕。

在這種情況下，又發生一件事，一下子讓隋文帝對大義公主的敵意升高，從警惕變為必欲除之而後快。怎麼回事呢？

長孫晟出使

根據史書記載，開皇十三年（五九三），有個名為楊欽的隋朝犯人逃竄到突厥，指名要見大義公主，聲稱有重要的消息要帶給她。楊欽說，大義公主的姑姑宇文氏和她的丈夫，即前北周駙馬劉昶打算起兵反隋，希望能和突厥聯手，所以先派他向大義公主報信。

這位北周駙馬劉昶也是個將軍，在隋朝的位置還挺高。但是，已經又老又病，難以成事了。

楊欽為什麼說他想要反隋呢？因為他有個不成器的兒子，叫劉居士。此人是個不折不扣的惡少，任俠使氣，胡作非為。平日以交友為名，把一些公卿貴族子弟騙回家裡，讓幾個家奴一擁而上，把他們的頭塞到車輪裡，然後拿起大棒一頓亂打。挨打的人如果求饒，他會覺得這個人是軟骨頭，沒意思，從此不再交往。但是，誰要是寧死不屈，他就欣喜異常，把這樣的人稱為壯士，視為知己。

人有性格就有魅力。劉居士這樣胡作非為，居然糾集了三百個死黨。這三百人經常湊在一起，尋釁滋事，長安城裡人見人怕。

隋文帝建新都後，原北周都城棄置，劉居士居然帶著黨徒跑到廢棄的北周正殿未央殿前，自己朝南而坐，讓黨羽站在兩邊排班羅拜，模仿皇帝！

劉居士肆意妄為、言行出位，其父劉昶又是北周駙馬，有人把這兩件事加以聯想，說劉昶父子想造反，光復北周。現在，楊欽把這個情報添油加醋，獻給大義公主。

至此，我們明白，劉居士確實是紈絝子弟，不知死活，但是儘管如此，離謀反尚有十萬八千里，與有計畫地內外勾結、起兵反隋更是沾不上邊。

可是，大義公主為娘家報仇心切，加上古代信息不發達，她也沒有太多的渠道核定情報，所以，馬上把這不可靠的消息當真。既然姑姑、姑父和侄兒打算起兵，我怎能不出手相助呢？

問題是，都藍一直和隋朝關係不錯，怎麼說服他起兵呢？大義公主想來想去，先去找她的情人。

大義公主為何還有情人？其實很好理解，自從和親後，她的丈夫換了一個又一個，太頻繁了，估計和哪一個感情都不深，既然如此，還不如自己找樂子。所以，大義公主便找了個情人。

這個情人名為安遂迦，是個胡人，能歌善舞，很討人喜歡。他不僅是大義公主的情人，也是都藍的寵臣，猶如《紅樓夢》裡在賈璉和鳳姐手下都吃得開的俏丫鬟平兒。因為有這樣的雙重身分，大義公主便讓安遂迦先幫她遊說。

安遂迦對都藍可汗說，現在我們已經很強大，不必總是看隋朝的臉色，也該顯顯威風，恢復祖上光榮。安遂迦一煽動，大義公主再對都藍吹枕邊風，告訴他隋朝內部不穩，已經有人與我聯絡，想要和咱們裡應外合，共同對付隋朝。機不可失，時不再來，你好好考慮考慮。

那麼，都藍可汗有何反應？聽兩人一說，他也動心了。雖然他和其父沙缽略可汗都是靠著隋朝才能有今天，但是俗話說的好，人一闊臉就變，都藍既然實力強大了，也就不怎麼把隋朝放在眼裡。又聽說隋朝內部不穩，侵略者的本性馬上暴露出來，躍躍欲試，動了趁火打劫的念頭，對隋朝不再像原來那麼恭敬。

隋文帝不是傻子，都藍態度一變，他馬上就感覺出來。問題到底出在哪裡呢？得派人探聽一下。派誰去呢？就派我們提到過的著名外交家長孫晟，讓他出使突厥，打探情報。

長孫晟一去就發現，都藍果然氣焰見長，大義公主表現得更是露骨，說話時鼻子不是鼻子、眼睛不是眼睛。到底什麼原因讓他們如此放肆呢？

長孫晟可是個情報專家，很快調查清楚，原來是叛臣楊欽在搗鬼，讓大義公主想入非非，攛掇都藍，生了不臣之心。而且，據說大義公主嫌都藍膽子不夠大、步子不夠快，已經背著都藍，悄悄和西邊的小可汗聯絡上了。

長孫晟回來一匯報，文帝勃然大怒。好個大義公主，寫詩發洩不滿也就罷了，居然還敢玩真的！突厥的可敦和中原的皇后可不一樣，具有實實在在的政治影響力。有這麼一個仇視大隋而又手段高強的公主，對大隋有如芒刺在背，這樣一來，文帝便動了除去大義公主的念頭。

怎樣才能除掉大義公主呢？隋文帝又派長孫晟出使突厥。這次出使的目的非常明確，就是挑撥都藍可汗和大義公主間的關係。

長孫晟一到突厥，便向都藍可汗索要楊欽。長孫晟說，我們獲悉，有個我們正在通緝的逃犯楊欽隱藏在突厥，此人犯了國家安全罪，我們希望把他引渡回國受審。

都藍受了大義公主煽動，對隋朝三心二意，推說：「檢校客內，無此色人。」一檢查所有的外來人客，並沒有你說的這個人。

既然可汗說沒有，那就沒有，長孫晟什麼也沒說，就告退了。做什麼呢？蒐集情報。

有錢能使鬼推磨，長孫晟很快買通都藍可汗帳下一個達官（頭領），把楊欽隱匿處摸清楚了。到了夜深人靜時，長孫晟帶著幾個人直撲楊欽隱藏的營帳，把他捆起來，帶到都藍可汗面前。

都藍可汗一看，非常尷尬，臉紅一塊白一塊。沒想到，讓他更尷尬的事情還在後頭。

長孫晟說：我知道可汗為什麼騙我，一定是大義公主的意思。問題是，您為什麼那麼聽大義公主的呢？您知不知道，她天天騙您！是不是她告訴您我們隋朝內部有人想造反，楊欽就是聯絡人？我可以負責任地告訴您，這完全是假的，我們內部很團結，她這樣說無非是要挑唆您和大隋作對。

她在政治上騙您也罷了，在感情上她也騙您，我有確鑿證據，那個整天在您面前花言巧語的安遂迦，就是她的情人！接著，抖出一樁樁、一件件不可告人的內幕。

自己的可敦和胡人私通，而且連千里之外的隋朝人都知道，自己居然還被蒙在鼓裡，這對都藍的打擊極大。一時間，都藍恨不得殺了大義公主。本來，長孫晟只要捉拿楊欽，都藍一氣之下，把安遂迦也綁起來交給長孫晟。

這樣一來，隋朝成功地離間了都藍和大義公主的關係。

悲情公主

不過，光是揭露大義公主私通還不行。因為突厥民族對貞操不像中原看得那麼重。雖然眼前劍拔弩張，但是說不定過兩天，大義公主給都藍賠禮道歉，夫妻又重歸於好了。

怎麼才能徹底解決問題呢？隋文帝開始用計。什麼計呢？美人計。

長孫晟這幫使者剛走，隋朝派第二批使者來了。長孫晟是來向突厥要人，這批使者正好相反，是為突厥送人來的。

使者到了都藍面前，先宣讀皇帝詔命，說大義公主對隋朝圖謀不軌，從即日起廢黜大義公主。宣讀完廢黜詔書後，使者一揮手，從後面出來四名美女。使者說，這是皇帝陛下送給可汗的禮物。雖然我們廢了公主，但是隋突友好還在，我們希望和可汗繼續交往下去。

隋文帝這是在慫恿都藍殺大義公主。廢黜她公主封號，是告訴都藍，從此之後，公主已經不受我們的外交保護，你想怎麼處置就怎麼處置，不必害怕影響我們的關係。

那賜給都藍四個美女有何用意？她們是大義公主的替代品。俗話說，舊的不去，新的不來。新人都給你送來了，舊人還有什麼捨不得的？你殺了她吧！

那麼，都藍有沒有上鉤呢？一半一半。一方面，都藍確實被美人迷住了，整天圍著她們團團轉，徹底把大義公主冷落到一旁；但是，他也沒有廢掉大義公主，更沒有殺她，大義公主名義上還是都藍的可敦。

這讓隋文帝十分鬱悶，這個都藍，怎麼這麼沒有丈夫氣概！

只要大義公主還活著，就是個隱患！怎麼辦呢？

這時，突厥內部出了個野心家，最終幫隋朝把問題解決了。他是都藍的堂弟——突利可汗。

突利可汗名為染干，受封在北方，是都藍手下的小可汗。此人雖然是個小可汗，但是野心不小，他看到都藍因有隋朝支持，這幾年蒸蒸日上，也派使者向隋文帝求婚。

要不要跟這位小可汗聯姻？隋文帝其實還拿不定主意。不過，不管以後怎麼樣，現在不妨先利用他一下再說。於是，隋文帝對使者開出條件，說：「當殺大義主者，方許婚。」殺了大義公主的人，即可許婚。

突利一聽，行啊！我試試。突利怎麼勸都藍？其實還是那一套，大義公主和人私通，盡人皆知，這樣的人你還留她何用！留著她，只會影響你和大隋的關係等等。

這些話如果隋朝人說出來，都藍會有警惕，隋朝到底什麼目的？同時也會有逆反心理，你憑什麼管我家的事？可是，自己堂弟說出來，效果不一樣了。突利這麼一挑撥，都藍可汗火氣一下子被激起來，再也不顧大義公主這幾年的夫妻之情、輔佐之功，拔刀來到可敦的大帳中。大義公主就這樣成了刀下亡魂。

我們應該如何看待這位和親公主呢？

其實，如果拋開隋突兩國關係的恩恩怨怨來考慮，可能都非常同情大義公主。她一生簡直是一連串悲劇。

當年，她從北周遠嫁突厥，並非自己的心願，本身就是個悲劇。

嫁過來後，又遇上北周滅亡，她馬上成了無根之草，是第二個悲劇。

為了替娘家報仇，她攛掇丈夫沙鉢略可汗進攻隋朝，沒想到招來更大的災難，沙鉢略眾叛親離；為了挽回局面，她被迫認賊做父，當了隋文帝的乾女兒，是第三個悲劇。再後來，復仇不成，反倒遭隋暗算，死於丈夫都藍可汗手下，是第四個悲劇。人生中有這麼多悲劇，真是可悲可憐。

事實上，大義公主不僅可憐，還頗為可敬。大義公主一生的主線就是為娘家復仇，算是烈女，符合隋文帝最提倡的孝道。

可以想像，如果她的仇人是個普通人，說不定隋文帝還會表彰她。可惜的是，她的仇人不是普通人，而是如日中天的大隋帝國。她的個人心願和隋朝穩定邊疆的願望有所衝突，她就只能成為歷史的犧牲品。

無論如何，隨著大義公主被殺，隋朝也除掉一個心腹大患。

此時，都藍可汗再度來提親。按照他的想法，既然隋朝恨大義公主，他也殺了大義公主，隋突友好即可持續，你隋文帝不信任乾女兒，就派個親女兒來吧！

要不要滿足都藍的要求？隋文帝拿不定主意，便讓大臣集思廣益。

多位大臣說，應該和親。都藍在突厥各部中勢力最大，派位公主去，等於在他身邊安插眼線，而且還可以營造親隋的氣氛，只要都藍親隋，隋朝的北部邊疆即可永保安寧。若是再生個小外孫，以後當突厥可汗，就更好了。這是主流意見。

可是，長孫晟和主流意見不一樣。他說：

臣觀雍虞閭反覆無信，直以與玷厥有隙，所以欲依倚國家，雖與為婚，終當叛去。今若得尚公主，承藉威靈，玷厥、染干必受其徵發。強而更反，後恐難圖。且染干者，處羅侯之子，素有誠款，於今兩代，前乞通婚，不如許之，招令南徙，兵少力弱，易可撫馴，使敵雍虞閭以為邊捍。

意思是，都藍可汗反覆無常。他現在之所以想和我們聯姻，是因為他和西邊的達頭可汗打仗，他想藉助大隋威名。一旦哪天他強大到無需藉助我們的程度，肯定還會掉過頭來打我們。如果現在把公主嫁給他，等於幫他壯大聲勢，這樣一來，突厥其他兩位可汗，達頭也好，突利也好，更無力與他抗衡，他強大起來的速度也會大大加快，這是養虎貽患。所以，我們不能答應他的請求。

那應該怎麼辦呢？

長孫晟說：突厥現在共有三支勢力。東邊是都藍，最強；西邊是達頭，次強；北邊是突利，最弱。我們與其與都藍和親，不如與突利和親。他因為實力弱，和親後，只能依附我們。屆時，我們讓他往南遷，和都藍抗衡，扶弱抑強，這才是長久之計。

總之一句話，可以利用公主和親，但是，不要只想依靠公主換取和平。不依靠公主，依靠什麼呢？依靠制衡。

真理有時掌握在少數人手裡，長孫晟就是個例子。

隋文帝一聽，好主意！就按這個計策執行。

對都藍這邊，不僅不嫁公主，而且其他支援也斷了，這樣一來，都藍再和西邊的達頭打仗，就沒有優勢了。都藍的勢力大受影響，逐漸衰弱。

對突利這邊，告訴他，既然他幫隋朝殺了大義公主，隋朝準備履行先前的承諾嫁公主給他。不過，他不能著急，得做好準備。什麼準備？隋朝說，你既然要迎取我們的公主，就得先學習一下我們的禮樂文明。否則，和公主無法交流。幾年之間，突利派了三百多名使者分批前往隋朝。隋朝把他們安排在太常寺讀書，當留學生加以培養。

這是輸出文明，培養親隋派！

開皇十七年（五九七），隋朝覺得差不多了，將宗室之女封為安義公主，嫁給突利可汗。而且，為了離間突利和都藍的關係，還辦得特別隆重，不僅嫁妝加倍，派出的和親使規格也特別高。讓突利受寵若驚。

婚禮後，長孫晟奉命鼓動突利可汗南下，來到都斤山，即現今蒙古國杭愛山脈。這是都藍的舊地盤。

這下把都藍氣壞了。他氣呼呼地說：「我，大可汗也，反不如染干！」我是突厥的大首領，怎麼我的小弟染干比我有面子？原來，不僅隋朝拋棄了他，嫡親的堂弟也背叛他。是可忍，孰不可忍！怎麼出這口氣呢？

前面說過，因為失去隋朝支持，都藍實力已不比從前。現在，他的敵人西有達頭、南有隋朝，又加上隋朝扶持的突利。總不能幾面樹敵，想來想去，都藍決定：拋棄前嫌，投靠達頭，和達頭聯手攻打隋朝！這兩大勢力聯合非同小可。隋朝如何應對？草原的形勢，又會發生怎樣的變化？

【第十九章】

聖人可汗

隋文帝是中國古代歷史上第一位被稱為「聖人可汗」的皇帝，意思是說，他不光是中原王朝的皇帝，同時還是北方遊牧民族的可汗，這是中國政治史上的極大榮耀。隋文帝此一稱號由何而來？突厥人為何如此推崇隋文帝呢？

突厥來襲

大家都知道，唐太宗號稱「天可汗」，意思是他不僅是唐朝的皇帝，還兼任北方少數民族共同的可汗，這是中國政治史上的極大榮耀，一千多年以來一直被人津津樂道。

但是，中原王朝的皇帝兼任北方草原民族的可汗並不始於唐太宗，而是始於隋文帝。只不過隋文帝當時不叫天可汗，而叫聖人可汗。

那麼，隋文帝到底是如何得到這個稱號的呢？

可不是以武力逼著人家承認，而是突厥可汗心甘情願奉送給他的，這是怎麼回事呢？

因為隋朝採取遠交近攻、離強合弱的戰略，扶持弱小的突利可汗，觸怒大可汗都藍。都藍可汗為了復仇，轉而和老對手達頭可汗聯手，一起進攻隋朝。開皇十八年（五九八）春天，達頭率領十萬精兵抵達漠南。

兵來將擋，隋文帝派第四個兒子蜀王楊秀領銜，率領大軍從靈州道出發，迎擊達頭。

大事由王子掛帥是隋朝的慣例，但是，王子只是名義上的總指揮。那麼，發揮實際作用的是誰呢？宰相楊素。

此人我們已多次提及，特立獨行，能力超強，兩征江南都戰功赫赫，是當時竄升最快的政治明星。現在，隋文帝又把他調到漠北來，希望他不辱使命，再立新功。楊素從靈州出去，沒走多遠，就遭遇上達頭。

突厥是馬背民族，擅長運用騎兵，打破襲戰。而漢人是農耕民族，不擅長衝殺，但是擅長防守。

此前漢人將軍和突厥打仗，均以防守為主，組織大量鹿角（障礙物），結成方陣，抵禦突厥人衝鋒。

可是，楊素是強人，歷來不走尋常路。他說，結成方陣，那是防守，防守再有效也只能保證不輸，可是，現在我們追求的是打贏！所以，我們不用防守，而是要進攻。既然如此，我們也不能用障礙物攔截敵人戰馬，而是要和突厥一樣，運用騎兵，主動出擊，和敵人決一死戰！

楊素擺好騎兵陣，達頭也率軍過來，遠遠一看，隋朝居然也用騎兵。達頭激動得滾鞍下馬，撲倒在地，磕起頭來。

他這是謝天，天賜我也，居然派了這麼個笨蛋將軍，這不是找死嗎？帶著他的部隊就衝過來。那麼，隋軍會不會像達頭想像般在騎兵衝擊下不堪一擊呢？

如果別人指揮很有可能，但是楊素指揮可不會。楊素帶兵素以嚴苛著稱，每次出戰，都先派一、兩百人做前鋒，勝了有賞，如果敗了，回來多少殺多少。所以，楊素帶出的兵都不怕死，到戰場上只知道往前衝。現在，達頭的騎兵一衝鋒，楊素的騎兵不僅不退縮，反而不要命般迎上去。

這太出乎突厥人意料了。突厥打仗一般是為了掠奪財物，既要錢，也要命。這樣的心態反映到作戰上，就形成一個特點，衝勁很強，但韌性不足。基本上屬於打得贏就打，打不贏就跑那一類型。作戰技術很好，但是作風不頑強。

這樣兩支軍隊碰到一塊，誰比較厲害？當然是楊素的軍隊。有道是狹路相逢勇者勝，在楊素手下這幫不要命的士兵面前，突厥人氣勢很快弱了下來，愈打愈亂。而楊素這邊則是愈戰愈勇，開始還以一當一，後來就成了以一當十，把達頭的軍隊打得落花流水，連達頭本人都身負重傷，倉皇逃走。這樣一來，突厥對隋朝的第一次威脅解除了。

這樣的結果都藍哪能甘心？到了第二年春天，都藍又聯合達頭，糾集十多萬軍隊捲土重來。隋文帝也趕緊派出最小的兒子漢王楊諒和宰相高熲迎戰。

可是，這一次都藍學乖了，他們知道隋軍是硬骨頭，不好啃，便避開隋朝大軍，直接撲向突利。就在長城腳下，與突利展開決戰。

四份大禮

突利實力本來遠在都藍、達頭兩可汗之下，一個都對付不來，哪是兩強聯合的對手？馬上就被打得七零八落，兄弟子侄全都被殺了，身邊只剩下五個騎兵，連夜突圍出來。幾個人往南一路狂奔，一直跑到第二天，跑到蔚州，即山西靈丘縣旁邊，才慢慢停下來。

沿途收拾打散了的人馬，也才收到幾百人。茫茫草原，就這幾百個人，以後怎麼辦？既然自己無法立足，擺在突利面前的有兩條路。

第一條，往南走，投靠隋朝。

第二條，往北走，投降達頭。

到底選哪條路呢？突利和手下商量。如果投靠隋朝，以前有點實力，人家還拿你當回事，現在剩下這麼幾個人，連公主都丟了，窮鳥投懷，人家怎麼瞧得起！

與其到人生地不熟的地方受窩囊氣，還不如投降達頭，畢竟同一種族，好溝通。雖然都藍和自己有仇，勢不兩立，但是，自己和達頭往日無冤近日無仇，如果投靠達頭，他應該不會拒絕。一群人一合計，眼看著事情就這樣定下來了。如果這樣的話，隋朝不就白扶持突利一場了嗎？

在這關鍵時期，有個奇人發揮作用了。誰呢？長孫晟。

長孫晟為何在此？他本來正出使突利，剛好遇上這場戰爭，便和突利一塊出逃。看突利和手下嘀咕咕，他知道，突利是在猶豫不知投靠誰好。長孫晟可是力促朝廷扶持突利，離強合弱就是他提出來的戰略構想。現在他怎能允許突利脫離隋朝呢？

怎麼辦呢？長孫晟聰明，當地已在蔚州境內，離自己人不遠了。長孫晟派手下悄悄來到蔚州一個邊鎮——懷遠鎮，對守軍說，你們趕緊點烽火，能點的全點上，出了事長孫將軍負責。

這邊一點火，馬上，突利他們就看見狼煙四起，趕緊請教長孫晟，隋朝的守軍為何點烽火？長孫晟騙他說：這是懷遠鎮的烽火。他們那邊比我們這裡地勢高，肯定是遠遠地看見有敵人來犯。而且據烽火數看來，敵人還不少。因為根據我們國家的制度，如果敵人少的話，就點一個烽火；再多，點兩個；再多，點三個；最多，點四個。現在已經是最高級別的警報了，估計是都藍率領大軍殺過來了！

突利可汗一聽長孫晟這麼說，嚇壞了。即便投降，也得等形勢稍微穩定一點再說。現在追兵來了，你迎上去投降，說不定還沒等說出「我投降」這三個字，腦袋就已經搬家。投降行不通了，怎麼辦呢？

這時，長孫晟趕緊說：懷遠鎮守軍不少，易守難攻，要不咱們先到懷遠鎮躲一躲。突利一聽，連連點頭，便被長孫晟騙到懷遠鎮。到了懷遠鎮，長孫晟一刻都沒讓突利停留，緊接著把他裹挾到了大興城，也就是長安。

突利抵達長安時，都藍派出的使者當時也在隋朝，仇人相見，分外眼紅。

隋文帝這時當仁不讓，當起「國際裁判」，讓兩方當庭辯論，講講打仗的理由，看看誰是誰非，隋朝好進行「國際仲裁」。

本來，突利覺得很有把握，明明是都藍先打過來，讓事實說話就行了。沒想到，都藍的使者是職業外交家，精通演講術、辯論術，一張口就是一串理由，講來講去都有道理，讓突利十分鬱悶。打仗打不贏，辯論也贏不了，自己怎麼這麼窩囊呢？突利原本就擔心敗軍之將不受隋朝尊重，現在不僅仗打敗了，辯論也輸了，他覺得，隋文帝肯定會棄自己於不顧，心情從忐忑變成了絕望。

那麼，隋文帝是否如他想像的拋棄他呢？沒有。隋文帝看中的就是他的表現，這個突利，實力弱，心眼直，嘴也笨，正是我需要的呀！讓他當突厥的領頭人，我放心！隋文帝接連奉送給突利四份大禮。

第一、給他錢。文帝賞給他大量珍寶，讓他招降流亡的突厥百姓，擺脫光桿司令的地位。

第二、給他名分。十月份，隋文帝冊封他為「意利珍豆啟民可汗」，翻譯成漢語是「意智健」之意，說他既英明又勇猛又強健，這可是好詞！把突利夢寐以求的優點全放在尊號裡。從此，突利可汗在史書中就變成啟民可汗。

不過，隋朝給「啟民」這個尊號不光是為了誇獎他。這個尊號還有更重要的一層意思，那就是，儘管你只是個流亡政府，但是此後，你就是我們大隋唯一認定的突厥合法政府了，這可是對啟民最大的支持。

第三、給他地盤。這時，突厥百姓陸陸續續歸附啟民的已有一萬多人，這些人不能總在長安流亡下去，怎麼辦呢？隋文帝讓啟民可汗的老朋友長孫晟率領五萬人，在朔州緊急修了一座大利城給啟民可汗及其部眾居住。大利城就在現今內蒙古清水河縣，已是隋朝地界，啟民可汗那麼弱小，離得近，隋朝便於保護。

第四、給他公主。開皇十七年（五九七），隋文帝把安義公主嫁給突利可汗和親，這次都藍攻打突利，安義公主沒能突圍，死在亂兵之中。和親可是隋朝和突厥間聯繫的紐帶，隋文帝做出決定，冊封宗室之女為義成公主，再次和啟民和親。

啟民十分感動，現在，他的錢和人是隋文帝給的、名分是隋文帝給的、地盤是隋文帝給的、可敦還是隋文帝給的，可以說，一身一物全拜隋文帝所賜，簡直是生死而肉骨啊！看來，投降隋朝，算是做對了。

啟民可汗在隋朝扶持下重建東突厥帝國，他的哥哥、死對頭都藍可慘了。開皇十九年（五九九），宰相高熲率軍大敗都藍。

突厥帝國本來就是靠武力征服才聚攏起來的，各部落間關係鬆散，凝聚力不強。一旦打了敗仗，幾乎馬上就會面臨眾叛親離的命運。現在，都藍也不例外。

在這場戰役結束後不久，都藍就被手下殺死了，興衰成敗，只在轉瞬之間。

都藍一死，很多部眾投靠達頭可汗，當然，達頭便接了都藍的班，成了隋朝的頭號敵人。

平定西突厥

誰去解決這個對手呢？歷史又把這個重要機會讓給晉王楊廣。

開皇二十年（六〇〇）六月，隋文帝命令晉王楊廣為行軍元帥，和漢王楊諒各統一軍，出兵反擊。

其中，晉王楊廣帶領一路往西，出靈武道，手下重要將領有長孫晟；漢王楊諒帶領一路往東，出馬邑道（今山西朔縣），手下重要將領是史萬歲。

這兩路大軍怎麼打？

先看楊廣這邊。長孫晟因頻繁出使突厥，熟悉山川地形，知道達頭大軍的營地後，他獻上一計。什麼計呢？投毒計。派人在突厥營地的上游河水投毒，突厥人喝了河裡的水後，上吐下瀉，死了好多人馬，沒死的也失去戰鬥力。

突厥人不知道是長孫晟在搗鬼，還以為是老天懲罰他們，紛紛說：天降惡水，是不是要滅亡我們？紛紛跪倒在地，祈禱上蒼開恩，連夜拔營而去。

長孫晟看他們倉皇轉移，趕緊乘機追殺。長孫晟在突厥人裡名聲本就極高，號稱「長孫總管」，突厥人傳說他弓如霹靂、馬如閃電。看見他帶人追過來，突厥人更是驚慌失措，被殺得大敗，三千多人葬身荒野。

再看楊諒這邊。楊諒的重要將領是史萬歲，史萬歲更厲害了。當年，打沙缽略時，史萬歲一刀結束突厥將領的性命，從此在突厥人間赫赫有名。現在，史萬歲又和達頭可汗在大斤山，即現今內蒙古大青山相遇。兩軍交戰，先要通報將領姓名，達頭可汗一聽對方居然是敦煌戍卒史萬歲，嚇得手腳冰涼，也不打了，領兵便往回走。史萬歲哪能讓他這麼輕易走人？縱兵追殺，大破突厥，斬首幾千級，得勝還朝。

兩路大軍都取得了勝利，初步打擊了達頭可汗的氣焰，楊廣再立新功，聲望更高了。

不過，儘管打了兩場勝仗，達頭可汗的實力還在，只要他的威脅仍在，啟民可汗終究無法立足，怎麼才能徹底解決這個問題呢？

這時，已經是六〇一年，這一年，隋文帝改元仁壽。

仁壽元年年底，長孫晟上表說：

> 臣夜登城樓，望見磧北有赤氣，長百餘里，皆如雨足，下垂被地。謹驗兵書，此名灑血，其下之國必且破亡。欲滅匈奴，宜在今日。

意思是，我夜登城樓，仰觀天象，看見蒙古草原上空有一道紅色霧氣，長一百多里，好像雨腳一樣，一直垂到地下。我查看兵書，此天象名為灑血，意謂著其下的國家一定滅亡。陛下，看來是滅亡突厥的時候了！

我們今天相信科學，不大相信天象，其實古人未必真的篤信，很多時候，只是促成某些大事的說法。既然如此，足智多謀、富有戰略眼光的長孫晟將軍為何在此時拿天象說事？

原來，經過連年戰爭，達頭可汗內部問題一一浮現。這幾年間，達頭可汗擴張太快，常向附屬部落徵兵買馬，使得附屬部落疲憊不堪。這些部落本來都是為了利益才投靠達頭，現在，利益沒占著多少，光給達頭當炮灰，他們當然怨聲載道、離心離德。

長孫晟是突厥通，情報專家。洞悉此一情報後，他覺得，在這種情況下，只要隋朝從外面推一把，達頭內部很有可能爆發革命。內外因共同作用，不怕達頭不垮臺！所以，才用天象來做引子，堅定隋文帝的信心和決心。

果然，隋文帝聽了長孫晟的話後信心倍增，開始著手北伐。

第二年，即六〇二年，隋文帝任命楊素為雲州道行軍總管，長孫晟為受降使者，偕同啟民可汗，一起北伐。

從三名首領我們可以看出來，隋文帝是有分工的。楊素的任務是正面打達頭可汗，長孫晟是做為隋朝的政治代表乘機招撫對達頭心存不滿的附屬部落，而啟民可汗則是隋朝欽定的蒙古草原新主人。

很顯然，這次出兵的目的，是以啟民取代達頭。

那麼，這次出征勝負如何？當然贏了。

在楊素率軍攻打達頭後，附屬達頭的鐵勒等部落在長孫晟遊說下紛紛反叛，達頭眾叛親離，

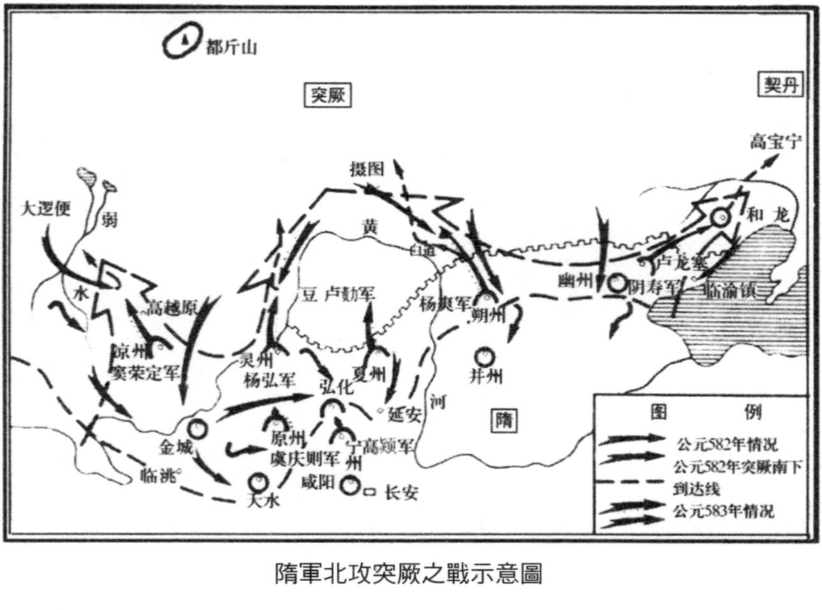

隋軍北攻突厥之戰示意圖

只好率領少數親信遠走高飛，再也不能對隋朝構成威脅。

隨著達頭兵敗出逃，啟民可汗終於成了統率整個突厥的大可汗。只不過，他這個大可汗地位的取得和以往的突厥可汗並不一樣，並非靠自己的本事打出來，而是隋朝全力扶持的結果。沒有隋朝就沒有啟民可汗，啟民對這一點心知肚明，對隋文帝感激得五體投地。所以，他上表隋文帝：

> 大隋聖人可汗憐養百姓，如天無不覆，地無不載。染干如枯木更葉，枯骨更肉，千世萬世，常為大隋典羊馬也。

這兒出現「大隋聖人可汗」這個名號，大隋聖人可汗，你愛憐天下百姓，就像天沒有一處會不覆蓋到，像地沒有一處會不承載到。所以，我染干也沐浴到你的光輝，讓我像枯樹又長出枝葉，像枯骨又長出血肉一樣，我又活過來了。我感念你，我願意千秋萬代，為你典養馬。我願意尊你為可汗，為你的羊官。

就這樣，隋文帝不僅是隋朝皇帝，而且成了突厥的聖人可汗，這是中原皇帝兼任少數民族君主的首例，也是唐朝天可汗的先河。就這樣，隋文帝君臣投注大量兵力，用了將近二十年的時間，終於解決突厥問題，把突厥從地位基本平等的翁婿之國變成了貨真價實的附屬國，這是個榮耀的時刻。

那麼，這場曠日持久的隋突鬥爭到底有何意義？

首先，較徹底地解決了突厥問題，鞏固隋朝在東亞的地位。啟民可汗完全是隋朝扶植起來的可汗，這樣的突厥帝國，和隋朝的關係相當友好。《隋書・突厥傳》記載：大業三年四月，煬帝幸榆林，啟民上表曰：

已前聖人先帝莫緣可汗存在之日，憐臣，賜臣安義公主，種種無少短。臣種末為聖人先帝憐養，臣兄弟妒惡，相共殺臣，臣當時無處去，向上看只見天，下看只見地，實憶聖人先帝言語，投命去來。聖人先帝見臣，大憐臣，死命養活，勝於往前，遣臣作大可汗坐著也。其突厥百姓，死者以外，還聚作百姓也。

大家聽這段早期白話文，說得多麼感人肺腑，他說以前聖人先帝在世時，即隋文帝在世時，一向愛憐我，賜給我安義公主，還給我許多好處，讓我的老百姓活得很好。結果，引起我兄弟的妒嫉，他們一塊兒想要滅了我。我當時無處可去，向上看只看見天，向下看只看見地。在這走投無路的時刻，我想起聖人可汗，就決定投奔他。他見到我後，更加可憐我了，死命地養活我，比以前對我還好，不僅讓我做大可汗，而且，把我的百姓，只要沒死的，都重新收攏，這也是我沒齒不忘的恩德。

顯然，即便在隋文帝死後，啟民可汗仍念念不忘隋文帝在他上看只見天、下看只見地的危難時刻的活命之恩，和讓他重登大位、統率突厥的再造之情，這種心靈的征服當然比軍事征服更可靠、更長久。正是有這種和軍事、政治實力並行的精神實力，隋朝才真正鞏固了在東亞地區的主導地位。

其次，它樹立了農耕時代和北方少數民族交往的典範。在整個古代中國歷史上，北方民族處於攻勢，中原民族處於守勢，這是不可改變的事實。

問題是，怎樣在這種不可改變的事實面前爭取主動呢？

法國著名的漢學家沙畹曾經說過：「中國始終用其遠交近攻、離強合弱之政策，是為妨礙突厥建設一持久帝國之要因。設無此種反間政策，突厥之國勢不難推想得之。」

他講的其實就是隋文帝這種智取為主、力取為輔，離強合弱、遠交近攻的戰略。這也是隋朝贏得這場戰爭的關鍵，也就是說，不盲目迷信武力，重視智力比拼，重視結交盟友，這才是中原王朝的優勢。隋文帝能夠揚長避短，這是他的大智慧，也是中華民族的軍事智慧，所以他才能屢戰屢勝。反觀隋煬帝時期，一味靠軍事打擊，動用舉國之力試圖征服高句麗，終於兵敗身死，是最好的對比。

第三，對突厥戰爭又一次成就楊廣的名聲。雖然楊廣只是名義上的統帥，但是他做為總指揮參加對突厥的最後一擊，所以，北破突厥的桂冠也就此加在他的頭上。

在此之前，楊廣已經有了兩平江南的美名，讓他在隋文帝的所有王子中相當突出。而且，雖然此刻楊廣還沒有什麼具體作為，但是，經過一次次的出征，他和很多重量級大臣，比如能文能武的楊素有了合作經驗，建立良好關係，這對楊廣和整個隋朝以後的發展至關重要。

那麼，解決了軍事問題的隋朝，還有哪些新的舉措呢？

【第二十章】

開皇之治

隋文帝統治時期誕生了一個流傳千載的稱號——「開皇之治」。可想而知，在人們心目中，這是一個政治清明、經濟富庶、人民生活安定的時代。隋文帝在開皇年間有何建樹？「開皇之治」到底有哪些值得讚頌的功績？

倉廩充實

隋朝建立後，北降突厥，南平江南，取得輝煌戰果。難免讓人覺得，隋文帝恐怕重武輕文。是不是呢？不盡然。隋文帝尚武不假，但是，在中國歷史上，凡是好皇帝都不可能是個只知道窮兵黷武的人，隋文帝當然也不例外。

事實上，就在隋朝東征西討的同時，國內建設也進行得如火如荼，而且同樣取得驕人的成績。此一成績在歷史上有個專門名詞，叫「開皇之治」。這是個非常光榮的稱號。中國歷史上能夠稱得上某某之治的時代並不多，我們耳熟能詳的，不過是「文景之治」、「貞觀之治」等少數幾個，換言之，只有政治清明、社會蓬勃發展的時期才配得上這個稱號。

那麼，隋文帝有什麼成就，能夠稱得上「開皇之治」呢？三方面的成就。第一、經濟；第二、文化；第三、吏治。

隋文帝時期經濟有什麼成果呢？先看《資治通鑑》的一段記載：

> 開皇十三年，有司上言：「府藏皆滿，無所容，積於廊廡。」帝曰：「朕既薄賦於民，又大經賜用，何得爾也？」對曰：「入者常多於出，略計每年賜用，至數百萬段，曾無減省。」於是更辟左藏院以受之。

意思是，到開皇十三年（五九三）時，有關部門向隋文帝匯報，國庫裡已經堆滿布帛，連走廊都堆滿了，再也沒法往裡擠，請陛下解決倉庫問題。隋文帝一聽大為震驚，連國庫都填滿了，不可能啊！趕緊問：我向老百姓收的稅也不多，這幾年老打仗，又沒少花錢，我還怕國庫空了，怎麼倒滿了呢？官員說，這幾年您雖有消費，每年賞賜各色人等的絹帛也不下幾百萬匹，我們也從來足額供應，問題是每年進來的更多。隋文帝這才相信國家有錢了，喜上眉梢，趕緊命令新修一座左藏院儲存財貨。這是了不起的經濟成就。

可能有人會說，在中國歷史上，這樣的紀錄並非空前絕後。比如說，漢武帝時，曾有過「京師之錢累巨萬，貫朽而不可校；太倉之粟陳陳相因，充溢露於外，至腐敗不可食」的景象，唐玄宗天寶年間，也出現倉庫爆滿，不得不加蓋的情況。

不錯，這樣的情形在漢朝和唐朝都出現過，但是，我們要知道，漢武帝是漢朝第五代皇帝，唐玄宗是唐朝第七代皇帝，漢唐兩朝，都是經過幾十年、乃至一百多年發展才達到這樣的局面，而隋朝是在第一代皇帝任上，僅僅用了十三年就出現相同的局面，這不是奇蹟嗎？

那麼，隋朝為什麼短期內就如此富裕呢？可能很多人會不假思索地回答，均田制。沒錯，中學歷史課本就是這樣寫的。

不過，我想說，不盡然。因為所謂均田制，是北魏時期在戰爭破壞嚴重、人民顛沛流離、大量土地拋荒的情況下開創的制度，基本作法是國家把國有土地平均分給農民耕種，然後再向農民徵收賦稅。這樣一來，不僅農民能夠安頓下來，政府的財政也有了保障。這是個非常有效的政策，所以後來一直沿用，成為整個北方經濟的基礎。

問題是，到了隋朝，社會條件已經變了，從原來的人少地多變成人多地少。根據隋朝制度規定，每個男丁都應該分到一百畝地，但是，開皇年間，好多地方的男丁只能分到二十畝，特別是在長安和洛陽這兩京地區，土地資源更是不足。這樣一來，雖然在制度上均田制並沒有廢除，但是實際上已經發揮不了太大作用，換言之，均田制固然是隋朝重要的經濟制度，但是，僅談均田制，不足以說明為什麼隋朝發展得那麼快。

既然不能歸功於均田制，那麼，又該歸功於什麼呢？

我覺得，應該歸功於隋朝對人口控制能力的加強。隋朝建立時，貴族勢力還非常大，他們占有許多依附人口，這些人根本不向政府報戶口，當然也不納賦稅。

另外，隋朝的稅收對象是針對成丁的男女，很多狡猾奸詐者想方設法，明明是二十八歲的精壯小伙子，報戶口時說自己才十四；或者明明是五十歲的壯年人，說自己已經年滿八十，這叫詐老詐小，逃避稅收。

這兩大社會問題使得隋朝少了很多納稅人，怎麼辦呢？開皇年間，隋文帝推行兩項政策：一是輸籍定樣，一是大索貌閱，解決這兩個問題。

什麼叫輸籍定樣？其實就是國家制定頒布的戶等劃分樣本。符合什麼樣的標準叫上戶，什麼標準叫中戶，什麼標準叫下戶，上中下戶各自應承擔何種賦役，寫得明明白白，任何人一查就知道。而且，整個細則貫徹上戶多繳、下戶少繳的原則，明確保護弱勢群體。

為什麼要制定這樣的標準？這其實是宰相高熲出的主意。他說，之所以有那麼多人願意當大戶人家的依附人口，不願意當國家的編戶齊民，是因為現在的賦稅標準不明確，窮人也要承擔不少稅收，所以他們覺得，為國家做不如為大戶人家做划得來。現在我們反其道而行之，讓他們明白，如果投靠政府就能享受優惠政策，繳輕稅，比依附大戶人家划算，這些人就會自覺自願地脫離大戶人家控制，主動申報戶口了，這樣一來，我們的納稅人就多了。隋文帝一聽，好主意，趕緊推行。此為輸籍定樣。

什麼是大索貌閱？就是依靠鄉里基層組織，做入戶調查，根據體貌特徵核實年齡，如有隱瞞，嚴懲不貸。這樣一來，鬍子拉渣的大小伙子再想冒充青少年就不太可能了。

因為這兩項政策的推行，隋朝隱瞞人口的現象減少了，一下子增加好多納稅人口，這樣一來，倉庫自然在短時期內充實起來。

推行文教

然而，我們要知道衡量一個社會的發展水準和發展前景，不能光看經濟基礎，還要考慮上層建築，也就是文化指標。那麼，隋朝的文化發展如何？

我們引一段史料。《隋書・儒林傳》記載：

四海九州，強學待問之士靡不畢集焉。負笈追師，不遠千里，講誦之聲，道路不絕。中州儒雅之盛，自漢魏以來，一時而已。

意思是，隋朝統一後，四海之內的知識分子都匯集到京師來。人們為了追求學問，不遠萬里到處求學，所以，在路上都能聽到誦讀詩書的聲音。這可是漢魏以來沒有過的喜人景象。確實，自從東漢末年軍閥混戰開始，中國已經歷了幾百年的打打殺殺，路上往來的不是軍隊就是難民，現在居然滿街都是吟詩作賦的書生，這是天下太平的最好寫照。那麼，這樣的文化成果是怎麼實現的？

在這方面，有位名為牛弘的官員做出傑出貢獻。牛弘是關隴集團裡難得的讀書人，博覽群書，簡直就是個書呆子。《隋書．牛弘傳》記載一事。隋文帝讓牛弘宣布一道敕令。牛弘領命而去，結果下了臺階後，就把敕令給忘了。

牛弘只好折回來，老老實實地對隋文帝說：對不起，我忘了您讓我宣什麼敕令了。隋文帝一聽哈哈大笑，說：傳話這樣的小事，本來也不該您這樣的大知識分子來做。連皇帝的敕命都能忘掉，真是既呆又糊塗。

可是，這麼個書呆子、糊塗蟲，在大事上可一點都不糊塗。開皇初年，還在百廢待興的情況下，牛弘向隋文帝上了一份奏疏。他說：

> 昔陸賈奏漢祖云天下不可馬上治之，故知經邦立政，在於典謨矣。為國之本，莫此攸先。

國家既然已經建立，就要考慮怎麼治理。所謂馬上得之，不能馬上治之。要把國家治理好，就要學習前朝的經驗教訓。而前朝的經驗教訓全寫在書裡。所以，要想治理國家，先得讀書。

這當然是個好主意，問題是，鼓勵大家讀書，總得有書可讀才行。而隋朝繼承的是魏晉南北朝亂世的底子，根本沒什麼書可讀。隋朝建立時，把北周和北齊的藏書歸攏起來，才一萬五千卷。杜甫說：「讀書破萬卷，下筆如有神。」隋朝整個國家的藏書剛夠杜甫一個人看，這怎麼行？

牛弘說，禮失求諸野。現在國家歷經戰亂，沒有書，但是，私人藏書不少。我們可以從民間徵集。可是，人都有私心，沒有什麼好處的話，誰願意白白把手裡的藏書交給國家？所以，牛弘在奏章中說：要想從老百姓手裡徵集圖書，靠行政命令是不行的，必須捨得花錢買。要讓老百姓覺得合算，他們才會心甘情願地把書拿出來。

對於牛弘這個建議，隋文帝有何反應？隋文帝的表現絕對稱得上是英主。儘管當時國家剛建立，處處都等著錢用，隋文帝還是慨然下詔說：「獻書一卷，賚縑一匹。」任何人，只要進獻一卷圖書，就給他一匹縑。一匹縑價值多少？當時國家的稅收一共分租、庸、調三部分，其中，一個農民一年的調就是一匹縑，也就是說，只要你給國家貢獻一卷書，你一年差不多三分之一的稅就不用繳了。這是個不小的數字。

更人性化的是，你把書獻給國家，國家並不是據為己有，而是找人謄抄，抄完後，你的原件完璧歸趙。

有這樣的好事，誰不願意呢？老百姓紛紛踴躍獻書。就這樣，經過隋文帝和牛弘等傑出君臣的努力，隋朝的藏書很快達到三萬多卷，比原有的藏書規模整整大了一倍，當然也成為推行文治的基礎。

說到這裡，我們得要格外表彰隋文帝和牛弘君臣。牛弘了不起之處，除了力主國家優先發展文化事業，展現出學者遠見外，還有個重要的優點是腳踏實地，在制定政策的過程中重視老百姓的利益需求。牛弘能想到這一點，大大不易，因為他對經濟沒什麼概念。

《隋書》記載一則著名的故事。牛弘之弟是個酒鬼，有次喝醉酒，把牛弘家的牛殺了。這牛可是牛弘的座駕，這不是耽誤事嗎？牛弘的妻子非常不高興。等到牛弘回家，趕緊對他說：叔叔把牛殺了。牛弘一聽，說了兩個字：作脯。也就是做牛肉乾，就到一邊悶頭讀書了。他太太不甘心，又走過來說：叔叔無緣無故殺死咱家的牛，太怪了吧！牛弘連頭都沒抬，說：知道了。說完繼續讀書，不為所動。

這則故事說明牛弘本人不是斤斤計較錢財的人。但是，這麼個眼光高遠、對個人私利並不在意的人，卻能夠切實體察老百姓的利益需求、保障老百姓的利益需求，此即真正的政治家風度。

牛弘偉大，隋文帝更偉大。

我們說過，隋文帝只正經上過兩年學，文化水準不高，但是，他能夠認識到發展文教的意義，並動用國家力量推動文化發展，是個有眼光、有見識的皇帝。

事實上，在文化問題上，隋文帝不僅見識高，作法也比中國歷史上很多帝王高明得多。比誰高？唐太宗。

我們都知道，唐太宗喜歡王羲之的書法，尤其喜歡《蘭亭序》，即位之後，通過坑矇拐騙的方式千方百計地弄到手，到手了怎麼樣呢？再也不還給人家，就在自己身邊把玩。這也罷了，最出格的是，晚年去世時，他乾脆把《蘭亭序》帶到棺材裡，給他殉葬，讓別人永遠別想再看到，這是自私透頂的行為。而隋文帝抄完圖書物歸原主，不奪人所愛，這才是真正的風雅之舉。

事實上，除了蒐集圖書之外，隋文帝還敦促各級政府興辦學校，平陳後，更是大力網羅南方的文化人才。正是因為有了這樣既富有遠大理想，又有能腳踏實地辦事的君臣，隋朝的文教事業才發展得如此有聲有色。

武將為官

我們知道，社會要良性發展，光有經濟和文化成果仍不足，還有一項指標也非常重要，極吏治狀況。官員不僅是老百姓的管理者、是各項社會事業的推行者，也是國家和老百姓之間的橋梁，代表政府的形象。只有官員清正廉潔，人民對政府才有信心，國家才能獲得發展。這其實就是直到今天還非常敏感的官員體系建設問題。

要解決這個問題大大不易。因為隋初的官僚大多行伍出身，大老粗。這不難理解。此前中國一直處在戰亂之中，不僅國內打，還要和突厥打，將軍打了勝仗，總得有所安置。怎麼安置呢？當地方官。這樣一來，隋初的地方官基本都是出身行伍。

問題是，當軍官和當地方官的要求截然不同。

首先，軍官治軍，以威為主；而地方官治民，則應以慈為主。中國有句古話：「慈不帶兵。」當將軍講究令行禁止，不能太婆婆媽媽。但是，地方官則被稱為父母官，愛民如子才配當父母官。這是很大的區別。

另外，對將軍，人們主要要求他勇，而對文官、對地方官，則主要要求他廉。南宋的岳飛說過：「文官不愛錢，武官不惜死，天下太平矣！」正因為軍官和地方官基本要求不同，所以，讓軍官當地方官，往往當不好。許多將軍說起打仗來頭頭是道，但是，一談起治理國家就不知所云，所以，履職水準普遍不佳，按照當時說法，「刺史多任武將，類不稱職。」

舉個例子。當時有位名為燕榮的將軍，性格剛強，武藝高強，是個難得的軍事統帥。後來，打而優則仕，當上幽州總管，可害苦了老百姓。

此人出身武將，巡行屬地時，看見路邊的荊條，手就癢了，想要試試打人好不好用。拿誰做實驗呢？身邊的下屬。拉過來一個就打。下屬冤枉啊！連哭帶喊，說我沒犯錯，為何打我呀？燕榮說：我先打，以後你再犯錯就免了。下屬一聽，打人還預支，忍著吧！沒想到過幾天真犯錯了，燕榮拉過來，又要拿荊條打。這個下屬又哭了，說：你前幾天不是說先打，等我再犯錯就不打了嗎？燕榮哈哈大笑，說，你沒犯錯尚且打了，何況犯錯，給我狠狠打！這樣的領導風格豈不形同兒戲？

對下屬的賞罰不負責任，對老百姓更不負責任。燕榮每次巡行，只要看見漂亮的姑娘媳婦，就在人家家裡肆行姦淫，荒唐殘暴，無法無天。這樣的官員，怎麼能受老百姓愛戴呢？

清明吏治

官員體系建設可是國家治理的基礎，現在官員素質這麼差，怎麼辦呢？

隋文帝做了三方面的工作。

第一、嚴整官員任命，不再以官職獎賞功臣。平陳戰爭後，一下子產生許多戰爭功臣，大家按照慣例，等著當官。沒想到，隋文帝明確表態，「功臣正宜授勛官，不可預朝政。」軍功要獎賞，但是，只能用金錢、榮譽和待遇獎賞，絕對不能用官職獎賞。

這是認識理念的一大進步。隋文帝既然不讓將軍當文官，他打算如何選拔文官？

第二、建立健全選官制度。在這個問題上，隋文帝想了好多辦法，比如說下求賢詔，讓現任官員推薦，從優秀基層官員中提拔等等，在當時都收到過一定的效果。但是，對歷史影響最大的還是一個制度——科舉制。

開皇七年（五八七），隋文帝下詔：「制諸州歲貢三人。」意即，各州每年選派三人，到中央參加科舉考試。

可別小看這短短一句話，就是這句話拉開影響深遠的科舉制度序幕。隋朝科舉考試科目有秀才、明經和進士三種，考上後再經過吏部銓選，即能被任命為官員，踏上仕途。

固然，隋朝的科舉制還有很多不完善之處，最重要的是考生並非自由報考，而是由各州刺史推薦。

但是，畢竟已經把讀書和做官有機地結合在一起，把個人才華、個人教養和個人前途有機地結合在一起，讓每個人有了一個憑本事而不是憑老子嶄露頭角的機會，也讓國家有了推行文治的制度基礎和人才基礎。因此，也就注定擁有無限的前景和活力。

事實上，開皇年間一次科舉考試中，十八歲的房玄齡高中進士，從此踏上仕途，最終成長為唐初名相，也是中國古代最著名的宰相之一，科舉制在選拔人才方面的優勢由此可見一斑。

事實上，正是隋文帝在開皇年間此一選官制度創舉最終成為中國古代文官政治的重要基礎，也是中國古人對全世界最偉大的貢獻之一。就憑這一點，隋文帝足以永垂不朽。

第三、建立賞罰分明的考核制度。不管是什麼管道上來的官員，其實都存在良莠不齊的狀況，而且，人是會變的。有的人起點不高，但是公忠體國，善於總結經驗教訓，可能愈做愈好；當然，也有的人起點很高，但是愈來愈腐化墮落，怎麼才能夠有效地保持官員體系的活力和純潔性呢？

隋文帝規定，地方刺史每年年底到中央述職，根據政績決定賞罰，平時不定期派出監察官員到地方尋訪。比如說剛才提到的燕榮，就被審查出貪污、暴虐等種種問題，怎麼辦呢？受處罰，立即賜死。有罰就得有賞。

隋文帝獎賞過什麼樣的好官員？《隋書》有〈循吏傳〉，專門記載受到隋朝兩代皇帝表彰的愛民模範，根據〈循吏傳〉記載，我們大體可以知道隋文時期的好官員情況。

舉個例子。當時有個人名為房恭懿，因為蘇威的推薦當上新豐縣令，結果任期內第一次考核就被評為首都地區第一名，隋文帝非常高興，馬上賞賜給他四百匹布，結果，房恭懿拿回去分給窮人。隋文帝又賜給他三百石米，沒想到房恭懿又不聲不響送給

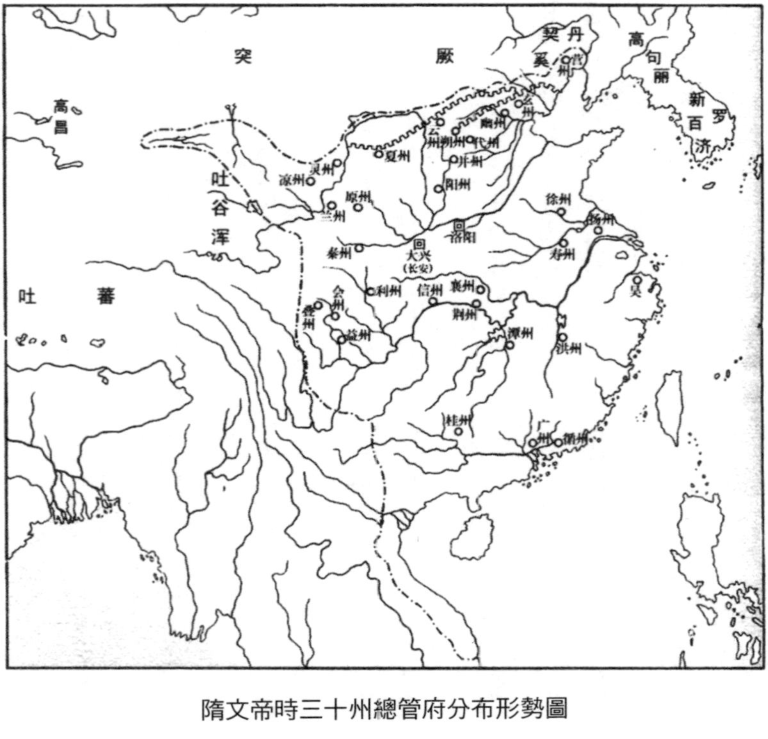

隋文帝時三十州總管府分布形勢圖

了人。如此廉潔愛民的好官員實在難得，隋文帝很快任命他為德州司馬，即州刺史的副手。結果年終考核時，房恭懿又是天下第一。

這一下，隋文帝欣喜異常。他是典型，必須大力宣傳，讓天下地方官都向他學習。怎樣才能讓人人都知道房恭懿的先進事蹟呢？隋文帝把所有到京城述職的官員都召集起來，對他們說：

如房恭懿志存體國，愛養我百姓，此乃上天宗廟之所佑助，豈朕寡薄能致之乎！朕即拜為刺史。豈止為一州而已，當今天下模範之，卿等宜師學也。

意思是，我把你們召集起來，是想向你們推薦好官員房恭懿，這個人如此之好，好到這種程度，絕不是我一個人的德行所能羅致，這一定是上天和祖宗把他賜給我的，因為他這麼好，所以我決定提拔他為刺史，我希望你們都能向他學習。說完後隋文帝當眾把房恭懿提拔為海州刺史。

這次提拔比光開優良事蹟報告會管用得多，一下子，天下地方官都知道，皇帝設定的考核制度並不是徒具形式，而是真的獎勤罰懶、揚善抑惡。既然如此，咱們以後也要好好做。

正因為有這些措施，隋文帝時期的官員素質普遍比較高，這當然是老百姓之福，也是整個國家興旺發達的重要保證。元朝歷史學家胡三省曾經說過：「開皇之治，以賞良吏而成。」「開皇之治」怎麼來的？就是通過獎賞好官得來的，對隋文帝此一舉措予以高度評價。

經過文帝十幾年勵精圖治，隋朝不僅在軍事上捷報頻傳，在經濟建設、文化建設、官員體系建設方面也是成績卓著。因此，歷史學家便把這段國泰民安的黃金時期稱為「開皇之治」。

事實上，不光是史學家認可隋文帝的成就，連隋文帝的手下敗將、陳朝的亡國之君陳叔寶也非常服氣。開皇年間，陳叔寶和隋文帝一起登上洛陽北邙山，俯視大好河山，陳後主不由得詩興大發，當場賦詩一首：

日月光天德，山河壯帝居。
太平無以報，願上東封書。

意思是，日月光大陛下的德行，山河讓陛下的宮闕更加壯麗。面對這樣的太平盛世，我無以為報，只能給陛下上一封請求東封泰山的文書！陛下，您締造了這樣的太平盛世，應該去封禪了啊！

事實上，這並不完全是陳叔寶的吹捧，當時全社會絕大多數人都覺得自己沐浴在盛世的光輝中，也相信，大隋王朝能夠在隋文帝的英明領導下，愈走愈好。

可是，就在舉國上下信心十足時，有兩隻烏鴉嘴卻發出了不同的聲音。

誰呢？房玄齡父子。房玄齡的父親名為房彥謙，時任監察御史。他曾經私下對親友說：

主上忌刻而苛酷，太子卑弱，諸王擅權，天下雖安，方憂危亂。

主上為人猜忌苛刻，不得人心，他立的太子卑弱無能，其他幾個王爺倒是權力太大。這樣看來，雖然眼下國泰民安，但是，將來可能會有禍亂。而其子房玄齡非常認同父親的觀點，而且說得更露骨。他說：

主上本無功德，以詐取天下，諸子皆驕奢不仁，必自相誅夷，今雖承平，其亡可翹足待。

主上通過權詐之術取得天下，統治的合法性本來就不夠。他的兒子們又都驕奢不仁，以後難免會自相殘殺。如今雖然看起來像是太平盛世，但是，亡國恐怕是翹首可待的事情啊！

在他們看來，雖然整個國家文治武功都不錯，但是，皇帝的家庭內部卻隱藏著深刻矛盾，而這個矛盾很可能給國家惹來大麻煩。那麼，他們的擔憂是否有道理呢？

【第二十一章】

太子失寵

楊勇是隋文帝嫡長子，他的太子地位本來不容挑戰。何況，他的政治表現也不乏精采之處，本應成為一位完美的接班人。但是，令人遺憾的是，隨著時間的推移，楊勇似乎愈來愈不入父皇母后法眼，他的太子地位也隨之搖搖欲墜。這是怎麼回事？楊勇到底做錯了什麼？

兩代隔閡

很多朋友都知道，隋文帝是中國歷史上道德最高尚的皇帝之一，獨孤皇后在世時堅持實行一夫一妻制。因此，五個兒子全是一母所生，這在兩千多年的帝王史上不說是絕無僅有，也算是非常罕見的了。

對此，隋文帝本人非常得意。隋朝初年時，他曾經對大臣說：

前世皇王，溺於嬖幸，廢立之所由生。朕傍無姬侍，五子同母，可謂真兄弟也。豈若前代多諸內寵，孽子忿諍，為亡國之道邪？

在他看來，前朝帝王往往因為寵幸妃子，被美色沖昏頭，最後做出廢長立幼之事，嚴重者甚至因此亡國。而他只愛皇后一人，五個兒子都是親兄弟，所以絕不會發生內鬥，這就是大隋萬年基業的保障。

誰想到，在巨大的權力誘惑面前，再濃的親情也不堪一擊。楊堅的兒子間終究爆發了驚心動魄的爭鬥，太子地位逐漸變得岌岌可危，這是怎麼回事呢？

要想知道此事的來龍去脈，得先交代一下隋文帝諸子的基本情況。隋文帝和獨孤皇后一共生了五個兒子。其中，老大名為楊勇，隋初封為太子。老二名為楊廣，封為晉王。老三名為楊俊，封秦王。老四名為楊秀，封蜀王。老五名為楊諒，封漢王。其中，楊勇因為是長子，從小便和父親的政治前途綁在一起。

北周末年，楊堅矯詔輔政，隨即任命楊勇為東京小塚宰，替父親鎮守洛陽；楊堅篡位前夕，楊勇又回到京師，統領禁軍，為楊堅篡權保駕護航。總之，身為嫡長子的楊勇為楊堅建立隋朝做出應有的貢獻，所以，隋朝建立後，楊勇便毫無意外成為太子，成了楊堅的法定接班人。

既然當了接班人，自然要學習如何治國理政。隋朝初年，軍國大事都讓楊勇參與決策。楊勇的表現也可圈可點。其中，最為人稱道的是他關於處理北齊遺民問題的建議。

前文說過，隋朝由北周和北齊整合而成。其中，北周社會發展落後，老百姓不是當兵就是種地，沒有第三種職業。而北齊經濟發展程度相對比較高，許多老百姓脫離土地，從事工商業。這讓在北周的社會環境下成長的隋文帝楊堅非常看不慣，他覺得，這是遊手好閒。遊手好閒就會為非作歹，一定要好好整頓這些人。

怎麼整頓呢？隋文帝說，與其讓他們閒來生事，倒不如把他們都遷到北方邊境。這簡直就是流放。

可以想像，如果此政策出臺，肯定讓整個山東地區騷動起來。對於新生的隋朝肯定不利。這時候，身為太子的楊勇上諫。他說：

> 竊以導俗當漸，非可頓革，戀土懷舊，民之本情，波迸流離，蓋不獲已。……若假以數歲，沐浴皇風，逃竄之徒，自然歸本。……何待遷配，以致勞擾。

他說，您想讓老百姓都安頓下來，這個想法是好的。但是，移風易俗快不得，需要慢慢引導。如果操之過急，讓老百姓背井離鄉，恐怕引起變亂。隋文帝一聽，覺得有道理，採納了他的建議，山東地區的老百姓因此躲過一劫。

從這件事可以看出來，楊勇在治理社會的理念上比楊堅先進。楊堅對待異己分子不問緣由，簡單粗暴，其實是軍事化的思維模式和管理模式。而楊勇則強調春風化雨，循序漸進，體現出文治的精神。

這兩種治國理念哪個更先進？對於開創帝業，也許隋文帝較合適；但是對於守成而言，當然是楊勇更勝一籌。

事實上，史書提到楊勇時，也說他「頗好學，解屬詞賦，性寬仁和厚」，這個人很有文化，性情也比較平和，符合人們對太子的基本要求。

在很長一段時間裡，隋文帝對他頗為滿意。但是，到了開皇中期，太子楊勇卻逐漸失寵。而且，既失寵於父，又失寵於母，這是怎麼回事呢？

楊勇為什麼在父親這邊失寵？有兩個原因。

第一、他太不艱苦樸素。第二、他太不謙虛謹慎。

先看第一點，艱苦樸素的問題。隋文帝非常節儉，當了皇帝後還保持革命本色，每天只吃一道葷菜，穿衣也是新三年、舊三年、縫縫補補又三年。可是，到了楊勇時，國家已經富裕起來了，國庫裡的絹帛多得沒地方放。楊勇在這樣的環境裡成長，對生活品質的要求比爸爸高得多。

有一次，他居然想用金銀裝飾一副從蜀地運來的鎧甲，把隋文帝氣壞了。鎧甲是防身用的，裝飾得那麼花俏做什麼！馬上數落楊勇。他說：

自古帝王未有好奢侈而能久長者。汝為儲後，當以儉約為先，乃能奉承宗廟。吾昔日衣服，各留一物，時復觀之以自警戒。恐汝以今日皇太子之心忘昔時之事，故賜汝以我舊所帶刀一枚，并菹醬一合，汝昔作上士時常所食也。若存記前事，應知我心。

帝王要想統治長久，就不能奢侈享樂。你以後要當皇帝，所以特別要注意節儉。就拿我來說，當了皇帝後，我特意保留一身過去所穿舊衣，隨時提醒自己不忘本，現在，我也把這個好方法傳授給你。我賞給你一把舊刀子和一盒醬吧！刀子是我用過的，醬是你當年常吃的，希望你隨時看看這兩樣東西，保持艱苦樸素的本色。楊勇一聽，只好唯唯諾諾，接受下來。

我們應該怎麼評價這件事呢？老實說，雖然文帝講的居安思危並沒有錯，皇帝主動約束自己也非常可敬，但是在這一點上，筆者倒比較同情楊勇，因為楊勇面臨的問題和我們這一代人有相似之處。

我們這一代人都是伴隨改革開放成長的，眼看著國家一天天繁榮起來，我們當然也樂於享受一下這繁榮的成果，花錢難免隨意一些，而我們的父輩大半生都是艱苦奮鬥過來的，花錢往往更仔細。兩代人生活經歷不一樣、觀念不一樣，其實很難說一定誰對誰錯，但是，老輩人難免還是要嚕囌，說我們不懂事。

問題是，我們的父輩都是老百姓，他們對我們看得慣也罷、看不慣也罷，其實對我們未必有太大的影響，而隋文帝不一樣，他是皇帝，他對太子不滿意，還是相當有影響力的。

再看第二點，謙虛謹慎問題。太子怎麼不謙虛謹慎呢？這其實是一次冬至節惹的禍。

按照古代禮儀，冬至是非常重要的節日，因為從這一天開始，陽氣逐日增長，陽氣象徵為君之道，所以冬至那天，文武百官都要朝賀皇帝。而太子是儲君，按照當時的規矩，百官在朝拜完皇帝後還要去東宮覲見太子。

這一年冬至時，百官照例向太子賀年，楊勇擺足派頭，讓樂隊演奏迎賓曲，自己則穿著禮服，大模大樣地接受百官羅拜。本來，楊勇這樣做是南北朝慣例，而且恐怕往年都是如此，但是這一年，不知道為什麼，觸怒了隋文帝。

文帝問朝臣：我聽說冬至那天文武百官都去朝覲太子，這是什麼禮數？有位大臣回答說：百官見太子應該叫賀，不應該說朝。隋文帝說：既然是賀，那應該是三五成群，誰願意去誰去，怎麼文武百官都排著班去呢？而且，太子又是穿禮服、又是奏樂，比我還有派頭，他眼裡還有沒有我這個皇帝？

發了一頓火後，文帝馬上下了一道詔令：

> 禮有等差，君臣不雜。皇太子雖居上嗣，義兼臣子，而諸方岳牧正冬朝賀，任土作貢，別上東宮；事非典則，宜悉停斷！

意思是，國家制定禮儀是要區別人的身分、等級，皇太子雖是儲君，但畢竟尚未登基，現在他的身分，就是臣子。而你們這些大臣，居然也像對待我一樣，去朝覲他，還給他上貢，這不合典則，從今以後，再也不許這樣做。

大家一聽來龍去脈就明白，楊勇這個樓子捅大了。用金銀裝飾鎧甲只是生活態度問題，而大模大樣接受百官朝賀可就涉及最敏感的權力問題。

隋文帝是個猜忌成性的皇帝。因為他的皇位是篡來的，總擔心別人像他一樣想篡權。因此，對人格外防範。現在一看太子絲毫不懂得謙虛謹慎，譜擺得比自己還足，他的猜忌心一下子膨脹起來。這小子，想當皇帝的心也太急切了吧！從此，對楊勇更加看不慣。

任情太子

在父皇面前失寵已經夠倒楣了，更糟糕的是，楊勇在母親這邊也失寵了。

在父親那邊是因為不夠艱苦樸素、不夠謙虛謹慎，在母親這邊則是因為生活作風不夠檢點，不能堅守一夫一妻制。

本來，楊勇還沒當上太子時，楊堅夫婦就給他娶了個姓元的姑娘。這位姑娘的爸爸名為元孝矩，是北魏皇族，也是北周名將，和楊勇門當戶對，應該是門好親事。

可能正是因為皇族出身，又是武將之女的緣故，元姑娘剛強嚴肅有餘，溫柔活潑不足。這樣的性格特點很對婆婆獨孤皇后的胃口，但可惜，完全不是楊勇喜歡的類型。楊勇曾經向叔叔抱怨說：「阿娘不給我一好婦，真可恨！」母親沒給我娶一房好媳婦，真可恨啊！所以，楊勇當了太子後，雖然立元氏為妃，但是，對她缺乏熱情。

楊勇不喜歡元妃，那他喜歡誰呢？他喜歡的人不少，但最得寵的是一位姓雲的姑娘。雲姑娘的爸爸名為雲定興，是個手藝人，在古代地位很低。但是，此人心眼特別靈活，替人設計馬鞍，這款馬鞍立刻成了京城裡的流行樣式，再替人設計帽子，這種帽子馬上也贏得滿大街人效仿。

可以想像，這樣的爸爸調教出來的女兒也是心思靈動。另外，既然是寒門小戶出身，便不會整天端架子，相反，一定特別溫柔體貼。

楊勇在元姑娘面前沒有感受過的生活樂趣，在雲姑娘這裡全找回來了，所以，沒事整天往雲定興家裡跑，和雲姑娘偷偷約會，還生了孩子。既然孩子都生了，雲姑娘當然不能再待在外面。楊勇把她接進宮裡，封為昭訓，相當於皇帝的妃子，接連和她生了三個兒子。這樣一來，元妃徹底失寵了。

楊勇的這種行徑按照古代一般標準來看並不出格，但是，可把一個人得罪透了。

誰呢？他母親，獨孤皇后。獨孤皇后為什麼不滿意？因為她奉行一個在今天看來極端合理、在當時看來極端出格的原則：一夫一妻制。

獨孤皇后出身北朝貴族，北朝貴族女性在歷史上是鼎鼎有名的嫉妒成性，而獨孤皇后在此方面態度尤其堅決。根據《隋書．后妃傳》記載，十四歲的獨孤伽羅在新婚之夜就讓丈夫楊堅發下誓言，終生只有她一個妻子。

獨孤伽羅為什麼這麼霸氣十足？除了對自身比較自信之外，更重要的是，獨孤夫人的爸爸獨孤信是楊堅爸爸楊忠的老上級，而獨孤夫人的姐姐當時已是北周皇后，所以，獨孤夫人算是下嫁，自然強勢一些。

可能有人會說，雖然如此，後來獨孤信很快就倒臺了，楊堅犯不上怕她一輩子呀！沒錯，後來獨孤信死了，但是，獨孤夫人成長起來，成了楊堅的賢內助，讓楊堅對她又敬又愛。

舉個簡單的例子。北周末期，楊堅剛開始輔政，忐忑不安，還在猶豫當權臣或直接篡位當皇帝時，獨孤夫人派人傳話說：「大勢已然，騎獸之勢，必不得下，勉之！」現在形勢如此，你已經騎虎難下，所以不如往前再走一步。

這句話一下子堅定了楊堅的信心。這種審時度勢的能力和堅強果敢的性格，讓楊堅佩服得五體投地，情願和她終身廝守。即便後來當了皇帝，還是自動自覺地堅守當年的諾言。雖然也按照慣例在後宮設置一些妃嬪的職位，但是，這些職位全都是擺設，而且品位比一般朝代都低，只有獨孤皇后三千寵愛在一身。

獨孤皇后這樣做，筆者個人非常認可。問題是，她不僅要求隋文帝這樣做，也要求所有人都這樣做，這就有點脫離時代了。

舉個例子。當時有位大臣名為長孫覽，此人在和北齊的作戰中有功，北齊滅亡後，皇帝把齊後主嬪妃庫狄氏賞給他當小妾。沒想到，長孫覽對庫狄氏一見鍾情，冷落了原配夫人鄭氏。鄭夫人一生氣，一狀告到獨孤皇后那裡。獨孤皇后是大老婆權益保障協會主席，一聽鄭夫人控訴，二話沒說，勒令長孫覽和庫狄氏離婚，終生不許往來。

事實上，不光對長孫覽如此，獨孤皇后無論聽說哪位大臣納妾，都相當反感，如果誰家小妾懷孕更不得了了，她必定讓隋文帝把這名大臣降級，真是嫉惡如仇。

可是，太子楊勇居然敢無視母親訓誡，冷落母親選中的原配夫人，寵幸一個外面認識的下等人，當然讓她非常惱火。

就這樣，楊勇不僅得罪了父皇，還得罪了母后。

總結一下，楊勇的問題到底出在哪裡？拋開上述具體的事情不談，楊勇真正的問題出在他的性格。

什麼性格呢？《隋書》寫得非常清楚。就是「率意任情，無矯飾之行」。非常任性，隨心所欲，不喜歡偽裝。換句話說，明知道自己有些作法不符合皇帝、皇后的期待，但是，還是我行我素。這樣的性格和隋文帝夫婦簡直格格不入。隋文帝夫婦性格均嚴肅、刻板、苛刻。責己嚴，責人更嚴。在這樣一對夫婦面前，任性簡直與犯罪無異。

楊勇有這樣的性格，確實不太適合當隋文帝夫婦的太子，失寵當然也在所難免。

伺機而動

太子失寵，對於一個國家來講絕對不是好事。不過，有個人卻因此偷偷地笑了。誰呢？隋文帝的二兒子、楊勇的弟弟，晉王楊廣，小名阿摩（廣婆）。楊廣已多次提到，兩征江南，北破突厥，在王子裡相當突出。

事實上，楊廣不光功勞大，名聲也挺好。舉個例子。有一次，楊廣帶領士兵圍獵，忽然天降大雨，手下趕緊拿來雨衣，請楊廣穿。沒想到，楊廣卻說：將士都還在淋雨，我怎麼能獨自穿雨衣呢？這樣的仁義之舉馬上在將士中傳開。從這一件小事，可以反映出，楊廣的政治素質相當不錯。

人有功名，欲望自然隨之增長，但是，按照中國古代嫡長子繼承制的原則，做為二兒子的楊廣本事再大也沒有接班的希望，這讓他相當無奈。可是，眼看哥哥楊勇不招父母待見，楊廣覺得機會來了。

怎樣做才能抓住這個機會呢？楊廣是個聰明人，他決定，楊勇從哪裡跌倒，自己就從哪裡爬起來。為了取悅隋文帝夫婦，楊廣在三方面下工夫。

第一、艱苦樸素。楊勇因為過度裝飾鎧甲挨批，楊廣便把自己王府裡所有屏風帳子都換成素縑。既沒有圖案，又沒有顏色，烏壓壓一片，十分樸素。

另外，楊勇喜歡聲色犬馬，楊廣反其道而行，雖然精通音律，但是，為了政治地位，暫時忍了。大手一揮，把屋子裡所有樂器的弦都弄斷，上面落了一層灰也不讓人擦，以備隋文帝檢閱。

果然，有次隋文帝駕臨晉王府，一看這灰頭土臉的屋子、灰頭土臉的破樂器，臉上馬上綻開笑容。這個兒子，個性和我一樣嚴肅，只喜歡正經做事，不喜歡花俏的東西。這樣的生活態度，我喜歡！

第二、一夫一妻。討好完父親，得討好母親。母親對生活作風問題特別感興趣，就在這一點上做足文章。楊廣把晉王府裡年輕漂亮的侍女隱匿起來，不讓她們在人前曝光，留下幾個又老又醜的在外面活動，誰看了都說，別看晉王年輕，倒不好色。光不好色還不夠，獨孤皇后還特別要求夫婦間的忠貞。這一點，楊廣更是沒有問題，天天和王妃蕭氏大秀恩愛。

這位蕭妃也不是尋常人物，她本來是隋朝的傀儡政權後梁國主蕭歸的公主，因為生在二月，按當時的迷信會剋父母，因此要溺死。蕭歸不忍心殺死小生命，把她送給弟弟領養。沒想到，八歲時，領養她的叔叔又死了，於是，父母又把她託給舅舅。

後梁國主比較清正廉潔，沒怎麼照顧蕭妃的舅舅，這個舅舅家日子相當清苦，所以，蕭妃小時候便過著粗茶淡飯、荊釵布裙的日子。直到十四歲，隋文帝替次子晉王求婚，選中她，蕭妃這才重新體驗皇家生活。可是，沒過幾年，剛體會到一點後梁公主、大隋王妃的幸福感覺，她的娘家後梁又讓隋朝滅了，難免給她造成不小的心理陰影。

但是，從另一方面看，坎坷的經歷也因此歷練了蕭妃的性格。因為是後梁公主，所以她有種自然的高貴氣和書卷氣；又因為在貧寒的舅舅家長大，她比一般貴族小姐多了一份謙和體諒；再加上亡國之痛，讓她在政治上更加敏感和成熟。

這樣成熟懂事的王妃和深謀遠慮、野心勃勃的晉王在一起，可說棋逢對手、將遇良才，彼此配合相當合契。即使晉王偶爾傳出風流韻事，蕭妃也能以大局為重，不僅不去找獨孤皇后告狀，反而幫他掩蓋得滴水不漏。人前人後一副模範夫妻的樣子，晉王的兩個兒子都是蕭氏所生，就像是隋文帝和獨孤皇后的翻版，獨孤皇后看了當然喜歡。

第三、謙虛謹慎。隋文帝討厭楊勇妄自尊大、亂出鋒頭，楊廣便刻意低調。只要隋文帝或獨孤皇后派人到楊廣府上，無論此人身分高低、年齡大小，楊廣和蕭妃必定熱情接待。

如何熱情接待？三個步驟。第一步，老早站在門口恭迎。第二步，奉上美味佳餚，讓客人吃好喝好。第三步，臨走時再送上一份厚禮。這樣連吃帶拿，再聽好話，誰不滿意？

特別是獨孤皇后派出的婢女，每次到晉王府，蕭妃都和她們同吃同住，一點架子都沒有，把這些婢女感動得眼淚汪汪，念念不忘他們的好處。這讓隋文帝夫婦也相當感動，俗話說打狗看主人，這孩子對我們的奴僕都這麼好，正說明我們在他的心目中地位高呀！

因為有這三條優點，再加上不俗的功業，楊廣在父皇母后的心中的地位直線上升。

元妃猝逝

正在這時候，楊勇那邊又出了一個大麻煩，讓他和父母之間的矛盾更加激化。

開皇十一年（五九一）正月二十一日，失寵的元妃得了急病，兩天之後就去世了。

按照史書的記載，元氏得的是心疾，也就是心臟病。這種病本來就有發作快、死亡率高的特性，因此兩天去世是常有的情況。

問題是，因為元氏失寵在先，所以，獨孤皇后便心生懷疑，這個可憐的兒媳婦，很可能是被楊勇毒死的！楊勇為什麼做這麼喪心病狂的事？還不是想殺了她，好給那個姓雲的妖精騰地方！為妾殺妻，這觸犯了獨孤皇后的道德底線。

而且，古代婚姻講的是父母之命、媒妁之言，現在，做兒子的居然把父母娶來的媳婦殺死，換成自己選中的情人，這就觸犯中國古代一個根本性的倫理原則——孝道。

什麼是孝順？從這個詞的構成可以知道，順即為孝。只有順從，才叫做孝。現在，母親為你娶的妻子你不喜歡也就罷了，還要把她毒死，這不光是怎麼對待妻子的問題，還是一個怎麼對待母親的問題。

中國古代可是講究以孝治天下，隋朝尤其推崇。獨孤皇后本人便極力宣導孝道。她的父母早逝，獨孤皇后便把一片孝心播撒在大臣的父母身上，只要聽見哪位大臣父母健在，獨孤皇后一定親自致意。她這樣做，本也是母儀天下的意思，要做天下人表率，讓天下人學習。沒想到，自己的兒子竟然都沒有學好，這讓她鬱悶至極！

更重要的是，是否孝順母親不光是感情問題，還涉及到是否尊重母親的權威問題。要知道，權力是隋文帝夫妻、當然也是所有皇帝最最敏感的問題，現在太子居然觸動了這根紅線，那他在父母心目中的形象自然直線下降。

兩個兒子的形象一升一降，到底意謂著什麼？

就在這一年，隋文帝接見一名來自南方的術士韋鼎。此人在北周時期曾經預言隋文帝會當皇帝，所以，文帝對他相當信任。這一次，隋文帝問他：「諸兒誰為嗣位？」我的這些兒子，你看誰應該接班？韋鼎回答說：「至尊皇后所最愛者，當與之，非臣敢預知也。」

這一問一答太有趣了。當時太子已經立了十多年，按道理講，誰應當接班是早就確定的事，隋文帝根本不該有此一問。他既然這麼問，說明這件事已經不再是那麼確立不移，出現了變化的可能。

隋文帝問得有趣，韋鼎答得也有趣。皇帝應該由誰來接班？當然應該是嫡長子，但是，韋鼎沒有這麼回答。他說，皇帝和皇后喜歡誰就是誰。這是個滑頭的說法，但也是皇帝和皇后最愛聽的說法。這一問一答，好像一朵烏雲一樣，出現在隋朝的政治天空中。

儘管如此，我們知道，太子號稱國本，如果沒有重大變故，輕易不能變化。換言之，晉王雖然在父母心目中地位不低，但是，要想把太子拉下來，恐怕還有好長的路要走。那麼，他下一步要怎麼做呢？

【第二十二章】

楊廣結盟

隨著隋文帝夫婦對太子楊勇日趨不滿，楊廣使出渾身解數，極力討取父母歡心。但是太子號稱國本，不能輕易更動，隋文帝雖然不滿意楊勇，也不可能隨便廢立。楊廣會採取什麼手段，促使隋文帝下定決心呢？

處心積慮

因為太子楊勇任性，而晉王楊廣善於表現，隋文帝和獨孤皇后感情的天平不由自主地向楊廣傾斜，甚至隱隱約約流露出一點更換太子的意思。這讓楊廣覺得非常開心。但是，他也知道，廢立太子可是一件大事，絕不是僅憑父母的感情傾向就能決定。要想撼動太子的地位，必須有強大的勢力支持才行。

因為改立太子既關係到家庭的前途，又關係到國家的命運，那麼，來自這兩方面的支持都是不可或缺的。一定要這兩方面都有人支持才行。在家庭內部，讓誰為自己說話呢？楊廣把突破口選在母親獨孤皇后身上。

為什麼選獨孤皇后？因為獨孤皇后不僅是六宮之主，而且在政治上對隋文帝影響非常大。

獨孤皇后的政治影響力大到什麼程度？可不是我們一般設想的吹吹枕頭風，而是每天都和隋文帝一起上朝。根據《隋書》記載，每次隋文帝上朝，獨孤皇后必定陪同前往。但是，送到為止，絕不進朝堂。不過，雖然獨孤皇后人不進朝堂，她的心可全在朝堂上。她會派小宦官在朝堂聽隋文帝處理公務，隨時向她匯報大臣上奏和隋文帝的批示情況，一旦她覺得有什麼不妥，立刻派宦官傳話，提供自己的意見。而文帝也往往會尊重她的高見。

這樣一來，連當時的人也難以分清到底什麼決策是隋文帝的主意、什麼決策是獨孤皇后的主意，所以，宮裡把他們兩人合稱「二聖」。

一聽「二聖」，可能有的朋友有印象，唐朝的時候唐高宗和武則天也合稱「二聖」。沒錯，武則天跟唐高宗合稱「二聖」，那已經是翻版，真正的原創是獨孤皇后。不過，雖然都合稱「二聖」，獨孤皇后和武則天可不一樣。她雖然熱中政治，但是，價值觀還比較正統，並沒有武則天那麼強烈的個人野心。

舉個例子。獨孤皇后影響力大，有的大臣就想討好她，上奏說，根據《周禮》，百官之妻的命婦頭銜都應由皇后授予，請求恢復古制。這是想為獨孤皇后找出鋒頭、露臉的機會，如果是武則天肯定會眉開眼笑地接受。但是，獨孤皇后可不一樣。

她不僅沒有順勢接受，反倒一口拒絕說：「以婦人與政，或從此漸，不可開其源也。」意思是，如果讓皇后冊封命婦，我恐怕會開婦人參與國務活動的先河，甚至發展到干權亂政的程度，所以萬萬不可。也就是說，冊封內外命婦是擦邊球，既可說是婦女活動，又可說是國務活動。我沒有野心，也不願打這個擦邊球。

就這樣，獨孤皇后一方面積極為隋文帝貢獻她的政治才華，另一方面則牢牢把握尺度，甘做幕後英雄，這樣的賢內助當然贏得隋文帝敬愛。

更浪漫的是，按照史書記載，每天晚上隋文帝退朝時，獨孤皇后必定早已等在朝堂門口，兩個人「同反燕寢，相顧欣然」。三十年如一日保持蜜月狀態，這樣的感情讓我們千年之後的人羨慕不已。可以想像，在當時，想找能夠影響隋文帝的人，捨獨孤皇后其誰呢！

這樣看來，楊廣想從獨孤皇后著手確實是明智之舉。問題是，如何進行？楊廣是聰明人，他知道，面對獨孤皇后這樣睿智的女人，玩智謀行不通，要想打動她，只能靠感情，靠母子親情。

再平江南後，楊廣便擔任揚州總管。皇太子妃元氏死後不久，楊廣回京省親的假期結束，即將離開大興城回揚州。臨行前，楊廣進宮向母后辭行，一見到獨孤皇后，他撲倒在地，說：

臣鎮守有限，方違顏色，臣子之戀，實結於心。一辭階闥，無由侍奉，拜見之期，杳然未日。

意思是，假期結束，我該回去工作了。想到又要有好長時間，不能看到您慈祥的面容，我心裡就難受啊！說完哭得嗚嗚咽咽，簡直都起不來了。

這樣的作法我們可能覺得太過虛假，但是，天下哪有母親會懷疑兒子對自己的感情。獨孤皇后也被感動得潸然淚下，說：「汝在方鎮，我又年老，今者之別，有切常離。」她說是啊，你到那麼遠的地方赴任，我如今又老了。老到什麼程度？其實獨孤皇后那年才四十歲，但是在古代，算是老了，咱們倆隔得那麼遠，所以我也捨不得離開你啊！

楊廣一看，感情氣氛營造得差不多了，告起狀來。他說：

臣性識愚下，常守平生昆弟之意，不知何罪，失愛東宮，恆蓄盛怒，欲加屠陷。每恐讒譖生於投杼，鴆毒遇於杯勺，是用勤憂積念，懼履危亡。

意思是，我之所以這麼傷心，除了不捨得離開您，還有一個原因，那就是，我不知道怎麼得罪了太子。他見到我就咬牙切齒、殺氣騰騰。我真怕他會在您和父皇面前進我的讒言，或者乾脆派人給我下毒。所以我天天都憂心忡忡，害怕哪一天再也見不到您了。

獨孤皇后一直懷疑兒媳婦元氏是被太子楊勇毒死的，現在聽說自己鍾愛的次子楊廣提到害怕被大哥投毒，一下子觸動她的心事，怒氣馬上爆發。她說：

地伐漸不可耐，我為伊索得元家女，望隆基業，竟不聞作夫妻，專寵阿雲，使有如許豚犬。前新婦本無病痛，忽爾暴亡，遣人投藥，致此夭逝。事已如是，我亦不能窮治，何因復於汝處發如此意？我在尚爾，我死後，當魚肉汝乎？每思東宮竟無正嫡，至尊千秋萬歲之後，遣汝等兄弟向阿雲兒前再拜問訊，此是幾許大苦痛邪！

「地伐」是楊勇小名。她說地伐這孩子，愈來愈讓我受不了了，我好好地替他娶了元家的女兒，指望他們兩個能夠興家立業，沒想到他對人家不理不睬，卻專門寵愛那個阿雲，還跟她生了那麼多豬崽子、狗崽子。前幾天我這元氏兒媳婦，本來一點病都沒有，忽然就死了，還不是楊勇派人投毒。但是事已至此，我也無法深究，沒想到，他又想在你這兒幹同樣的事。我在的時候他尚且這樣對待你，要是有一天我不在了，還不知道他要怎麼作踐你們兄弟幾個。我每每一想到東宮，居然沒有一個出身好的後代，還要讓你們兄弟在至尊、在皇帝陛下千秋萬歲之後，對著阿雲生的那些狗崽子跪拜稱臣，我的心裡不知道有多痛苦。說完後，獨孤摟著楊廣，哭成一團。

這樣一來，楊廣知道，自己的目的已經達到，現在母親的心算是完全在他這邊，有母親盯著，後宮這邊他不用操心了。

但是，在古代，廢立太子是國家大事，光有母親支持不行，還得大臣支持。那麼，大臣這邊，誰會支持楊廣呢？

拉攏楊素

隋初朝廷最有分量的是所謂「四貴」，即高熲、蘇威、虞慶則、楊雄。但是，到了開皇九年（五八九）平定江南後，格局變了，楊素的地位迅速竄升，而蘇威、虞慶則、楊雄則先後失寵。所以，此時，朝廷裡說話最管用的有兩個人，一是高熲，一是楊素。如果他們支持楊廣的話，可謂成功在望。

問題是，這兩人會不會支持呢？先來替楊廣分析一下。先看高熲，他恐怕不會。為什麼呢？有三個原因：

第一、高熲為人方正，不太可能參與這樣的陰謀。

第二、高熲已位極人臣，再參加政治陰謀沒什麼好處。

第三、非常重要的一點，他的兒子娶了太子楊勇的女兒，和太子是親家，不可能不幫楊勇說話。

高熲不會支持，那楊素有沒有可能呢？楊素是很有可能的。為什麼？

第一、楊素為人才大於德，好做奇事，好建奇功，這樣的人原則性不強，敢於冒險。

第二、和高熲相比，楊素在政治上還有上升空間，可以用權力誘惑他。

所以，楊廣便把拉攏重點放在楊素身上。問題是，圖謀廢立可是會掉腦袋的事情，怎樣才能讓楊素同意加入呢？

楊廣回到揚州後，馬上找人商量。找誰呢？宇文述。宇文述是隋朝名將，參加過晉王楊廣領銜的平陳戰役，算是楊廣下屬。楊廣覺得他頭腦靈活，就把他留在身邊，當壽州刺史，同時兼任楊廣的軍師。

楊廣見到宇文述，把自己的想法向他和盤托出。宇文述怎麼回答的？他說：

素之謀者，唯其弟約。述雅知約，請朝京師，與約相見，共圖廢立。

他說：大王您的軍師是我，而楊素的軍師是其弟楊約。要讓楊素為你辦事，先得說服楊約。而我恰好認識楊約，請您讓我到京師去，我先會會楊約再說。楊廣一聽十分高興，趕緊打點了大量金銀財寶，讓他進京。

宇文述一到大興城，開始琢磨，怎麼樣才能拉楊約下水呢？

一般拉人下水，最常用兩個手段：一是金錢，一是美色。不過，對楊約來說，美色就免了。為什麼呢？因為此人小時候淘氣爬樹，不小心從樹上摔下來，摔成了宦官，從此對美色免疫。不過可能正因為身體有缺陷，他智力過人，心思縝密，性格陰鷙。楊素本來眼高於頂，難得瞧得起誰，但是，對他這個弟弟倒是言聽計從。

既然對美色免疫，那就用金錢收買。宇文述回到京城後，請楊約吃飯，把從揚州帶來的各種各樣的金銀寶器羅列出來。楊約貪財，一邊吃，一邊不住地瞟這些財寶。

這時候，宇文述說話了。他說：看得出，您喜歡這些東西。乾脆，咱們賭一場吧！就賭這些寶貝，誰贏了歸誰。那到底誰贏了？根本不用猜，楊約贏了。

賭博就是這樣，只要贏，就上癮。此後，楊約天天到宇文述這裡報到，從揚州帶來的寶貝也一件件到了楊約家裡。贏到最後，楊約不好意思，回請宇文述。

席間提到那些寶貝，宇文述說：「此晉王之賜，令述與公為歡樂耳。」我哪有那麼多寶貝？這都是晉王賜給我的，晉王讓我拿這些寶貝來跟你一塊兒作樂。楊約一聽，馬上意識到問題嚴重，趕緊問：晉王為什麼要這麼做？宇文述說：

> 夫守正履道，固人臣之常致，反經合義，亦達者之令圖。自古賢人君子，莫不與時消息，以避禍患。公之兄弟，功名蓋世，當途用事，有年歲矣。朝臣為足下家所屈辱者，可勝數哉！又儲宮以所欲不行，每切齒於執政。公雖自結於人主，而欲危公者固亦多矣。主上一旦棄群臣，公亦何以取庇？今皇太子失愛於皇后，主上素有廢黜之心，此公所知也。今若請立晉王，在賢兄之口耳。誠能因此時建大功，王必鐫銘於骨髓，斯則去累卵之危，成太山之安也。

宇文述說：你們兄弟倆都是大官，你哥哥楊素是宰相，你是大理少卿，為國家貢獻良多。問題是，辦事就會得罪人，肯定有很多大臣恨你們。另外，太子因為許多事不能隨心所欲，恐怕會遷怒於宰相。這樣看來，雖然皇帝寵幸你們兄弟二人，但是，暗地裡想要整你們的人怕也不少。

現在皇帝已經年老，還能保護你們幾年？一旦皇帝升天，你們的處境恐怕不妙。如何能變不利為有利呢？我想了一招。你也知道，如今太子不討皇后喜歡，皇帝也早有換人的打算，只是還沒決定下來。如果你能勸你哥哥在這時遊說皇帝，讓他改立晉王，那就是建了奇功。

事成後，我們王爺自然不會忘了你兄弟二人的大恩大德，你不就等於為自己找了一把新的保護傘了嗎？俗話說宜未雨而綢繆，勿臨渴而掘井，你想想吧！

楊約本來拿人家手短，再聽宇文述分析得入情入理、頭頭是道，馬上認可了他的意見，回家後，對楊素說了。而且，還特別向楊素保證，獨孤皇后支持這件事。

那楊素有何反應？楊素撫掌大笑：說，你真是比我聰明多了，就照你說的！可能有人會覺得奇怪，廢立之事，弄不好要掉腦袋的，楊素怎麼答應得那麼痛快？很簡單，他的動力太大了。

什麼動力？權力。當時朝廷裡勢力最大的就是他和高熲兩個人。高熲第一，他第二。如果政局維持現狀的話，以後太子楊勇接班，自然和高熲關係更近，他這個千年老二就要做到底了。但是，如果他能幫助楊廣奪得太子之位，自然也就成了太子的首席功臣，這樣一來，他就成了朝臣之首！

楊素功名心極重，對這樣的誘惑難以抗拒。所以，他豁出去賭一把，力挺晉王，就是力挺自己！不過，楊素畢竟老謀深算。雖然願意賭一把，但是，尚未明瞭態勢前，他不想貿然行動。

楊素要明瞭什麼態勢？他最需要明瞭的是皇后的態度。雖然，無論是宇文述遊說楊約，還是楊約遊說他，都保證獨孤皇后支持這件事，但是，這畢竟出自他人之口，是不是可信，他得親自驗證。

如何驗證？正好，沒過幾天，皇帝請客，讓他進宮侍宴。這是接近皇后的好機會，楊素當然得抓住。在酒宴上，楊素和獨孤皇后閒聊，非常隨便地說了一句：「晉王孝悌恭儉，有類至尊。」晉王這個人，孝順又友愛，恭敬又節儉，和皇帝一樣。

這句話非常巧妙，說兒子像爸爸，這話在哪裡說都不犯忌諱，讓人抓不到把柄；但是，在獨孤皇后所有兒子裡，不提別人，單單提到晉王和皇帝的共同處，這是微妙的試探。

對楊素此番試探，獨孤皇后做何反應？獨孤皇后的回應非常直截了當。她流著眼淚說：

公言是也。我兒大孝順，每聞至尊及我遣內使到，必迎於境首。言及違離，未嘗不泣。又其新婦亦大可憐，我使婢去，常與之同寢共食。豈若睍地伐共阿雲相對而坐，終日酣宴，昵近小人，疑阻骨肉。我所以益憐阿（廣婁）者，常恐暗地殺之。

意思是，您說的真對，我這兒子確實孝順，每次聽說皇帝或我派人到他那兒去，他必定到揚州邊上迎接，而且，每次從京城回揚州時，他沒有一次不哭的，那是真捨不得離開我，真孝順啊！另外，他媳婦也好，我每次派婢女去，她都跟我的婢女同寢共食。這樣的好孩子，哪像地伐和他媳婦阿雲，這兩口子就知道終日坐在那裡，吃好喝好，親近小人，猜疑骨肉。我現在擔心什麼呢？我就擔心，這地伐楊勇，把他弟弟暗殺了。

明明白白表示，自己喜歡楊廣，不喜歡楊勇。聽獨孤皇后這麼一說，楊素放心了，馬上亮明態度，跟著把太子楊勇罵了一頓。這樣一來，兩個人一拍即合。既然見解一致、目標一致，那就一起把太子拉下馬！獨孤皇后當即賞給楊素一大筆錢，讓他運作。

就這樣，倒太子挺晉王的集團正式形成，四下活動起來。

陰謀廢立

怎麼活動呢？分頭活動。

獨孤皇后利用皇后的身分在太子宮中安插眼線，從此，太子每天一舉一動都被她盡收眼底，她再挑出其中的陰暗面，添油加醋向隋文帝匯報，讓隋文帝覺得，太子生活奢侈糜爛。

與此同時，楊素則在朝廷裡煽風點火，鼓動所有官員，特別是任職於太子府的官員上書檢舉，一一挖掘太子在工作方面的失誤。一時間，「內外渲謗，過失日聞。」

與此同時，楊廣被各方誇成了一朵花。兩相對比，由不得隋文帝不動心。

太子楊勇雖然任性，但是，他也不是傻子，現在，宮廷和朝廷掀起反太子大合唱，父母對他也愈來愈冷淡，他當然意識到自己的地位岌岌可危。

怎麼辦呢？人一急，腦子就亂，楊勇也不例外。他不去想怎樣檢點行為，改變父母的印象，反倒想了一個最愚蠢的法子，請術士作法。

他請來的術士名為王輔賢，號稱精通天象。此人到了太子府上，看了看天，說：「白虹貫東宮門，太白襲月，皇太子廢退之象也。」有一道白虹橫貫東宮門，而且，太白金星奪了月亮之位。東宮和月亮都是太子的象徵，看來，您有被廢的徵兆。

其實一聽就明白，這根本不是算出來的，從外面一打聽就知道。古往今來，算卦的都是這麼騙人的。

可是，當局者迷，太子楊勇沒想到這些。相反，他覺得，算得真準。既然算出來了，趕緊指點一條生路吧！王輔賢說：你要是被廢，就成了庶人，不如你主動體驗庶人的生活，把自己打扮成庶人的樣子，過過庶人的苦日子，就等於把日後的災難提前化解。

太子一聽有道理，趕緊在後花園造了一座庶人村，建了幾座低矮破舊的草房，裡面鋪上草席，每天穿得破破爛爛到裡面待著，希望能躲過災難。

他這樣做當然沒有用，不僅沒用，反而有害。這是厭勝（古代一種巫術，謂能以詛咒制勝）！是古代宮廷裡頭最忌諱的事。

果然，隋文帝很快知道這件事，派楊素了解情況。這等於讓狼去調查羊，楊素欣然前往。到了太子府前，他大張旗鼓地派人通報說，我奉皇帝之命了解情況，請太子做好準備。

一聽說皇帝派來的特使就在門前，楊勇當然不敢怠慢，趕緊穿戴得整整齊齊，恭候楊素。沒想到他左等不來，右等也不來。

楊素做什麼去了？先找地方睡覺去了，故意拖延時間，不進門。楊素為何如此？這是在激怒太子。他知道，讓太子這麼冠帶整齊地乾等，心裡肯定又氣又急。太子城府淺，喜怒形於顏色，他一急，肯定控制不住脾氣。而這正是楊素要取得的效果。就這樣，楊素休息夠了，估計太子已經等得怒火中燒時，才終於慢條斯理地露面。

果然，太子一看見他，恨不得生吃了他，臉色變了，說話也沒邏輯，答辯過程非常失敗。楊素回到皇帝身邊，一點都沒有添油加醋，就對文帝說：太子一見到我，就對我亂叫亂嚷，態度非常囂張。現在，我擔心的已經不是他怨恨您了，我最擔心他會狗急跳牆、鋌而走險，您還是防著一點。

一聽楊素這樣說，隋文帝緊張了，馬上把東宮的衛兵都換成了老弱病殘，而且還在皇宮和太子宮間布置特別崗哨，每隔幾步就派一個士兵，對太子嚴防死守。

此時，傻子都知道，皇帝恐怕真是要換太子了。

俗話說，牆倒眾人推。馬上，不僅是宮裡和朝廷裡反對太子的聲浪愈來愈大，連術士都紛紛出動，爭相對隋文帝說，天象有變，皇太子應該廢黜。看起來，獨孤皇后和楊素此一聯盟非常成功，廢黜太子簡直是勢在必行。

不過，儘管如此，隋文帝還是非常猶豫。為什麼？有一個關鍵人物一直沒有表態。

誰呢？老宰相高熲。高熲當時在宰相的崗位上已經做了二十年，從建國到治國，無事不與，對待任何問題，他都是知無不言、言無不盡。但是，在太子問題上，他一直沒有表態。這讓隋文帝很不踏實。

高熲對這件事到底是什麼態度？開皇十九年（五九九），隋文帝親自試探。有一天，他假裝一副隨意的樣子問高熲：「有神告晉王妃，言王必有天下，若之何？」我兒媳婦晉王妃，做了一個夢，夢見神仙告訴她，晉王當有天下，愛卿啊，你怎麼看待這個問題呢？這是非常明確的暗示。

那麼，高熲有何反應？高熲馬上跪倒在隋文帝面前。說：「長幼有序，其可廢乎！」這一句話，讓隋文帝僵住了。很明顯，老宰相不贊成這件事。而且，老宰相說的這個原則很難駁倒。

看來，只要有高熲在，太子的地位還是撼動不得。那麼，高熲這把保護傘到底能不能一直撐下去呢？

【第二十三章】

高熲罷相

高熲是隋文帝時期頭號重臣，也是隋文帝和獨孤皇后共同信任的宰相。他為隋朝的建立和發展立下汗馬功勞。然而，在開皇末年，他卻被無情罷官，這到底是為了什麼？

功臣宰相

在晉王楊廣推動下，獨孤皇后和楊素對太子楊勇展開內外夾擊，使得隋文帝打算廢掉太子、改立晉王楊廣。

不過，廢立太子乃國之大事，除了皇帝認可外，還得宰相贊同。可是，當隋文帝就此事徵詢老宰相高熲意見時，高熲卻義正詞嚴地說「長幼有序」，一口否決。

高熲在隋朝的地位非同尋常，他不僅是隋文帝的佐命功臣，也是隋朝最重要的輔政大臣。二十年來，沒有哪件大事不是在他的參謀規畫下完成的。他一否決，事情就難辦了。

問題是，高熲一直和隋文帝同心同德，為什麼在這個問題上唱反調呢？換句話說，他為何反對廢楊勇，立楊廣？

古往今來，人們在考慮這件事時，往往會想到一樁公案。有記載說高熲和晉王楊廣有過節，兩個人因為一名美女產生過矛盾。這美女是誰啊？陳後主的寵妃——張麗華。

這兩人怎麼會和張麗華搭上關係？這得從開皇九年（五八九）的平陳戰爭說起。

隋朝平陳，晉王楊廣是名義上的統帥，但實際上主持工作的是高熲。隋軍進入陳朝首都建康後，高熲馬上跟進處理善後。善後工作中很重要的一件事就是懲罰戰爭罪犯。高熲所列出的戰犯名單中，貴妃張麗華高居榜首。

我們今天可能覺得處理身為妃子的張麗華不公平，不過，按照當時人的想法，張麗華用女色魅惑陳後主，就是罪不容誅。

可是，高熲準備執行死刑時，忽然接到晉王楊廣一封加急信，信上請他千萬刀下留人，留下來做什麼呢？《隋書．高熲傳》寫得清清楚楚，「晉王欲納陳主寵姬張麗華」。楊廣要留下來自己享用。

那麼，對於晉王此一請求，高熲做何反應？高熲說：「武王滅殷，戮妲己。今平陳國，不宜取麗華。」張麗華和商朝的妖姬妲己一樣，是禍水，不能留，堅持斬了張麗華。楊廣一聽高熲如此不給自己面子，勃然大怒，當時就放話，說：我一定會想辦法報答高公的。從此，兩個人就結了梁子。

既然有這樣的過節，如果楊廣當了太子，以後再當皇帝，高熲一定沒有好下場，所以，高熲不可能支持楊廣。

那是不是這麼回事呢？雖然這件事在《隋書》和《資治通鑑》中都有記載，關於隋煬帝的各種小說更是渲染得神乎其神，但是，這個事情不是真的。為什麼呢？有三個理由。

第一、晉王楊廣很早就立下遠大理想，一直致力於營造不好女色的良好道德形象。事實上，他正是靠著這種形象打動隋文帝夫妻，甚至讓他們產生廢長立幼的想法。

試想，這樣一個心機深沉、自制力極強的人，怎麼可能在平陳這樣一個萬眾矚目的情況下，冒天下之大不韙，庇護一個天下知名的壞女人呢？就算楊廣好色，他在政治上也不會如此幼稚。

第二、平陳那年，張麗華所生的兒子都十五歲了，而楊廣當時年方二十，就算是楊廣不考慮自己的名聲和政治前途，也沒必要找個媽媽級別的美人。

第三、當時的一些史書，比如《陳書》、《南史》都明確記載，「晉王廣命斬貴妃」。也就是說，殺張麗華以謝江南百姓，其實正是出自於晉王楊廣的命令。

基於以上三個理由，所謂楊廣和高熲因張麗華而早有矛盾的記載並不成立，是後來的人在隋朝滅亡後，為了醜化隋煬帝編造的故事。

既然如此，高熲為什麼堅決反對隋文帝的廢立之舉呢？他有公私兩方面的考慮。從公的角度來說，做為一名有經驗、有操守的政治家，高熲深知廢長立幼可能引發嚴重的政治鬥爭，輕則造成政局不穩，重則因此國破家亡，前朝已經有不少這樣的教訓，他不希望隋朝重蹈覆轍。從私的角度來說，高熲和太子楊勇是兒女親家，高熲的兒子娶了楊勇的女兒，所以，如果楊勇倒臺，以高熲這樣敏感的身分，在新皇帝手下也很難立足。

有公私兩方面的原因，高熲堅決舉起反對廢長立幼的大旗，旗幟鮮明地反對廢太子。除了旗幟鮮明地反對廢長立幼外，高熲也不忘在具體問題上維護太子的利益。舉個例子。當時隋文帝要削弱太子的軍事力量，下令從東宮衛士中挑選強壯的到皇帝身邊侍衛。一聽到這個命令，高熲馬上上奏。他說：「若盡取強者，恐東宮宿衛太劣。」如果把強壯的人全挑走了，東宮警衛怕會變差。隋文帝一聽，馬上反駁說：

我有時出入，宿衛須得勇毅。太子毓德東宮，左右何須壯士！此極弊法。如我意者，恆於交番之日，分向東宮，上下團伍不別，豈非佳事！我熟見前代，公不須仍踵舊風。

我經常出門，當然要壯士保衛，太子整天在東宮待著，要壯士做什麼！把衛兵分成皇帝和太子兩撥本來就不是好事，依我看，不如乾脆把太子的衛兵廢掉，都用我這邊的侍衛，在我和太子兩邊輪流上班就成了！說完，隋文帝還不忘補充一句，說，我知道你對太子有私心，請你不要做得太露骨！算是狠狠訓了高熲一下。

不過，儘管不能排除高熲的私心，但是高熲所說的不能廢長立幼，畢竟是非常嚴肅的政治原則，隋文帝也心存顧忌，不好一意孤行。

就這樣，因為老宰相高熲的庇護，太子的地位暫時算是安穩了一些。

水能載舟，亦能覆舟

那麼，高熲這把保護傘能不能一直打下去？非常遺憾，打不了多久了，因為高熲當時已經是泥菩薩過江，自身難保。這是怎麼回事呢？

簡單地說，高熲地位不保，是因為他得罪了獨孤皇后。

可能有人會說，獨孤皇后和高熲關係不是很密切嗎？高熲曾是獨孤皇后之父獨孤信的家臣，在獨孤信倒臺後還不忘舊情，一直出入於獨孤皇后家門，深得獨孤皇后敬重。楊堅輔政之初，第一時間找上高熲幫忙，恐怕也是獨孤皇后的推薦。獨孤皇后對隋朝的政治影響力相當強大，當時和隋文帝合稱「二聖」，高熲出自獨孤皇后門下，對他的政治前途自然是意義重大。事實上，高熲能夠執掌隋朝朝政二十年，一方面固然是因為他才幹了得，但另一方面，獨孤皇后的大力支持也是重要因素。

問題是，獨孤皇后如此強悍，她喜歡高熲時，固然是難得的貴人，一旦翻臉，殺傷力也就不是一般的強悍。而就在此時，獨孤皇后恰恰對高熲翻臉了。怎麼回事呢？兩件事的結果。

第一件事，獨孤皇后覺得高熲瞧不起她。為什麼她會產生這樣的想法呢？這得從一起桃色事件說起。

隋文帝雖說當了皇帝，但仍模範地執行一夫一妻制。問題是，有一句話說得好，一個人做一件好事並不難，難的是一生只做好事，不做壞事。隋文帝當了一輩子模範丈夫，但是，到晚年卻犯了一次錯誤。

有一次，隋文帝到仁壽宮度假，因為心情放鬆，對什麼事情都有興趣，在這種情緒下，他注意到一名宮女。這宮女不僅長得漂亮，而且氣度不凡，看起來大有來歷，一打聽，原來是尉遲迥的孫女。尉遲迥是當年楊堅當皇帝最大的障礙。周宣帝死後，楊堅矯詔輔政，馬上引發三總管起兵，尉遲迥是勢力最大的那一個，當時可讓楊堅吃足苦頭。

後來，尉遲迥兵敗，他的孫女被沒入後宮，成了宮女。一聽宮女說完身世，楊堅不由得回想起當年金戈鐵馬的崢嶸歲月，內心充滿征服者的豪情，臨幸了這名宮女。

俗話說不比不知道，一比嚇一跳。獨孤皇后再好，畢竟已經四十多歲，人老珠黃，和二十出頭的尉遲氏相比立刻黯然失色。楊堅一下子被美色沖昏頭，顧不得獨孤皇后的嫉妒，對尉遲氏山盟海誓，保證退朝後再來看她。

獨孤皇后是六宮之主，出了這樣的事情，她馬上知道了。知道了怎麼辦呢？她裝得和不知道一樣，照樣和隋文帝一起出門上朝，把隋文帝送到朝堂後，回來便把這尉遲氏宮女打死了。

文帝退朝後，興沖沖來找尉遲氏，發現她香銷玉殞。隋文帝傷心極了，堂堂皇帝連心愛的宮女都保不住，這皇帝也當得太窩囊了！

怎麼辦呢？把獨孤皇后廢了？隋文帝沒有那份勇氣，盛怒之下，他乾脆離家出走了。按照《資治通鑑》記載，「單騎從苑中出，不由徑路，入山谷間二十餘里。」騎著一匹馬，從禁苑跑出去，不管有路沒路往前闖，一直跑了二十多里，跑到山裡去了。意思是，這個皇帝當得沒意思，我不當了。

一聽說皇帝出走，朝廷這邊慌了神，國家不可一日無君，趕緊去追吧！誰去呢？高熲和楊素這兩位宰相。好不容易在山裡找到隋文帝，兩人趕緊扣馬苦諫，求皇帝回去。

隋文帝長嘆一聲，說：「吾貴為天子，不得自由！」我雖然貴為天子，但是皇后把我管成這個樣子，一點自由都沒有。

一看隋文帝這麼苦惱，高熲勸說：「陛下豈以一婦人而輕天下！」陛下，皇后不過是個婦人，頭髮長，見識短，你豈能因為生她的氣就拋棄天下！

這是給隋文帝臺階下，說皇后不值得你生氣，還是回去吧！隋文帝也知道高熲一番苦心，總在外面也不是辦法，磨蹭到半夜，還是回去了。

回去後，獨孤皇后賠了不是，夫妻把酒言歡，本來這件事就過去了。可是，後來獨孤皇后一打聽隋文帝回來的經過，聽說高熲居然管她叫一婦人，不禁怒火中燒。你原是我們家的家臣，我這麼多年一直庇護你，你竟敢說我不過是一婦人！我在你眼裡就那麼不值錢嗎？從此就對高熲產生不滿。就這樣，因為一句無心之言，高熲得罪了強勢的獨孤皇后。

這麼強勢的皇后，得罪一次已經夠受的了，沒想到，高熲還得罪第二次。這一次是因為高熲的妾生了兒子。

開皇十八年（五九八），高熲之妻去世。獨孤皇后雖然對高熲有所不滿，但是畢竟是幾十年的交情，還是很同情他，便對隋文帝說：「高僕射老矣，而喪夫人，陛下何能不為之娶！」高僕射那麼大歲數，夫人去世，身邊沒有照應的人，陛下再給他娶一房吧！勸隋文帝幫他再娶個老伴照顧他，這本來是一番美意，但是高熲卻流著眼淚回絕了。他說：

> 臣今已老，退朝，唯齋居讀佛經而已。雖陛下垂哀之深，至於納室，非臣所願。

高熲說，我老了，不想再娶。伉儷情深，這是獨孤皇后最樂於見到的事情，對高熲印象不由得大為改觀。

問題是，沒過多久，情況變了。高熲的愛妾居然生了一個兒子。

這個消息一傳出來，把獨孤皇后氣壞了。獨孤皇后平生信守一夫一妻制原則，最恨大臣納妾，現在，高熲不僅有小妾，還跟小妾生兒子，這是道德敗壞！

這兩件事，徹底改變了高熲在獨孤皇后心目中的形象。再加上高熲公然支持自己不喜歡的太子楊勇，獨孤皇后新仇舊恨湧上心頭，對高熲必欲除之而後快。

多事之秋

怎麼除掉高熲呢？

獨孤皇后的作法是在隋文帝面前挑撥、挑撥、再挑撥。從不同角度，挑撥隋文帝和高熲間的關係。

第一個角度，挑撥高熲不忠誠。獨孤皇后藉高熲愛妾生子一事，對隋文帝說：

陛下尚覆信高熲邪？始，陛下欲為熲娶，熲心存愛妾，面欺陛下。今其詐已見，安得信之！

意思是，您要為高熲娶妻，他心裡想著愛妾，才不肯娶，卻騙您說什麼吃齋念佛，無心再娶，這是公然欺君，您還能信任他嗎？

獨孤皇后這番挑撥對隋文帝有無影響？當然有。隋文帝和任何皇帝一樣，最看重的就是大臣的忠誠，最不能容忍的就是心口不一。

高熲這事並不大，但是，一滴水可以反映整個太陽的光輝。當面欺君，這是最可怕的，於是開始疏遠高熲。這樣一來，獨孤皇后的第一次挑撥成功了。

第二次挑撥從哪個角度入手呢？從高熲工作不盡力入手。

開皇十八年（五九八），高句麗侵略遼西地區。這樣的蕞爾小國居然敢興兵犯邊，隋文帝當然不能容忍，馬上以漢王楊諒為元帥，高熲為元帥長史，率領大軍討伐高句麗。

問題是，高句麗雖然是個小國，但因地處偏遠，又有水道阻隔，運糧運兵都有困難，所以高熲並不同意出兵，也苦苦勸諫過隋文帝。

但是，隋文帝拒不接受，他只好和漢王楊諒一同前往。去了之後怎麼樣呢？果然因為河水氾濫，運輸困難，最後無功而返。那這件事應該如何看待？

正常的看法應該是隋文帝承認這次決策失誤，應該聽高熲的意見。

但是，獨孤皇后對隋文帝說：「熲初不欲行，陛下強遣之，妾固知其無功矣！」高熲本來不想去，陛下非要派他去，我就知道他會無功而返。

意思是，仗為什麼打輸了？還不是因為高熲根本不想打！這等於把戰敗的責任從隋文帝身上轉嫁到高熲身上。

這樣的解釋，對隋文帝十分受用，不僅愛聽，也非常願意相信。當然，對高熲更加不滿。這是第二次挑撥。

那麼第三次挑撥又從哪個角度入手呢？從高熲驕橫跋扈入手。

討伐高句麗，由漢王楊諒掛帥。楊諒是隋文帝么子，少不更事，在前線難免發些不切實際的高論。而高熲是多年的老宰相，吃的鹽比楊諒吃的米還多，也不怎麼願意搭理小王爺那些不經之談。

高熲這麼做固然是一心為國，不肯為了敷衍小王子而耽誤國家大事，但是，楊諒不這麼想，他覺得高熲輕視他，大傷他的自尊，回來後，楊諒哭著對母親說：「兒倖免高熲所殺。」在前線我差點被高熲殺害。獨孤皇后一聽，立刻匯報隋文帝，說高熲對漢王不尊重。這又觸動隋文帝的敏感神經。

隋文帝雖然對兒子要求很嚴格，但是，在大臣面前，倒是極力提高王子的地位。隋文帝為什麼要這樣做？

很簡單，為了提升皇權、提升皇家的威嚴。但是現在，高熲居然拿漢王不當回事，這是典型的居功自傲、驕橫跋扈，想要當權臣。隋文帝走的就是從權臣到皇帝的路，他當然不希望別人如法炮製。

就這樣，因為獨孤皇后三番五次挑唆，徹底顛覆了隋文帝對高熲的印象。以前，高熲是心腹重臣。現在，成了既不忠誠，又不做事，而且驕橫跋扈的權臣。有了這種嫌疑，再加上在太子問題上不肯合作，隋文帝也和獨孤皇后一樣，對高熲必欲除之後而後快。

拔除宰相

不過，高熲畢竟是國家大臣、多年的宰相，要剔除他，總得有個能服人的理由。而對付大臣，沒有比謀反更好的理由了。

開皇十九年（五九九），高熲奉命率軍追擊突厥，仗打到一半，高熲上奏，要求增兵。這本來是很正常的一件事，可是，有大臣揣摩隋文帝的意思，告高熲謀反，說高熲要兵不是想往前打，他是想往回打，有謀反企圖！

大臣一告狀，隋文帝心裡七上八下，要不要就此治高熲的罪？有點猶豫。沒想到，前方戰事轉折太快，還沒等隋文帝猶豫完，高熲已經率領大軍凱旋而歸，這一次謀反告狀也就不了了之。

不過，有句話說不怕賊偷，就怕賊惦記。隋文帝既然惦記上高熲，自然不可能就此罷手。很快，又一件謀反案出現。只不過，這次謀反案的主角不是高熲，而是高熲當年推薦的一名將軍王世積。此人被仇人告發，說他曾經請人看相，看相的說他貴為國君。還說他擔任涼州總管期間，曾和手下議論過涼州是不是用武之地，可不可以做為根據地，圖謀大事。

這件謀反案其實也是紅口白牙，拿不到什麼具體的證據。但是，王世積是高熲推薦的，隋文帝馬上敏感起來了，要求司法部門認真審問，順藤摸瓜。

怎麼認真審問？那就打吧！打來打去，王世積招供了，他確實想謀反，而且和高熲有牽連。有些宮廷裡的情況，他就是聽高熲說的。這把高熲拖下水了！一聽王世積這麼招供，隋文帝假裝大驚失色，下令徹查此案，還宰相一個清白。

徹查的結果如何？不用說，肯定對高熲不利。有關部門報告說，根據調查，王世積和高熲確實過從甚密，還送過高熲名馬。這是受賄，就憑這一條，即可治罪。這時候，隋文帝下令結案，判處王世積死刑。高熲則就地免職，讓他退休。就這樣，因為一件子虛烏有的案子，高熲二十年的宰相當到了頭。

事情到了這一步，是不是結束了？

隋文帝可不這麼想。高熲雖然回家了，但是聲望還在，朝廷裡恐怕還有很多人在觀望，甚至等著他復出；另外，高熲雖然免了官，但是爵位仍在，還是齊國公，這也是政治資本，依然能對朝政發生影響。

怎麼把這兩個政治資本連根拔除呢？隋文帝是個極有心計的人，他實施第二步計畫。

這一次，他使了一條苦肉計。

高熲免職沒幾天，隋文帝就到兒子秦王楊俊家裡去，而且，特地召高熲侍宴。酒席上，高熲自然悲不自勝，獨孤皇后也嗚咽流涕。等到感情表達得差不多了，隋文帝對旁邊的大臣說：

> 我於高熲勝兒子，雖或不見，常似目前。自其解落，瞑然忘之，如本無高熲。人臣不可以身要君，自云第一也。

意思是，過去，我對高熲比對兒子還親，就算不見面，也總想著他，可是現在，我已經徹底忘掉他了，就好像他這個人從來沒有存在過一樣。所以，諸位，為大臣者不能自恃功勞，要脅君主，一旦如此，可就萬劫不復了。這是在向大臣明確表態，我已經徹底拋棄高熲了。

有道是楚王好細腰，宮娥多餓死。皇帝這麼一表態，馬上下面的人就知道該怎麼辦了。高熲是齊國公，他的下屬齊國令很快就發難了。他告發高熲的兒子高表仁，也就是太子的女婿對高熲說：

> 司馬仲達初託疾不朝，遂有天下。公今遇此，焉知非福！

過去司馬仲達也曾託疾不上朝，後來改朝換代、建立晉朝了。今天父親您被皇帝貶官待在家裡，未嘗不是一件好事。司馬仲達是曹魏的權臣司馬懿。他在家裝病，騙過了曹操，最後篡奪了曹家的天下。所以，這名告密的齊國令是說，高熲父子圖謀造反。

隋文帝一聽，趕緊命令有關部門拘捕高熲，審問他。這一審問，罪行更多了。比方說，有人舉報，曾經有和尚對高熲說：「明年國有大喪。」也就是說，明年皇帝會死。還有個尼姑也對高熲說：「十七、十八年，皇帝有大厄，十九年不可過。」開皇十七年（五九七）、十八年，皇帝會遭大災；十九年，他絕過不了，到十九年一定會死。

這些罪狀串到一起，代表高熲整天求神問卜，希望皇帝快點死，他好做司馬懿，好篡位，這不是謀反是什麼？

審案子審到這一步，隋文帝終於發話了。他說：

> 帝王豈可力求！孔子以大聖之才，猶不得天下。熲與子言，自比晉帝，此何心乎！

隋文帝說，皇帝難道是求得的嗎？那是天降大任才能得到的，像孔子那樣的聖人，都沒能當皇帝，他高熲算什麼東西？居然想自比皇帝？那怎麼處理呢？免去爵位，除名為民。

至此，高熲的政治資本徹底喪失，再也不能對朝廷發揮任何影響力。當年，高熲剛當上僕射時，他母親就告誡他：「汝富貴已極，但有一斫頭耳，爾其慎之！」你現在位極人臣，什麼都有了，恐怕只剩砍頭了！高熲是個聽話的孩子，一直小心翼翼、低調做人，但是，最後還是捲入宮廷鬥爭，不免被罷廢的命運，真是世事無常。

高熲之廢是隋朝開皇末年一件大事，對朝政產生了重大影響。

第一、朝廷裡少了一個有能力、有節操、有見識的頂梁柱。要知道，高熲是隋朝政治素質最高的宰相，按照當時人的說法，是：

> 楊素粗疏，蘇威怯懦，元胄、元旻正似鴨耳。可以付社稷者，唯獨高熲。

當時人評論幾個宰相，說楊素這人很粗疏，蘇威這人很怯懦，像元胄、元旻那些傢伙就像鴨子一樣，叫嗅叫嗅可以，沒腦子。現在，高熲離任，隋朝能把握政治方向、能辦大事的人沒有了。

第二、也是最直接的，高熲一廢，皇太子再也沒有有力的庇護人。現在，他是砧板上的肉，楊素也罷，楊廣、獨孤皇后、隋文帝也罷，都要向他舉起刀子了。

在這種情況下，隋朝的政局會出現什麼巨變呢？

【第二十四章】

東宮易主

高熲下臺後，太子失去了強有力的支柱，很快遭到廢黜。與之相應，晉王楊廣則成功上位，成為大隋王朝的新太子。在太子沒有重大過失的情況下，隋文帝以何名義廢黜太子？廢立的過程又是如何完成？

刀下太子

老臣高熲被革職為民，太子楊勇的保護傘轟然倒塌。現在，朝廷裡的主要人物隋文帝、獨孤皇后和宰相楊素意見一致，廢長立幼勢在必行。問題是，具體怎樣操作呢？這時，有個小人物派上大用場。

此人名為姬威，是太子楊勇手下，但是，早被晉王楊廣收買，成了潛伏在楊勇身邊的眼線。開皇二十年（六〇〇），楊廣覺得時機成熟，對姬威下達命令說：

東宮過失，主上皆知之矣。已奉密詔，定當廢立；君能告之，則大富貴！

主上已經決定廢掉太子，就缺一個人挑頭，你若挑頭，富貴唾手可得！姬威一聽，趕緊上書隋文帝，說太子楊勇圖謀不軌！

隋文帝當時正在行宮仁壽宮避暑呢，一聽這消息大驚失色，連忙趕回大興城，一夜沒睡好。第二天一大早，隋文帝上朝，第一句話就對大臣說：「我新還京師，應開懷歡樂；不知何意翻然愁苦！」我回到京師，本來應該很高興，但不知為何如此苦悶，你們說說，這是怎麼回事？

隋文帝為什麼這麼問？因為他在仁壽宮，天天聽獨孤皇后和楊素兩人講太子壞話，現在又接到姬威舉報，他以為太子不才肯定已經是朝廷的共識。現在這樣問，是給大臣表達的機會，他好乘勢廢掉太子。

問題是，他聽到的那些太子劣跡許多都是假情報，一般大臣對所謂的太子失德並沒有明顯感覺，也不了解宮廷鬥爭的內幕，聽皇帝這麼一問，面面相覷，不知道說什麼好。好半天過去，吏部尚書牛弘才擠出來一句：「臣等不稱職，故至尊憂勞。」您這麼悶悶不樂，肯定是因為我們工作沒做好。

真是牛頭不對馬嘴。隋文帝一聽，乾脆直接對東宮官員發難，他說：

仁壽宮此去不遠，而令我每還京師，嚴備仗衛，如入敵國。我為下利，不解衣臥。昨夜欲近廁，故在後房恐有警急，還移就前殿，豈非爾輩欲壞我家國邪！

仁壽宮和大興城離得並不遠，但是，我每次回來，都不得不戒備森嚴，簡直像進入敵國一樣，你們難道不知道因為什麼嗎？還有，昨天晚上我拉肚子，本來應該住後殿，方便上廁所，可是後殿防護力量不夠，我害怕有人偷襲我，不得不睡到前殿，而且連衣服都不敢脫，這難道不是因為你們嗎？說完，直接把幾個重要的東宮官員抓起來，然後，命令楊素當庭宣布太子的罪狀。

楊素說：太子的罪狀太多了。諸位都知道他手下有個名為劉居士的惡棍，糾結一夥豪強子弟，整天為非作歹，擾亂京師治安。我奉陛下敕令，請太子好好處理劉居士的餘黨，他居然臉紅脖子粗地對我吼叫，說：劉居士他們早就捉拿歸案了，還讓我處理什麼？就算還有什麼問題，你是宰相，應該由你負責，跟我有什麼關係？諸位聽聽這話，這不是公然違抗陛下的旨意嗎？

還有，他對我說：當年我爸爸在北周謀求天下時，多危險啊！萬一出點差錯，還不是我這個長子跟著一塊沒命，如今他當了皇帝，竟然讓弟弟們騎到我的頭上，把我當成眼中釘、肉中刺，這也太沒良心了。諸位聽聽，這不是在怨恨皇帝嗎？哪是太子應該說的話啊！

大臣們一聽，就這樣？這算不了什麼大事啊！隋文帝一看大臣反應不怎麼激烈，也覺得楊素說的這些還不夠有說服力，便加以補充。他說：

此兒不堪承嗣久矣，皇后恆勸我廢之。我以布衣時所生，地復居長，望其漸改，隱忍至今。勇嘗指皇后侍兒謂人曰：「是皆我物。」此言幾許異事！其婦初亡，我深疑其遇毒，嘗責之，勇即懟曰：「會殺元孝矩。」此欲害我而遷怒耳。長寧初生，朕與皇后共抱養之，自懷彼此，連遣來索。且雲定興女，在外私合而生，想此由來，何必是其體胤！昔晉太子取屠家女，其兒即好屠割。今儻非類，便亂宗。我雖德慚堯、舜，終不以萬姓付不肖子！我恒畏其加害，如防大敵；今欲廢之以安天下！

意思是我早就覺得這個兒子不堪繼位，皇后也經常勸我廢掉他，但是，我考慮他是嫡長子，又是沒當皇帝時生的，所以一直給他機會，希望他改惡從善。沒想到，他這幾年愈來愈不像話。隋文帝接連列舉太子四條大罪。哪四條呢？

第一條，太子曾經指著皇后的侍女說，這以後都是我的。我們還沒死，就覬覦我們的東西和我們的人，這不是不孝嗎？

第二條，太子妃元氏去世時，我疑心是他毒死的，說了他兩句，沒想到他居然質問我說，是不是元妃的父親告狀？我一定要把這老傢伙幹掉！這不是威脅我嗎？

第三條，他和雲定興家的姑娘在外面鬼混，生了兒子，我和皇后不計前嫌，還當成自己的大孫子看待，主動抱過來要幫他撫養，沒想到他竟然認為我們不懷好意，馬上派人來把孩子要回去，這不是和我們離心離德嗎？

第四條，雲定興家的女兒，既然能和他鬼混，恐怕也就能和別人鬼混，誰知道孩子是不是他的！如果不是，以後接班當皇帝，豈不亂了血統？就算是他的，以雲定興那樣的人家，必定生不出什麼好孩子。所以我想來想去，終究不能要這個不肖子！現在，我打算本著為天下百姓負責任的態度，把他廢掉，另立太子，你們同意不同意？

左右一聽隋文帝這番長篇大論，更糊塗了，說什麼兒子盯上媽媽的侍女、兒子不讓爹媽抱孫子，甚至孫子不一定是兒子的親骨肉，這些婆婆媽媽的家庭糾紛，不登大雅之堂，哪裡是皇帝應該說出來的話，太沒水準啦！就憑這些廢掉太子，太輕率了吧！

這時，左衛大將軍元旻說話了。他說：

> 廢立大事，詔旨若行，後悔無及。讒言罔極，惟陛下察之。

意思是，廢立太子是一件大事，陛下不要聽信讒言，以免後悔。很顯然，大臣並沒有像隋文帝想的那樣，立刻舉雙手贊同皇帝廢長立幼。相反，他們表現得相當懷疑，甚至是直接的反對。

此時，隋文帝意識到，自己把問題想得太簡單了。這幾年，他整天聽獨孤皇后和楊素兩人說太子壞話，誤以為太子的種種罪過早已人所共知，大家都巴不得把他廢掉，只有高熲反對，才把工作重心放在高熲身上。以為高熲一下臺，就沒有任何障礙。現在看來，情況遠比想像的複雜。朝廷中大多數臣子對於太子的過錯並沒有多少認識，甚至，還有人公開支持太子！怎麼辦呢？

步步進逼

此時，其實隋文帝有兩種選擇。

第一種，好好反思一下，自己是不是太輕率、太聽信一面之詞，然後重新評估廢長立幼的必要性。

還有一種，開弓沒有回頭箭，既然已經開了頭，就只能頂著壓力把它辦成。

隋文帝選擇了哪種方案？他選擇了後者。除了他確實對太子不滿之外，還因為，經過這麼一番折騰，他和太子的矛盾已經公開化，如果太子繼續留任，以後兩人肯定難以相處，弄不好甚至會鬧出宮廷政變。所以，不如索性一不做二不休，把太子廢掉算了。

既然下了這樣的決心，就要考慮對策，怎麼才能讓朝廷裡的大臣在短時間內都認識到太子的問題呢？還有，怎樣才能讓太子的支持者閉嘴？

先看第一個問題，讓大臣了解太子的過錯。這個問題怎麼解決呢？讓了解的人檢舉揭發。誰來揭發呢？當然是太子的手下叛徒姬威，他最了解情況。不過，這次，隋文帝意識到，不能只講太子和自己之間的過節，要重點突出太子可能對大臣造成什麼危害才行。

姬威怎麼對大臣說呢？他說：太子對我說，以後我要是當了皇帝，一定到處修建離宮別館，好好享受生活，絕不允許人上諫，誰要是敢提意見，我立刻把他殺掉，殺他一、兩百人，自然再也不會有人上諫了。

他還說，宰相這個級別的官員，我也要殺一、兩個，這樣他們再也不敢輕視我。這不是悖謬嗎？如果讓這樣的人當皇帝，肯定是昏君加暴君，諸位可要倒楣了。

另外，太子還請人算卦，說陛下活不過開皇十八年（五九八），他天天掐著指頭給陛下算日子。這樣詛咒父親，已經超過做兒子的底線了，真是不忠不孝、不仁不義，怎麼能夠繼續當太子呢？

聽姬威把太子對大臣、對皇帝兩方面的危害都說了，隋文帝這才流著眼淚發話。他說：

誰非父母生，乃至於此！朕近覽《齊書》，見高歡縱其兒子，不勝忿憤，安可效尤邪！

誰不是爹生娘養的，怎麼對父母這麼沒感情！所以，我是忍痛割愛，為國除奸啊！君臣二人這麼一唱一和，不管宣傳效果怎麼樣，反正，算是給大臣一個交代了。

再看第二個問題。左衛大將軍元旻反對廢太子。怎麼解決呢？左衛大將軍是隋朝最高的武官，而且掌管禁軍，一旦處理不好，甚至可能引發兵變。隋文帝把這個難題交給楊素。

楊素可是個足智多謀、心狠手辣的人。在他的精心運作下，沒過幾天，司法部門向元旻發難。他們說，根據調查，元旻本來和太子就是同黨，兩個人往來非常密切。前幾天，元旻跟著陛下去仁壽宮，太子還特地派親信送信給元旻，信封上寫著「勿令人見」四個字，什麼事這麼見不得人？肯定有陰謀啊！

隋文帝一聽這話，趕緊做出恍然大悟的樣子，說：怪不得我在仁壽宮做什麼太子都一清二楚，原來是有內鬼啊！當時元旻還在殿下帶兵宿衛，忽然之間，只聽隋文帝一聲令下，馬上兩個武士就把他綁起來。這叫迅雷不及掩耳，解決得乾淨俐落。

元旻一抓，不僅現實的軍事威脅解決了，而且還起到殺一儆百的作用，馬上再也沒人敢為太子喊冤，把朝廷給壓服了！

皇帝表明態度是第一步，壓服朝廷是第二步，把這兩步走完，隋文帝覺得，還得加重太子的罪狀，好讓天下人信服。

羅織罪狀

這件是還是找上楊素。楊素馬上下令，徹查東宮，搜尋對太子不利的證據。搜查結果如何？經過不懈努力，還真搜出兩樣新鮮東西。

第一樣，幾千根槐樹棍。

第二樣，幾斛艾絨。

可能有人會好奇，楊勇貴為太子，收藏金銀珠寶、古玩字畫，乃至槍支彈藥我們都能理解，他蒐集些樹枝樹葉做什麼呢？槐樹棍和艾絨到底有什麼用？我們現代人可能不懂，但是古代人都知道，這兩樣東西都是點火用的。古人沒有火柴，怎麼點火？就敲打燧石，打出火星後，用艾絨引著，然後再用艾絨點燃槐樹棍，就可以當火把用了。

問題是，皇太子囤積這些東西做什麼？原來，幾天前，太子楊勇從仁壽宮回大興城，路上見到一棵枯死的老槐樹。貴族公子哥沒有生活經驗，看什麼都新鮮，於是詢問左右，這東西有什麼用？左右告訴他，古槐點火最好。楊勇一聽，覺得特別有趣，就說，既然如此，你們砍下來削成棍子，分給衛士們點火多好！於是便有了這些槐木棍，艾絨則是槐樹棍的配套用品。

這本來是公子哥一時興起，體貼下人的舉動，可是回來沒幾天，隋文帝向他發難了。所以，槐樹棍和艾絨沒分下去，就堆在倉庫裡，現在被楊素發現了。

看著這兩樣東西，楊素馬上動腦筋，這裡面有文章可做。他又找來姬威，問姬威，你是東宮官員，你說，太子拿這些東西做什麼？

姬威怎麼回答？會不會照實說，這是太子一時新鮮，從外面撿回來的？絕不可能。要知道，姬威既然當了叛徒，比任何人都盼望太子倒臺，否則他一定死無葬身之地。所以，姬威馬上回答：這正是太子為造反準備的材料。這和造反有什麼關係呢？姬威說，太子不光是囤積這麼多槐樹棍，他還養了一千匹馬。從東宮到皇帝避暑的仁壽宮，騎馬一夜就到。所以，他打算讓衛兵點上火把，趁夜奇襲仁壽宮，把皇帝困死在裡面。

楊素一聽，這解釋很圓滿！大喜過望，馬上拿著所謂的證據和太子對質。他問太子，你養一千多匹馬，又準備了幾千根火把，這不是要造反嗎？楊勇一聽他這麼無中生有，怒不可遏，馬上反問楊素，我貴為太子，養一千匹馬就是造反，你不過是個大臣，聽說家裡倒有一萬匹馬，這豈不更是要造反！問得楊素啞口無言。

不過，事情既然發展到這一步，便是欲加之罪，何患無辭。不管有沒有事實依據，反正，槐樹棍也好，艾絨也好，馬也好，都做為謀反的證據，交給隋文帝。

到此為止，對太子的抹黑工作已經全部完畢，只差最後攤牌。那麼，這個歷史時刻在什麼時候到來呢？

歷史時刻

開皇二十年（六〇〇）十月九日，隋文帝派人召見楊勇。楊勇到了朝堂一看，隋文帝一身戎裝，端坐大殿中央，殿下站滿全副武裝的士兵。在皇帝和士兵之間，殿東邊是文武百官，殿西邊則是皇室宗族。很顯然，廢太子既是國事，也是家事，所以，兩邊的人都來了，讓他們見證這個歷史時刻。

楊勇和他的幾個兒子一到，文帝馬上讓內史侍郎，即中書侍郎薛道衡宣讀廢皇太子詔書：

> 太子之位，實為國本，苟非其人，不可虛立。……皇太子勇，地則居長，情所鍾愛，初登大位，即建春宮，冀德業日新，隆茲負荷，而性識庸闇，仁孝無聞，昵近小人，委任姦佞，前後愆釁，難以具紀。但百姓者，天之百姓。朕恭天命，屬當安育，雖欲愛子，實畏上靈。豈敢以不肖之子，而亂天下。勇及其男女為王、公主者並可廢為庶人。

意思是，皇太子是國本，承載天下重託，一定要選好人。可是當今太子，親近小人，不仁不孝，前後所犯錯誤難以統計。我為了天下百姓考慮，不得不割恩正法。楊勇也好，他的兒子女兒也好，一律廢為庶人。宣讀完詔書，隋文帝又對楊勇說：你的罪惡，早已人神共憤，所以，休怪我無情。

楊勇對此做何反應？說實在的，剛才派衛士召見他，楊勇還以為是要處死他，現在聽說只是廢為庶人，甚至大為慶幸，趕緊跪倒在地，連連叩頭，說：我本該斬於鬧市，以儆效尤，陛下居然可憐我，饒我一命，我真是感激不盡，怎麼會怪陛下！

就這樣，隨著一紙廢黜詔書，二十年的老太子就這麼下臺了，往事有如浮雲。眼看太子被廢，晉王楊廣終於露出了笑容。有廢就得有興，現在，他十多年的努力終於要開花結果。果然，約一個月後，開皇二十年十一月初三，眾望所歸的晉王楊廣正式被冊立為皇太子。至此，持續了十年左右的儲位爭奪戰，最後以楊勇失敗、楊廣勝利告終。

楊廣心思縝密，他知道楊勇之所以被他打敗，源於隋文帝認為他不夠艱苦樸素、謙虛謹慎，這個教訓可要牢牢記取。在正式冊立前，楊廣特地向隋文帝提出兩個要求：

第一、降低冊立儀式上太子的禮服等級。

第二、以後，太子東宮的官員不再向太子稱臣，和其他人一樣，只向皇帝稱臣。

看到新太子這樣自覺自願地維護皇權，隋文帝打心眼裡高興。怎麼表達這種喜悅之情呢？當時首都地區分為兩個縣，一是長安縣，一是大興縣。隋文帝讓新太子先到大興縣住下。

為什麼？隋文帝說得很清楚：我得到的第一個爵位就是大興公，我是從大興公這個身分一步一腳印當上皇帝的，現在，讓你住大興縣，是希望你能沾一沾這兩個字的運氣。很顯然，隋文帝對新太子充滿期待。到此為止，隋朝的太子之爭正式塵埃落定。

歷史評價

那麼，應該如何評價隋文帝改立太子一事？可能有人會說，這是大錯特錯！你看，新太子楊廣，也就是後來的隋煬帝，不是讓隋朝滅亡了嗎？隋文帝廢長立幼，其實就是亡國的根源！事實上，不光我們這樣想，古人也這樣想。比如，唐太宗李世民就說：

> 隋太子勇撫軍監國，凡二十年，早有定分。楊素欺主罔上，賊害良民，使父子道滅，逆亂之源，自此開矣。

這是說楊勇被廢是隋朝亡國的源頭！那麼，這樣的說法對不對呢？筆者覺得，這樣說看似正確，但其實頗有點事後諸葛亮的嫌疑，是從結果回推原因，具有不客觀性。那麼，應該如何較為客觀地評價？

首先，隋文帝選擇廢長立幼，在當時有一定的合理性。為什麼這麼說？比較一下楊勇和楊廣兩個人的素質就知道了。

楊勇前後當了二十年太子，表現如何？客觀來說，即使排除獨孤皇后和楊素惡意抹黑的成分，也得承認，此人熱中享樂，道德自律性差，頂多算是中人之資。

相反，晉王楊廣不僅功勛卓著，而且少年老成，在性格和能力方面都相當突出。正因為一個是中人，一個是高人，所以楊廣才能在楊勇的太子名分已定、優勢極其明顯的情況下脫穎而出。隋文帝是個有理想的皇帝，他希望選賢任能，讓更優秀的兒子接班，這種想法和作法具有一定的合理性。

第二、雖然廢長立幼具有某種合理性，但是，它還是造成當時的政治環境巨大傷害。什麼傷害？兩個傷害。第一個傷害，它人為地造成朝廷分裂。因為太子之爭，很多朝臣或主動或被動地被捲進政治漩渦，各保其主，成為水火不容的仇人。最簡單的例子就是高熲和楊素。

兩人都是當時最優秀的人才，事實上，楊素雖然眼高於頂，但是，最尊崇的人就是高熲。竟也因太子問題，兩人最終站在對立面上，這是最可悲的人才消耗！

第二個傷害，它造成了君子道消、小人道長的政治局面。客觀地說，因為楊勇當太子符合立嫡以長的政治原則，而楊廣挑戰太子之位違反政治原則，所以，楊勇的支持者大多是正人君子，而楊廣的支持者則都是些野心家、投機分子。

但是，最終的結果卻是隨著楊廣獲勝，他的支持者雞犬升天。而隨著楊勇被廢，他的支持者則難免人頭落地，這就是我們所說的君子道消、小人道長。在這樣的刺激下，整個朝廷開始瀰漫一股不講原則、不講道德、只講利害的政治風氣，這當然不利於王朝的良性發展。

第三、廢長立幼開啟了隋文帝的兒子之骨肉相殘的局面。晉王楊廣能當上太子，並不是理所當然，而是努力爭奪的結果，這難免讓其他王子產生覬覦之心，從而引發新的動盪，為了穩定統治、穩固自己的地位，皇帝也好，皇太子也好，都變得愈來愈多疑、愈來愈高壓，也愈來愈冷血。

換言之，上一輪宮廷鬥爭剛結束，下一輪骨肉相殘恐怕就要開始了。那麼，這次的骨肉相殘又會是怎樣的局面？

【第二十五章】

骨肉相殘

開皇後期，隋文帝的兒子們接連遭遇不幸。其中大兒子楊勇被廢，三兒子楊俊死於非命，四兒子楊秀也被剝奪官爵，廢為庶民。隋文帝的兒子們都做了什麼？為什麼會有如此悲慘的結局呢？

藝術家王子

開皇二十年（六〇〇），隋文帝在晉王楊廣誘導下，廢掉太子楊勇，這自然是家庭悲劇。但是，這並非隋文帝家庭唯一的悲劇。事實上，就在此前後，文帝還有兩個兒子也未得善終，這兩個兒子，一個是隋文帝的三子秦王楊俊，另一個則是他的四子蜀王楊秀。

秦王楊俊和隋文帝的其他兒子一樣，從少年時代就被寄予厚望。當初，隋文帝能夠輕易地奪取北周天下，一個很重要的因素就是北周宗室力量微弱。所以，楊堅當了皇帝後，記取這個教訓，把自己年紀稍稍大一點的兒子都派到要害之地，讓他們出鎮一方。

當時，秦王楊俊年方十二，即受任用為河南道行臺尚書令、洛州刺史，出鎮洛陽。後來，又先後擔任過秦州總管、揚州總管、并州總管等重要官職。顯然，隋文帝是希望兒子能夠在全國的主要地區歷練一遍，增長才幹，好拱衛國家。

隋文帝期望很高，楊俊是否符合這些期望呢？非常遺憾，楊俊本人對這些其實興趣並不大，因為他志不在此。楊俊從小的理想是當和尚。隋文帝夫婦都是虔誠的佛教徒，幾個兒子受他們影響，也都信佛教。特別是秦王楊俊尤其虔誠。小時候，他曾經請求出家，但被隋文帝拒絕了。

不過儘管沒有成就夙願，秦王楊俊倒一直是個心地善良的人。平陳戰爭時，楊俊受命駐守漢口，扼守長江中游，牽制敵人，為下游的主攻部隊創造機會。

當時，江南的陳朝在漢口對面的鸚鵡洲布置幾萬水軍，按照作戰部署，秦王楊俊應該攻打他們，才能拖住敵人。可是，楊俊心地善良，他害怕一開戰會死人，堅決不許部下出擊。幸好當時陳後主無德，這些水軍無心替他賣命，所以乾脆識時務者為俊傑，主動投降。

這樣一來，楊俊雖然沒有打仗，但卻收到了打仗的效果，隋文帝也沒有懲罰他，算是老天成全，善有善報。不過，儘管如此，我們也看出來，這位秦王，人是不錯，但是，大局觀念不強，恐怕不適合當政治家。

果然，隨著年齡增長，楊俊不僅沒能克服這些問題，反倒增添其他新毛病。他和太子楊勇一樣──奢侈。其實這不難想像，一位王子，生活在富庶的年代，又沒有什麼政治理想，當然會逐步耽於享樂。

楊俊的奢侈主要表現在什麼方面呢？他喜歡建築，喜歡把宮殿裝飾得富麗堂皇。裝飾宮殿就得花錢，預算不夠怎麼辦？楊俊乾脆拿自己的辦公經費當本錢，放起高利貸。這樣的事情傳出去，名聲當然不好。隋文帝知道後，狠狠地教訓了楊俊，楊俊手下一百多人都遭到貶官。

按道理講，有這樣一次教訓，楊俊該收斂一點了吧！完全沒有。不久，他又明知故犯，照樣每天想著怎麼造房子。別看楊俊政治上糊塗，但是心靈手巧，會設計房屋，按照《隋書．楊俊傳》記載，他曾經設計一座水殿：

> 香塗粉壁，玉砌金階。梁柱楣棟之間，周以明鏡，間以寶珠，極榮飾之美。

這房子什麼樣呢？牆壁都用香料塗得香噴噴的，而且臺階都是大理石鋪就成的，就像玉砌成的一樣。另外一座宮殿裡的每根柱子都裝上青銅做的鏡子，一看，富麗堂皇，而且有迷幻色彩。鏡上再裝飾上珠寶，非常有異國情調。

除了會設計房子，他還擅長各種手工藝。按照史書記載，他曾經給自己的王妃親手打造一副七寶冪籬，極盡華美之能事，真是風流王子。只可惜珠寶太多、太沉，沒辦法戴在頭上，出行時只好放在馬鞍上擺派頭。

楊俊這些行為當然都不入隋文帝法眼，但是，他所在的并州畢竟離皇帝很遠，只要別出大錯，隋文帝未必都能知道。可是，偏巧，楊俊又得罪了他的王妃，把事情鬧大了，引起了隋文帝的注意。

楊俊的王妃姓崔，是當時著名的酷吏崔弘度之妹。崔弘度前面提過，以性格嚴苛、脾氣暴躁著稱，當時有個順口溜，叫做「寧喝三斗醋，不逢崔弘度」。有其兄必有其妹，崔弘度的妹妹和他一樣，也是愛較真、不容人。她愛較什麼真呢？和她的婆婆獨孤皇后一樣，愛較私生活的真，也信奉一夫一妻制的原則。

不過，獨孤皇后的丈夫楊堅是個工作很忙、自制力也極強的人，對一夫一妻制基本上還能遵守；而崔氏王妃的丈夫楊俊就不一樣了，他沒什麼工作，又有點藝術家氣質，自制力不強，讓這樣的人執行一夫一妻制太難了。

眼看著秦王今天喜歡這個、明天喜歡那個，網羅一大群美女，整天在新建的水殿裡輕歌曼舞，崔氏王妃心生不滿。怎麼辦呢？崔氏強悍又暴躁，所以，她沒哭、沒鬧，更沒上吊，而是直接往秦王楊俊吃的瓜裡下毒。毒死你，看你還花心不花心！結果，劑量沒掌握好，楊俊沒死，而是病了。

病了就回京城看病，這一回去，問題就暴露出來了。太醫說，秦王楊俊不是一般的生病，是中毒。王子被人投毒，誰下的毒？一調查，原來是王妃幹的。王妃為什麼要投毒？是因為秦王好色，養一大幫美女在水殿裡昏天暗地。

好色和奢侈，是隋文帝夫婦最不能容忍的問題，太子楊勇即因這兩個問題被拉下臺，怎麼三兒子也這麼不學好，隋文帝勃然大怒。

身後淒涼

怎麼處置呢？隋文帝大筆一揮，「免官，以王就第」，別當官了，你就以王爺的身分到你的府裡待著。本來是兒子被媳婦投毒，差點沒命，可是，隋文帝不僅沒有可憐兒子，反倒治了他的罪，真是有點違背人情。

連宰相楊素都勸隋文帝說：「秦王之過，不應至此，願陛下詳之。」秦王楊俊有錯，但是錯不至此，陛下是不是可以原諒他，從輕發落？隋文帝回應楊素說：「我是五兒之父，若如公意，何不別制天子兒律？」我是五個兒子的父親，你說我這五個兒子就可以特殊對待、從輕發落的話，當初你們制定《開皇律》時，怎麼不單編一本天子之子的法律？所以不能這樣做，王子犯法與庶民同罪，說得義正辭嚴，絕不寬恕。

他這邊不寬恕，那楊俊呢？楊俊當時在病中，根本下不了床，只好派使者替他向隋文帝請罪。隋文帝對使者說：

> 我戮力關塞，創茲大業，作訓垂範，庶臣下守之而不失。汝為吾子，而欲敗之，不知何以責汝！

我好不容易創業，你卻想敗我的家，我不知道怎麼收拾你才好！意思是貶你的官還是客氣的！秦王性格軟弱，本來就病得不輕，又被隋文帝這麼一威脅，連氣帶嚇，病勢加重了。

開皇二十年（六〇〇）六月，秦王一命嗚呼。按說，白髮人送黑髮人，隋文帝應該很傷感才是，完全沒有。開皇二十年六月，正是皇太子楊勇被廢的前夕，隋文帝全部心思都放在和太子鬥法上，對於秦王之死，根本沒怎麼放在心上，只是到秦王府邸哭了幾聲了事。

這也罷了，更冷酷的是，連秦王府的僚佐請求立碑，隋文帝都拒絕了，說：

欲求名，一卷史書足矣，何用碑為？若子孫不能保家，徒與人作鎮石耳。

想要求名，最好的方法是名垂青史，要塊石頭有什麼用？這樣的說法看似正確，但實在是太絕情了。大臣一看皇帝如此絕情，趕緊逢迎。

怎麼逢迎呢？有人說，秦王的兒子是崔氏王妃所生，崔氏因對丈夫投毒，已經被賜死了，是個罪人。她既然是個罪人，她生的兒子也就是罪人之子，沒有繼承父親王位的資格，也沒有主持喪禮的資格，那怎麼辦呢？乾脆讓秦王府的官員主喪。

就這樣，秦王先是被妻子投毒，接著又被父親拋棄，到死後，既沒有墓碑，也沒有親人主持喪禮，堂堂王子，簡直就和孤魂野鬼一般，淒涼極了。

可能有人會說，隋文帝這樣嚴格要求兒子也沒錯，總比縱容兒子為非作歹強。話雖如此，但是，做為父親，隋文帝的作法還是太過偏激、太過無情了。俗話說虎毒不食子，一個連兒子都如此冷酷對待的皇帝，豈會對其他人有更多的同情和寬容？

猜疑骨肉

開皇二十年（六〇〇）六月，楊俊病死；同年十月，太子楊勇被廢。按照道理，一年中兩個兒子遭遇不幸，隋文帝應該有所反思，格外珍惜剩下的三個兒子才是。遺憾的是，他並沒有珍惜。很快，老四蜀王楊秀倒楣了。這是怎麼回事呢？

蜀王楊秀比秦王楊俊小兩歲，小時候經歷和秦王如出一轍。開皇元年（五八一），他只有九歲時，就被封為蜀王，擔任益州總管，獨當一面。不過，雖然經歷相似，但是蜀王的性格和哥哥秦王不一樣，他並不軟弱，反倒相當有英雄氣。

根據史書記載，楊秀「有膽氣，容貌瑰偉，美鬚髯，多武藝，甚為朝臣所憚」。楊秀膽子很大，個子長得也高，留了一口好鬍鬚，還會武藝，政治上也很清楚，所以大臣都怕他。可能有人會說，高大魁梧，精力充沛，熱中政治，很像隋文帝。隋文帝應該很喜歡他吧？事實並非如此。

為什麼？因為楊秀太鋒芒畢露了。楊堅其實是個多疑的人，特別到了晚年，尤其疑神疑鬼，容不得別人表現突出。看到蜀王如此英氣勃勃，他覺得很不放心，對獨孤皇后說：「秀必以惡終。我在當無慮，至兄弟必反。」意思是，楊秀這孩子一定不得好死。我活著的時候，可能還沒什麼問題，到他兄弟掌握天下時，他一定會造反。

不過，話雖如此，但是，在相當長的時間裡，隋文帝並沒有把楊秀怎麼樣，相反的，倒是一直讓他鎮守蜀地，可見，對他的能力還是認可的。就算是有疑心，也並不過分。但是，到了開皇二十年（六〇〇），情況發生變化了。

開皇二十年，隋文帝廢長立幼，改立二兒子晉王楊廣當太子。一下子，隋文帝對楊秀不放心的程度大幅增強。為什麼？

首先，他知道，楊秀在政治上有野心，如果楊勇當太子，那是嫡長子，也算是天意，他可能也就認了。可是現在隋文帝居然打破這種天經地義的繼承原則，讓老二楊廣當太子，以他的性格，能認可嗎？

其次，楊秀鎮守蜀地二十年，也是有實力的人物，如果他不認可，會不會引發什麼變故？把這兩個因素放在一起考慮，隋文帝就不放心了。

一名王子讓皇帝不放心已經很糟糕了，更要命的是當時對他不放心的還不止皇帝。那還有誰？新太子楊廣。楊廣的想法其實和隋文帝一樣，認為蜀王楊秀是個危險分子。只不過，他的緊迫感比隋文帝強得多。

老四太能幹，現在就威脅我的太子地位，即使以後我當了皇帝，也未必壓得住他。與其到那時候找麻煩，不如現在就把他解決掉算了。

楊廣是個聰明人，他知道在這個問題上，隋文帝對楊秀也有疑慮。既然如此，那就借刀殺人，利用父親除掉他。

楊廣又找上老搭檔宰相楊素，兩個人一湊合，很快，楊素一紙奏疏，舉報蜀王楊秀在四川窮奢極欲、殘害百姓，還打造了一些只有皇帝才能用的器物供自己享用，有不臣之心。楊素此舉好不好？太好了，專挑隋文帝的軟肋。

隋文帝有什麼軟肋？

第一個軟肋就是對奢侈腐化無可容忍，只要發現任何人涉嫌這個問題，他保證火冒三丈。

第二個軟肋就是怕別人覬覦他的皇位。

現在，楊素針對這兩個軟肋下手，隋文帝當然重視。本來，自從廢長立幼後，隋文帝對蜀王楊秀便提高警惕，現在，再聽到楊素舉報，隋文帝馬上覺得自己的想法被證實了。

隋文帝立刻決定，徵調楊秀回京師。而且，為了避免他抗旨不回，同時任命大臣獨孤楷接替他擔任益州總管。

這意謂著斷了蜀王的後路，你想回來也得回來，不想回來也得回來，因為在四川已經沒有你的位置了。這其實就是北周末年，楊堅對付尉遲迥的手段。從這一件事就可以看出來，蜀王楊秀這次絕對是凶多吉少。

階下囚

隋文帝讓楊秀回京，楊秀有何打算？他也在猶豫。這時，他的屬下勸他，你還是回吧！如果不回，陛下就更加懷疑你有不軌之心，難道你還真想造反不成？楊秀想來想去，也沒有別的辦法，還是回到京師。

一到京師，隋文帝馬上給他來個下馬威。根本不和他說話，晾了他一天，讓他惶惶不安，這是打擊氣焰。第二天，更進一步，連面也不見，直接派使者嚴詞責備他。

經過這樣兩輪攻勢，年輕氣盛的楊秀已經被打擊得意氣消沉，趕緊痛哭流涕地謝罪，說：「忝荷國恩，出臨藩岳，不能奉法，罪當萬死。」讓我鎮守一方，結果我沒做好，真是罪該萬死。希望主動承認錯誤，喚起隋文帝的同情。

隋文帝回答：

頃者秦王糜費財物，我以父道訓之。今秀蠹害生民，當以君道繩之。

楊俊只是浪費資財，而你居然殘害百姓！這樣看來，你犯的錯誤比秦王還嚴重，對於他，我只是用父親管兒子的方式管教，而對你，我恐怕就要用皇帝對待大臣的方式懲罰！

一聽隋文帝這麼說，朝堂上的大臣都覺得太過分了。用父親管兒子的方式管秦王，已經把秦王管死了，現在又要對蜀王加重處罰，結果豈不更不堪設想？眼看著又一起悲劇正在醞釀，有位名為慶整的官員說：

庶人勇既廢，秦王已薨，陛下兒子無多，何至如是？然蜀王性甚耿介，今被重責，恐不自全。

意思是，陛下，您一共五個兒子，現在，老大廢了，老三死了，您剩下的兒子已經不多了，何苦這麼嚴厲呢？再說，蜀王驕傲自負，這樣的人就像鐵一樣，雖然硬，但是容易斷。您這樣責備他，我怕他承受不了。這本來是一番好意。

那麼，隋文帝做何反應？他覺得這是在揭他的短，勃然大怒，差一點把慶整的舌頭割掉，不僅沒消氣，反倒更來勁，當即對大臣說：「當斬秀於市，以謝百姓。」應當殺了楊秀，以謝百姓。隨即把楊秀關起來，讓楊素等人審訊。

讓楊素辦這件案子，等於把楊秀放到太子楊廣手心裡了。楊廣正中下懷，馬上和楊素溝通好，務必讓楊秀萬劫不復！怎麼做呢？楊廣和楊素兩人分頭行動。楊廣負責製造證據，楊素負責發現證據。

楊廣製造什麼證據？兩方面的證據。

第一、他暗中製作兩個木偶人，捆住手腳，再用針刺穿木偶的心。然後一個寫上隋文帝的名字，一個寫上他第五個兒子——漢王楊諒的名字。寫了名字後，還在上面刻上一行小字：

> 請西岳慈父聖母收楊堅、楊諒神魂，如此形狀，勿令散蕩。

意思是，請求西岳華山的男山神和女山神，把楊堅和楊諒的魂收到華山底下，楊堅和楊諒就長像兩個小木偶這樣，千萬別收錯。收回來之後壓到華山底下，千萬別讓跑出來。寫好後，就把兩個小人埋在華山腳下。

這是厭勝，是中國古代最經典的咒人方法。

可能有人會覺得奇怪，楊廣為什麼單寫文帝和漢王楊諒的名字，不寫自己的名字？很簡單，這是讓自己脫清干係，省得有人懷疑是他做的。

第二個證據，楊廣偽造了一封檄文，上面寫著「逆臣賊子，專弄威柄，陛下唯守虛器，一無所知」。說皇帝身邊都是亂臣賊子，他們早已蒙蔽皇帝，而且架空了。檄文上寫得清清楚楚，蜀王準備「陳甲兵之盛，指期問罪」，也就是說，他要從四川親率大軍，討伐逆臣賊子，清君側。這就是叛亂！楊廣把這篇檄文塞到楊秀的文集之中。

兩個證據偽造好後，接下來就是楊素的工作。楊素的任務是發現證據，他經過一番搜查，很快便從楊秀的文集裡發現這封所謂的造反檄文，接著，又根據文集中其他線索，來到華山腳下，三兩下就把厭勝的兩個小木偶刨出來。

這兩個關鍵性證據一出來，楊秀的罪可就大了，不但想發動兵變，還下厭勝，詛咒父親和弟弟，簡直天理難容。隋文帝本來就對楊秀心存疑慮，再一看楊素拿來的這些所謂證據，真是氣得渾身發抖，說：「天下寧有是耶！」天下怎會有這樣的不孝子呢！

隋文帝馬上宣布，罷免楊秀的蜀王王爵，廢為庶人，而且把他放在內侍省，也就是宦官那裡，軟禁起來，從此一直到死，再也沒有恢復自由。就這樣，楊廣的借刀殺人之計算是圓滿完成，又一個政治對手被徹底打倒。

當然，對於隋文帝而言，則是又一個兒子從眼前消失。當年，隋文帝向大臣誇耀自己五子同母、家庭和睦，現在，五個兒子中的三個已經被他自己除掉了，這當然是莫大的人倫悲劇。

我們究竟應該怎樣評價這兩起家庭悲劇呢？有三個問題值得注意。

第一、在王子教育上，隋文帝有極大的失誤。隋文帝最初對王子都寄予厚望，為什麼後來又把他們都廢掉呢？拋開有人栽贓陷害的成分不說，不可否認的，秦王楊俊也好，蜀王楊秀也好，乃至太子楊勇也好，都有一個共同的毛病，那就是驕縱奢侈。他們這個毛病是怎麼來的？隋文帝教育出來的。

隋文帝讓兒子從小就出鎮一方，賦予他們很大的權力，這難免造成小王子驕傲之心。雖然他也為兒子們選派輔佐大臣，希望他們能夠教育兒子，但是，又害怕大臣們不尊重王子，訂立了種種規矩，務必讓兒子凌駕於大臣之上。這樣一來，小王子自然有恃無恐，再好的大臣也沒辦法管教。

人性都有弱點，一個小孩子在握有大權、又缺乏必要約束的環境下長大，驕橫奢侈不就在情理之中嗎？蜀王楊秀被廢後曾上表說，自己「九歲榮貴，唯知富樂，未嘗憂懼」。九歲就處於榮華富貴的環境中，只知道貪圖享樂，從來不曾害怕什麼，從來不擔心什麼。這才導致最後「輕恣愚心，陷茲刑網」，最後才讓自己淪為階下囚。這個總結非常誠實，也非常沉痛。

第二、在處理王子問題上，隋文帝同樣有很大的失誤。什麼失誤？過於簡單粗暴，過於冷血殘酷。隋文帝的教育失誤導致王子素質不高，一旦王子出現問題，隋文帝卻絲毫不反思自己的問題，而是輕易地把他們廢黜，甚至逼死。

他這種作法，看似公正無私、法不容情，其實卻違反了中國最基本的人情和人倫規範。家國一體，儒法互補，本來就是中國傳統政治的精髓。換言之，如果只講鐵血統治，絲毫不考慮忠恕之道，最後出現的可能就是暴政。

隋文帝在父子關係上已經表現出這種傾向，可想而知，以後在君臣關係，乃至君民關係，也就是皇帝和人民的關係上，他也有可能犯同樣的錯誤。

第三、在處理王子的問題上，其實隋文帝是被新太子楊廣和宰相楊素利用了。無論是廢黜太子楊勇，還是廢黜蜀王楊秀，其實都是楊廣借刀殺人，而楊素則是他最重要的幫手。這兩個人為了個人私利，置親情於不顧，也置國家利益於不顧。這反映出他們在政治道德方面的嚴重缺陷。

固然，楊廣和楊素都很有才能，也正因為如此，他們缺乏政治道德顯得尤為可怕。因為一旦他們的才能運用不當，就可能造成社會巨大的危害。

這樣看來，骨肉相殘，既是家庭悲劇，也不完全是家庭悲劇。事實上，更像是隋文帝晚年政治上一系列嚴重失誤中的一個環節。那麼，在治理國家方面，隋文帝還會暴露出什麼問題？

【第二十六章】
由盛轉衰

隋文帝晚年，不但家庭頻生變故，他本人也一改隋初勤儉自律的作風，開始放縱自己。隋文帝這種心態的變化會給隋朝帶來什麼影響？

豪奢離宮

開皇九年（五八九）平陳戰爭結束後，隋文帝的家庭開始出現一系列問題：太子楊勇被廢，蜀王被廢，秦王夭亡，一個好端端的家庭四分五裂。

事實上，在同一時期，不僅隋文帝的家庭出現問題，他在治國理政方面也同樣出現了嚴重失誤，隋朝初年那種君臣協力、奮發圖強的局面也因此不復存在。

第一個問題是隋文帝開始驕傲自滿，追求生活上的享受，最突出的表現就是興修仁壽宮。前面提及太子被廢時提到過仁壽宮。此一行宮是在開皇十三年（五九三）修建的。當時，國內戰爭大致結束，財政上又出現幾百年未曾見過的倉庫皆滿的喜人場景，國家一副太平景象，隋文帝都有點找不到奮鬥的方向。再加上他年過半百，辛苦了這麼多年，也想稍微享受一下。

正好，這一年年初，隋文帝到長安西面的岐州祭祀，覺得當地山長水闊，很適合生活，決定在此修一座行宮。這個想法其實非常合理，問題是找誰修呢？當時，楊素鋒頭正健，隋文帝便把這個任務交給他。

楊素適不適合完成這項任務呢？這就要分怎麼說了。從能力來講，楊素當然不容置疑，但是，楊素有個弱點，那就是喜歡奢侈。在隋朝，如果你想找出最有錢的官員，肯定非楊素莫屬。楊素富裕到什麼程度？按照史書記載，他有：

> 家僮數千，後庭妓妾曳綺羅者以千數。第宅華侈，制擬宮禁。

他們家家奴就有好幾千，在後庭穿著綾羅綢緞的姬妾，就有一百多人，而且，他的房子修得富麗堂皇，比皇宮還好。可能有人會說，楊素怎麼會這麼有錢？因為他立下許多戰功。

隋文帝是個能辦大事的皇帝，雖然生性吝嗇，但獎賞功臣從不含糊。而楊素在平江南、平突厥等大型戰役中都立下了赫赫戰功，當然賞賜極多，這樣一來，楊素慢慢成了富翁，生活也極其奢侈。

讓這樣一個人主持修建行宮，自然有問題了。楊素眼光高，他按照自身標準設計仁壽宮，把仁壽宮設計得美侖美奐，按照史書記載，「夷山堙谷以立宮殿，崇臺累榭，宛轉相屬。」削山填谷，整出一大塊人造平地，好修建大規模的宮殿建築群。工程這麼浩大，當然得耗費大量錢財，遠遠超過預算。

光是奢侈也罷了，更要命的是，楊素還有個弱點就是暴虐。我們講過，他在戰場上每次都派敢死隊衝鋒，只要打了敗仗回來，回來多少處死多少。

這樣嚴明的軍紀是楊素制勝的法寶，在戰場上有其合理性。問題是，他拿這套作法對付服勞役的老百姓。這些老百姓在楊素的嚴厲監督下晝夜趕工，稍稍體力不支，馬上就被視為無用之人。

怎麼處理這些無用之人呢？在山裡建行宮是填平山谷，創造更多的平地，用什麼填？楊素下令，就用這些民夫去填，直接把他們推下山谷，上邊再蓋上土石，打成地基！在這樣殘酷的勞役下，兩年下來，累死的民夫達一萬多人。這是對盛世莫大的諷刺。

開皇十五年（五九五）三月，仁壽宮終於修好了。當時高熲還是首席宰相，隋文帝派高熲去驗收。高熲是和隋文帝一起開創節儉型政府的人物，和楊素的價值觀大不相同，他一看這座宮殿如此豪華，馬上開始心疼國庫、心疼百姓，回來後如實匯報：「頗傷綺麗，大損人丁。」

意思是，建得倒是挺好，問題是好過頭了，損失了好多老百姓。隋文帝是個節儉的好皇帝，一聽高熲這樣說，馬上心裡有了先入為主的壞印象。

三月底，隋文帝終於抽出時間親自視察。這一視察，印象更壞了。他在沿途聽到一些說法，說楊素為了趕工，累死了好多民夫，有些人死後填了山谷，還有些乾脆就地焚燒了事，太不愛惜民力了！所以，一到仁壽宮，隋文帝怒氣沖沖說了一句：「楊素竭百姓之力，雕飾離宮，為吾結怨於天下。」楊素這麼做，不是給我招恨嗎？

這話傳到楊素耳朵裡，嚇得他大驚失色。本來竭盡全力想討好皇帝，沒想到馬屁拍到馬腿上了。怎麼辦呢？

這時，有人給楊素出主意了。楊素的侄女婿，也是仁壽宮的監工——封德彝對楊素說：咱們皇帝聽皇后的，現在既然皇帝對你有意見，你不如先和皇后溝通一下，只要皇后認可，皇帝肯定不會責備你，說不定還有賞賜。

楊素一聽，有道理，趕緊悄悄地拜見獨孤皇后，對她說：「帝王法有離宮別館，今天下太平，造此一宮，何足損費！」帝王按道理講，本就該建離宮別館，現在天下如此太平，我幫皇帝修這麼一座離宮，這有什麼不好呢？花那點錢算什麼？這一句天下太平打動了獨孤皇后。是啊，我們以前克勤克儉，不就是為了能夠天下太平嗎？現在既然已經天下太平了，何苦一直當苦行僧呢！

第二天一早，隋文帝召見楊素。楊素還是有點緊張，磨蹭了好半天才去。進入宮中，孤獨皇后說：「公知吾夫婦老，無以自娛，盛飾此宮，豈非忠孝！」楊素知道我們夫妻年紀大了，也沒別的愛好，為我們修了座好房子，讓我們享受享受，是忠孝之臣啊！隋文帝一聽，也面帶喜色，連連點頭。

就這樣，楊素靡費資財、草菅人命，不僅沒受到懲罰，反倒賜錢百萬、賜絹三千段。

那我們應如何評價修仁壽宮一事？這件事其實並不大，客觀說來，做為一朝皇帝，興修一、兩座離宮別館不算過分。問題是，從這件事上，可以看出隋文帝夫婦的追求變了，在巨大的成就面前，他們不再願意自我約束、自我克制。而隋文帝的自我約束、自我克制，其實正是隋朝在魏晉南北朝的亂世中脫穎而出的法寶。現在，在生活上，隋文帝已經露出放縱的苗頭，那麼，在其他方面的任性和放縱也為期不遠了。

任情枉法

事實上，隋文帝的第二個問題正是在法律方面的任性和放縱，亦即任情枉法。我們前面提過，隋朝的法律制度是由《開皇律》規範。《開皇律》體例嚴謹，寬嚴適當，是隋朝法制建設的重大成果，也是隋朝依法治國的依據。

在很長一段時間裡，隋文帝確實模範遵守法律。史書中講述很多他維護法律尊嚴的故事，當時的國子博士何妥也稱讚他：

> 留心獄訟，愛人如子，每應決獄，無不詢訪群公，刑之不濫，君之明也。

說隋文帝非常尊重生命，在斷案和量刑問題上非常謹慎。

但是，到了開皇後期，隋文帝在司法方面的態度逐漸改變了。變成什麼樣子呢？變得愈來愈任性。經常無視法律規範，全憑喜怒任意量刑。

舉幾個例子。第一個與基層文官有關。隋文帝非常講究等級制度，因為他等級最高，只有嚴格等級制度才能最有效地維護皇帝至高無上的權威。可是他發現在很多部門，有很多下屬並不像他想像中那樣敬重上司。但是，按照現行法律，對他們的懲處又不夠。

隋文帝覺得這樣不妥，是縱容下級反抗上級。開皇十七年（五九七）三月，隋文帝下了一道命令，說：「諸司論屬官罪，有律輕情重者，聽於律外斟酌決杖。」意思是，如果上司覺得下屬實在可惡，可在法律規定的懲罰外再追加杖刑。

這本來是想給中下層官吏一個下馬威，讓他們尊重長官。可是，沒想到，詔令一出，長官們可得意了，爭相凌虐下屬，以至於出現「以殘暴為幹能，以守法為懦弱」的風氣。這樣一來，上下級矛盾更為突出，產生更大的問題。此即隋文帝率性而為，隨意修訂法律帶來的惡果！

再舉個關於老百姓的例子。隋文帝是位崇尚道德的皇帝，畢生追求路不拾遺、夜不閉戶的境界。可是，老百姓的道德境界沒有這麼高，老有小偷小摸出現，這讓隋文帝覺得很不高興。

怎樣才能做到天下無賊呢？隋文帝信奉治亂世用重典。於是，他發布詔令，「盜一錢以上皆棄市」，偷一文錢就要判處死刑，真是史無前例、聞所未聞。更極端的是，有一次，三個小伙子渴了，偷了顆瓜，也被判處死刑。這不是恐怖統治嗎？

隋文帝為何頒布如此不合情理的詔令？其實，他是希望好好震懾小偷小摸的行為，看誰還敢再偷東西！可是，這樣的詔令一公布，問題更多了。

什麼問題？有人想，既然偷一文錢是死，偷一千文錢也是死，搶一個商隊也是死，不如索性做大案，就算被逮住，死也值了。這樣一來，小偷小摸是少了，可是大偷大摸、搶劫綁票這類大案要案反倒增多了。這不更糟糕嗎？犯罪分子其實並沒有震懾住，倒是先把商人給嚇破膽，每天提醒自己晚點上路、早點投宿，夜裡也不敢睡個好覺，怕被打劫。形成天下騷動的惡果！

在整個社會惶惶不安的情況下，有幾個膽大的人想好好開導皇帝，劫持一名司法官員，對他說：你知道我們為什麼劫持你嗎？我們不是貪圖你那點小錢，只是想讓你向皇帝傳一句話：自古以來，無論誰建立國家、制定法律，都沒有偷一文錢就判處死刑的道理，請皇帝不要這麼肆意胡為！如果你不把我們這句話帶到，小心下次宰了你！

這名司法官員畏懼萬分，趕緊向隋文帝稟報此事。隋文帝一聽，察覺問題的嚴重性，取消這項政策。這同樣是率性任情、不尊重法律的惡果！

按說，經過此一教訓，隋文帝應該知道尊重法律的重要性。他卻沒有，他的認識始終沒有提升。這條詔令雖然取消了，沒過多久，隋文帝又頒布新詔令。

他說：「盜邊糧者，一升已上皆死，家口沒官。」及「行署取一錢已上，聞見不告言者，坐至死。」只要貪污，就判處死刑，而且連家人，帶知情人都不放過。

這麼做行得通嗎？看似嚴格整頓吏治、為民除害，其實，和偷一文錢就判處死刑一樣，都只能說是動機良好，效果奇差，不僅不能真正為民除害，反倒從根本上損害老百姓的利益。

檢視上述例子，我們知道，隋文帝晚年在法律方面犯了愈來愈不理性的錯誤，一切全憑自我感覺，完全無視法律的尊嚴。那麼，皇帝為什麼如此任性？說到底還是皇權凌駕一切的觀念在作祟。愈到晚年，隋文帝愈看重自己的權力，愈樂於享受絕對的權力帶來的滿足感。在這樣膨脹的皇權面前，法律當然不可能受到尊重。

隋文帝想要甩掉法律的束縛，享受絕對皇權，有些野心家便大加利用。誰呢？宰相楊素。我們屢次說過，楊素是個才大於德的人。此人心機深沉、手段豐富，為了私利，枉顧道德和原則。隋文帝其實已經被他利用過好幾次了。現在，看見皇帝喜怒無常，經常拋開法律，任意量刑，楊素又想利用他。

利用他做什麼呢？這一次，楊素要利用隋文帝除掉一個仇人——鴻臚少卿陳延。此人與楊素不和，楊素一直想除掉他，但苦於沒有機會。有一天，楊素經過鴻臚寺下屬的蕃客館，即外國使節駐地時，發現院子裡竟有沒及時清掃的馬糞，這是工作人員失職，楊素馬上敏感起來。他悄悄走進院子，尋找工作人員。

工作人員原來都坐在氈子上賭博。這下子，楊素可算逮到機會，趕緊添油加醋，上報隋文帝，說鴻臚寺在陳延領導下作風非常散漫，工作人員都在上班時間賭博，無人做事，以至於外國使節的駐地遍地馬糞，對國家形象損害極大！

我們知道，隋文帝是個不寬容的人，對待子女也好、下屬也好，歷來恩少威多，一聽楊素如此報告，馬上火冒三丈，把蕃客館的長官主客令和參與賭博的工作人員都亂棒打死。鴻臚少卿陳延也因對下屬管教不嚴，就地免官，而且拉到西市當眾狠狠揍了一頓，差點一命嗚呼。

這樣一來，楊素達到公報私仇的目的。一般人談到這件事，肯定會感慨楊素的陰損。問題是，楊素為何如此囂張？還不是因為隋文帝先亂了法度，任情枉法，才給楊素可乘之機。

猜忌大臣

隋文帝的第三個問題是猜忌大臣。我們講過，隋文帝是由權臣當上皇帝的，改朝換代的合法性不足，所以向來比較猜忌。開皇初年，他屢興大獄，把幫他奪取政權的劉昉、鄭譯一類文官，還有王誼、元諧等一班武將先後剷除，然後提拔高熲、蘇威等與前朝關係不深的政治新秀為自己服務。

客觀地講，隋文帝這樣做雖然有點過河拆橋的意思，顯得不夠厚道，但是，對於擺脫功臣對政治的不正常干擾，建立新的領導核心還是有積極意義的，歷來評價還比較正面。

可是，開皇十年（五九〇）以後，隨著國家愈來愈穩定、愈來愈強大，隋文帝的猜忌之心不僅沒減弱，反倒逐步加強，這就有點不合常理了。那麼，他猜忌誰呢？當時，隋文帝猜忌的對象恰恰是他親手提拔上來的文臣武將。

舉個例子，虞慶則。虞慶則和隋文帝的出身、性格都非常相似，在隋朝初年頗受寵幸，和高熲、蘇威、楊雄合稱「四貴」，本來是隋文帝的心腹重臣。但是，到了開皇十七年（五九七），虞慶則居然因謀反罪嫌被砍了頭。

這是怎麼回事呢？說起來又是一場家庭悲劇。虞慶則有個小舅子名為趙什柱，沒什麼本事，但是，虞慶則念及親戚情分，盡力提拔他，讓他擔任自己的參謀長。

可是沒想到，趙什柱居然恩將仇報，沒幾天，就和虞慶則的愛妾私通上了。他知道，虞慶則脾氣火爆，一旦發現他的醜事，肯定饒不了他。不如先下手為強，把虞慶則除掉算了。正好這時桂州，即現今廣西桂林一帶有人造反，隋文帝派虞慶則前去平叛，趙什柱心思一動，想藉此機會除掉虞慶則。

趙什柱決定鋌而走險，到隋文帝面前告密，說虞慶則根本不想去，對皇帝心懷抱怨。按照趙什柱的想法，如果皇帝因此治虞慶則的罪，自己就達到目的了。

那麼，隋文帝是不是如趙什柱希望的聽風就是雨呢？他倒沒有，並沒有罷虞慶則的官，更沒有直接把他關進監獄，而是照樣派他出征。

但是，儘管如此，送行時，隋文帝冷著一張臉，讓虞慶則摸不著頭腦。但是，不明白歸不明白，虞慶則還是帶兵南下，而且，打了勝仗，很快解決了叛亂。

這樣一來，跟著他的趙什柱十分抑鬱，這下他的誣陷不攻自破，恐怕不等虞慶則收拾他，皇帝也不饒他了。

可是，就在趙什柱心灰意冷時，事情出現了轉機。虞慶則武將出身，到哪裡都喜歡登高遠眺，看看山川地貌，分析一下軍事地理。從桂州回朝廷，路過潭州，即現今的長沙，他按照老習慣，帶著趙什柱登上當地高山臨桂嶺，眺望山河。眺望一回後，虞慶則對趙什柱說，你看出來沒有？「此城險固，加以足糧，若守得其人，攻不可拔。」意思是，這個地方非常險峻，只要糧食囤積足夠，再有一個能人防守，絕對是易守難攻。

聽他這麼一說，趙什柱高興萬分，你說這裡易守難攻，分明是想藉這個地方造反！本來我只是告你怠慢軍務，就算告成，殺傷力也不夠。現在你居然讓我抓住這麼一個大把柄，我不如乾脆告你謀反！

這樣一想，趙什柱矇騙虞慶則說，離開朝廷時，陛下似乎對你有點不滿，不知是為什麼，要不要我先到京城打探一番？你別急著回去，就在這裡休息幾天，等我探聽好了情況你再啟程。虞慶則一聽，有道理，就讓他先回去了。

結果，趙什柱回到京師，馬上向隋文帝報告，虞慶則認為潭州易守難攻，想在那謀反，所以一直逗留在那裡，不肯往回走，我冒死前來稟告陛下！

隋文帝一聽，勃然大怒，馬上派司法部門調查，結果一查，虞慶則確實說過易守難攻的話，也確實在潭州逗留。印證了趙什柱所說的話。

隋文帝根本沒給虞慶則辯駁的機會，就以謀反罪把他處決了。一代名將，近二十年的宰相，就此死於非命。

可能有人會說，就算如此，也不能證明隋文帝猜忌，他是被趙什柱蒙蔽了。是不是呢？不能這樣想。虞慶則的案子，只要稍微調查了解一下，就能夠證明誰是誰非，但是，隋文帝居然不調查也不給虞慶則辯白的機會，一聽傳言，馬上殺人，這就叫寧可錯殺千人，不可使一人漏網，本身就懷有猜忌之心。

事實上，當時不光是虞慶則被殺，「四貴」之中的其他三貴也都沒逃過被猜忌的命運。其中，高熲因為太子事件被罷官，楊雄因為人緣太好而遭架空，蘇威也因涉嫌朋黨問題被罷官。當年隋文帝親手提拔，因而格外信賴的「四貴」，結局居然如此悲慘，正說明隋文帝的猜忌之心已經深入骨髓了！

人一旦陷入猜忌的迷局中，做事就開始荒唐了。荒唐到什麼程度？根據史書記載，隋文帝整天懷疑政府部門的小吏貪污受賄，但是又沒有證據，他居然派手下充當特務，故意拿錢賄賂那些小吏，誰要是收下賄賂，馬上斬首。這不是釣魚執法嗎？皇帝居然做這種事，按照古人的說法，是失人君之大體。

這樣一來，隋朝初年那種君臣一體、勵精圖治的良好局面逐漸消失，取而代之的是上下離心、自為身謀的新局面。在這種情況下，隋文帝和大隋王朝，還會遇到哪些問題呢？

【第二十七章】

風波再起

隋文帝後期，因為家庭變故，他的統治心態和朝廷局勢都發生重大變化。受這些變化衝擊最大的，則是新太子楊廣。他好不容易到手的太子地位也變得不穩定起來。此一家庭變故到底是什麼？為何會對政局產生如此重大的影響？

皇后辭世

隋文帝一生用過兩個年號，一是開皇，一是仁壽。聽起來，這兩個年號都很好，所謂開皇，當然是開啟一代基業，體現出創業者激情四射的心態。所謂仁壽，是享國長久的意思，體現出守成者的安詳。對於一位統治多年的皇帝而言，先創業，再守成，本來是件非常愜意的事情。

是不是真的如此呢？非常遺憾，隋文帝在仁壽年間的生活並非如此安逸。中國人常說，人一生有三種最大的不幸，那就是少年喪父、中年喪妻、晚年喪子。隋文帝開皇末年、仁壽初年時，正好是六十歲上下，按照現在的說法是介於中晚年之間，接連趕上喪子和喪妻兩大不幸。

伴隨著隋文帝這種人生不幸，隋朝政壇也出現新的變局，讓仁壽這個年號顯得並不平靜。喪子的不幸前面講過了，那麼，喪妻又是怎麼回事呢？

仁壽二年（六〇二）陽春三月，獨孤皇后和隋文帝一起去仁壽度假。這是開皇後期每年的慣例。但是，這一次，獨孤皇后再也沒能回到大興城。就在仁壽二年八月二十四日，獨孤皇后一病不起，病逝於永安宮，享年五十九歲。

獨孤皇后屬於正常死亡，五十九歲在當時也不算短壽，為什麼還鄭重其事地交代這件事呢？因為獨孤皇后之死對於隋文帝來說影響極大。什麼影響呢？兩個方面。

第一、它讓隋文帝自由了。我們多次講過，獨孤皇后信奉一夫一妻制，而且精力充沛，每天接送隋文帝上下班，使得隋文帝沒有一點私人空間，好不容易喜歡上尉遲氏宮女，竟被獨孤皇后打死了。為這件事，隋文帝離家出走，感慨自己貴為天子卻不得自由。

獨孤皇后一死，隋文帝頭上的緊箍咒終於解除，可以隨心所欲地享受自由了。馬上，有兩名美女出現在隋文帝生活中。這兩人，一是宣華夫人陳氏，一是容華夫人蔡氏。

其中，宣華夫人陳氏是陳朝的亡國之君陳叔寶的妹妹，和哥哥一樣風流文雅。而且因為是亡國之人，別有一份懂事和小心，這樣的性格甚至讓獨孤皇后都產生我見猶憐之感。所以，在獨孤皇后在世時候已有侍奉文帝的特權。獨孤皇后一死，便理所當然地上升為第一夫人。

容華夫人蔡氏也是南方人，陳朝亡國後進入後宮。此人號稱儀容婉麗，隋文帝垂涎已久，只是礙於獨孤皇后的威風，不敢表露出來。障礙既除，蔡氏也立刻成了隋文帝身邊不可或缺的寵妃。

這樣兩位溫順的南方美女和剛毅的獨孤皇后形成鮮明對比，讓隋文帝覺得非常新鮮，也非常迷戀。

可能有人會說，這麼說來，獨孤皇后之死對隋文帝而言是好事，也不盡然。因為獨孤之死對於隋文帝還有第二個影響，就是讓隋文帝沒有知己了。

在這個世上，誰和隋文帝最像？那就是獨孤皇后。兩人在方方面面高度一致。隋文帝節儉自律，獨孤皇后在這方面也毫不含糊。

《隋書・文獻皇后傳》記載一則著名的故事。當時突厥和隋朝互市，出售一筐明珠，才要價八百萬錢。幽州總管勸獨孤皇后買下來。結果獨孤皇后說：

非我所需也。當今戎狄屢寇，將士罷勞，未若以八百萬分賞有功者。

珍珠是什麼東西啊？飢不可食，寒不可衣，我要它沒有用。如今我們整天和突厥打仗，將士們都已非常疲勞，如果說我們的國庫真能拿出這八百萬錢，不如拿去獎賞有功將士。這樣一說，一下子贏得滿朝喝采。

事實上，獨孤皇后不僅沒有多餘的首飾，連基本的化妝品都沒有。有一次隋文帝配藥，需要一盒香粉，向獨孤皇后要，結果獨孤皇后說了後宮根本沒有這種東西。對於一名婦女而言，真是節儉自律到家了。

另外，隋文帝一心維護皇權，即使是親兒子挑戰，也要繩之以法。在這一點上，獨孤皇后也和他保持一致。隋文帝鎮壓兒子，獨孤皇后壓制外戚。整個文帝一朝，獨孤皇后的娘家沒有一人身居高位。

不提拔外戚也罷了，一旦外戚犯罪，還要從重處罰。獨孤皇后有個表兄叫崔長仁，涉嫌職務犯罪，本來，隋文帝想要看在獨孤皇后面上赦免他，結果獨孤皇后說：「國家之事，焉可顧私！」這是國家的事情，怎麼能徇私情。堅決主張把崔長仁斬首了。這種不縱容外戚，自覺維護皇權的風範當然贏得隋文帝的尊重。

另外，隋文帝愛民如子，荒年時和老百姓一起到洛陽就食，路上還讓侍衛幫老百姓拿行李，獨孤皇后也不遜色，據史書記載，每次大理寺判決死刑時，獨孤皇后都會為死刑犯流下眼淚。

兩人的心意、作法如此相似，當然堪稱夫唱婦隨，但更貼切的說法應該是同心同德。所以，《隋書．文獻皇后傳》說：「后每與上言及政事，往往意合。」每次獨孤皇后和隋文帝討論政事，他倆的意見都是一致的。隋文帝任何一項政治決策，獨孤皇后都是第一參與者、第一擁護者和第一執行者，夫妻兩人相互扶持、相互砥礪，共同經營大隋王朝。這就是所謂任何一個成功的男人背後總站著一個偉大的女人。

特別是在隋文帝晚年，因為權力鬥爭，他已經疏遠大臣，和兒子的關係也異常緊張，在這種情況下，獨孤皇后其實就是他唯一能夠信賴的知己，也是他精神的支柱。現在，沒了知己，隋文帝的內心世界其實日漸坍塌。而且，獨孤皇后和隋文帝年紀相仿，她的去世，肯定讓隋文帝產生來日無多的恐慌感。

結婚四十多年，當皇帝二十多年，隋文帝已經習慣依賴獨孤皇后堅定的意志和敏感務實的政治智慧。現在，這個支撐一倒，隋文帝真是茫然若失。

這種茫然若失如何體現？表現在生活上就是縱欲，整天和宣華、容華兩位夫人泡在一起，醉生夢死；表現在政治上，則是更加多疑和善變。

楊素失勢

隋文帝是一國之君，他一變，整個國家的政局就有可能受到影響。事實上，隨著獨孤皇后去世，有兩個人的處境馬上變得尷尬起來了。一是宰相楊素，一是太子楊廣。

先說楊素。獨孤皇后去世後，最傷心的當然是隋文帝，但是要說張羅得最辛苦的其實是楊素。為什麼辛苦？因為獨孤皇后的葬禮由楊素經辦。為了辦得風光隆重，楊素也算殫精竭慮。

葬禮之後，隋文帝特地下詔褒獎楊素：

楊素經營葬事，勤求吉地，論素此心，事極誠孝，豈與夫平戎定寇比其功業！可別封一子義康公，邑萬戶。並賜田三十頃，絹萬段，米萬石，金珠綾錦稱是。

隋文帝講的是：楊素辦這件事費心費力，到處為獨孤皇后選風水寶地安葬，要論他這份誠心，無與倫比，功勞也不是平戎定寇所能夠比得了，就是比平戎定寇的功勞還大。我決定封他一子為義康郡公。另外，給他一萬戶的食邑，從此，一萬戶人家的賦稅直接繳到楊素他們家。

辦場葬禮，隋文帝居然認為比平戎定寇還重要，而且給了那麼多賞賜，既說明隋文帝愛屋及烏，也說明楊素的用心程度。

但是，這次葬禮恐怕是楊素在隋文帝一朝得寵的顛峰了。就在此後不久，楊素在隋文帝心目中的地位就下降了，因為大理卿梁毗彈劾他。

仁壽二年（六〇二），梁毗上書隋文帝，說：

臣聞臣無有作威福。臣之作威福，其害乎而家，凶乎而國。竊見左僕射、越國公素，幸遇愈重，權勢日隆，搢紳之徒，屬其視聽。忤意者嚴霜夏零，阿旨者膏雨冬澍，榮枯由其唇吻，廢興候其指麾。所私皆非忠讜，所進咸是親戚，子弟布列，兼州連縣。天下無事，容息異圖，四海稍虞，必為禍始。夫奸臣擅命，有漸而來。王莽資之於積年，桓玄基之於易世，而卒殄漢祀，終傾晉祚。季孫專魯，田氏篡齊，皆載典誥，非臣臆說。陛下若以素為阿衡，臣恐其心未必伊尹也。伏願揆鑑古今，量為外置，俾洪基永固，率土幸甚。輕犯天顏，伏聽斧鑕。

梁毗講，我聽說臣子是不允許作威作福的，如果一個國家允許臣子作威作福的話，那麼必定天下大亂。現在我們國家有沒有哪個大臣作威作福呢？有，就是越國公尚書左僕射楊素，他倚仗陛下寵幸，權力已經大得沒邊了，所有官員都要看他的臉色辦事。如果他喜歡的人，對人家像春天般溫暖；他不喜歡的人，就像秋風掃落葉一樣無情。所以整個官僚系統其實都受他指揮。我覺得這樣下去，有一天他會走上奸臣、權臣的道路。希望陛下能夠預先留心這一點，鑑古知今，不要再給他這麼大的權力，我知道我這話不中聽，說出來也許您不喜歡，但是為了國家利益，我萬死不辭。

當時，楊素可是炙手可熱的人物，首席宰相，梁毗這樣說不是找死嗎？果然，隋文帝大怒，馬上把他抓起來，親自質問，怎麼可以如此誹謗大臣。

沒想到，梁毗毫不畏懼，當面對隋文帝說：

素既擅權寵，作威作福，將領之處，殺戮無道。又太子及蜀王罪廢之日，百僚無不震悚，惟素揚眉奮肘，喜見容色，利國家有事以為身幸。

你審我嗎？我不怕你審，我這些意見就是要當面對你說的，我確確實實認為楊素是個作威作福之人。我有充分的證據，證據是什麼？陛下，請您想一想，當年您廢掉太子楊勇和蜀王楊秀時，我們這些大臣，誰不覺得陛下家裡出了這麼大的事情，是件非常讓人震驚、讓人恐慌、讓人難過的事？唯獨越國公楊素，表現得一副揚眉吐氣、很得意的樣子。為什麼？他盼著國家有事，好抬升他的地位啊！陛下，這難道是忠臣應有的行為嗎？梁毗這一點，說得一針見血。

這番話一說出來，隋文帝愣住了。確實，此前隋文帝一直覺得楊素是在忠實地執行自己的命令，替自己除掉兩個不肖子，才把楊素視為心腹重臣。如果按照梁毗的說法，楊素有個人野心蘊涵其中，那自己豈不是成了為楊素做嫁衣裳嗎？這讓隋文帝不寒而慄。

另外，梁毗所說的臣子作威作福，必然危害國家，這也是隋文帝衷心認同的觀點。把這兩個因素加在一起，隋文帝對楊素的印象隨之改變。按照《隋書．楊素傳》的說法，「上漸疏忌之」，漸漸地疏遠猜忌他了。

怎麼疏遠猜忌？隋文帝下敕楊素：

> 僕射國之宰輔，不可躬親細務，但三五日一度向省，評論大事。

僕射啊，你是我們國家最重要的大臣，怎麼能操心那些雞毛蒜皮的事呢？以後你不用每天上班辦那些小事，你三五天上一次班，大事你管一管就可以了。

這是「外示優崇，實奪之權也」。國家哪有那麼多大事要辦？人的權威是從日常工作中奠定起來的，現在隋文帝等於剝奪楊素辦理日常事務的權力，剝奪他上班的權力，三五天你看看即可，實際上他真正能管的事情就很有限了，這是從楊素手裡收權。

女婿出頭

問題是，光收回楊素的權力還不夠。想讓國家正常運作，還要扶植新的依靠對象。扶植誰呢？我們剛才講，隋文帝愈到晚年愈猜忌，大臣都不敢信任，兒子又不放心，所以，隋文帝選擇了自己的女婿——柳述。柳述有三個優點。

第一、柳述出身河東柳氏，門望很高，本人文質彬彬，比較有社會基礎。

第二、柳述年輕，沒什麼功勞業績，所以一定唯自己馬首是瞻。

第三、也是最重要的原因，柳述的妻子蘭陵公主是隋文帝最喜歡的女兒。

隋文帝夫婦一共生了五男五女，柳述娶的是隋文帝么女，小名就叫阿五，封號為蘭陵公主。本來，么女容易受到父母寵愛，何況蘭陵公主確實爭氣。蘭陵公主是上了《隋書．列女傳》的人物，號稱「美姿儀，性婉順，好讀書」，長得很漂亮，而且性情溫婉，愛好讀書，是個知書達理、謹守婦道的人，這讓提倡道德的隋文帝非常有面子，所以寵冠諸女。

既然喜歡女兒，愛屋及烏，連帶著女婿也沾光，所以，柳述在女婿之中也最受寵。

現在，隋文帝削弱楊素的勢力，讓誰取而代之？就選中這位寶貝女婿，讓他當吏部尚書，同時參掌機密，整天跟著自己，儼然是溝通朝廷和宮廷的橋梁。

問題是，柳述上臺，對楊素意謂著大大的不利，因為蘭陵公主和柳述兩人都和楊素有私人恩怨。蘭陵公主和楊素有什麼恩怨呢？楊素曾經間接害死蘭陵公主第一任公公。這是怎麼回事呢？

蘭陵公主一生嫁過兩個丈夫，第一個丈夫名為王奉孝，是隋初大臣王誼之子。王誼和隋文帝是太學同學，文帝篡周，王誼衷心擁護。隋朝建立後，王誼受封為大司徒，還和隋文帝結成兒女親家。

可惜，結婚沒多久，王奉孝去世，蘭陵公主才十三、四歲就成了寡婦。王誼看了很可憐，上書隋文帝，請求讓蘭陵公主提前除掉喪服改嫁。

這本來是公公一番好意，沒想到卻被人彈劾，說是不知禮數、敗壞名教。彈劾者就是當時擔任御史大夫的楊素。

楊素這麼一彈劾，隋文帝狠狠地批評王誼一頓，這讓王誼覺得很沒面子，於是心灰意懶，整天在家發牢騷，還找人算命。地位這麼高，發牢騷，又算命，這觸犯了皇帝的大忌。開皇五年（五八五），隋文帝乾脆將他賜死於家，這也是隋朝初年誅殺功臣的大案。雖然史書未明確記載蘭陵公主有什麼反應，但是想來，她對於逼死公公的楊素應該沒有什麼好印象。

那柳述跟楊素之間有什麼恩怨？楊素奚落過柳述的父親。

柳述的父親和楊素是同輩人，當官的經歷也相仿。但是，隋文帝篡北周時，柳述的父親和叔叔都沒有明確表態支持，所以隋朝建立之初有點不得志，到外地做官，而楊素因為立場明確，所以任職中央。

這本來沒什麼，但是楊素為人輕狂。有天隋文帝賜宴，楊素和柳家兄弟都出席，楊素藉著酒勁奚落柳述的父親和叔叔說：「二柳俱摧，孤楊獨聳。」你看，原來咱們差不多，現在你們這兩棵老柳樹可被我這棵鑽天楊比下去了。

這當然是句俏皮話，問題是說得太輕浮了。柳述的父親一言不發，當然，酒席也就不歡而散。就這樣，楊素和柳家算是結了怨。

既然楊素和蘭陵公主以及柳述都有過節，現在柳述得寵，當然不會讓楊素好過。怎麼不讓楊素好過呢？據史書記載，柳述最喜歡做的事情就是當眾羞辱楊素。

舉個例子，柳述是吏部尚書，楊素是尚書省左僕射，本來是上下級關係，柳述做出的批示都要經過楊素審核方能生效。如果楊素審核時發現問題，按照道理可以要求柳述整改。可是，柳述偏偏不買楊素的帳。每次楊素向柳述提出修改意見，柳述一律駁回，而且直截了當地對使者說：「語僕射，道尚書不肯。」告訴楊僕射，說我柳尚書不肯改。

這不是存心激怒楊素嗎？可是他也沒辦法，柳述有人撐腰啊！就這樣，一邊收權，一邊分權，原本在開皇末年叱吒風雲的大功臣楊素在仁壽年間大受冷落。

開皇末年，楊廣、獨孤皇后和楊素可是三位一體的關係，楊廣能夠當上太子，全拜獨孤皇后和楊素裡應外合所賜。現在，獨孤皇后去世，楊素又受到猜忌，這兩重因素加起來，對太子楊廣的打擊極大。

楊廣雖然已經當了太子，畢竟時間不長，加上當年廢掉前太子楊勇本來理由就不充分，所以，楊廣當太子的根基並不深厚，非常需要獨孤皇后和楊素保駕護航。現在，這兩大支柱一死一傷，楊廣的勢力馬上大大下降。

此消彼長

政治上的權力比拚本來就是此消彼長，伴隨著楊廣這邊的實力下降，前太子楊勇的勢力逐漸抬頭了。

怎麼逐漸抬頭呢？從三方面檢視。

第一、楊勇不甘寂寞，整天哭著喊著要見隋文帝。隋文帝廢掉太子楊勇後，就讓新太子楊廣負責看管他。一開始楊勇還很安分，但是，久而久之，他終於覺得自己太冤枉了，於是整天請求楊廣讓他見父親一面。

這是與虎謀皮，楊廣當然不會答應。楊勇情急之下，居然爬到東宮的大樹上，對著皇宮大喊大叫。隋文帝還真聽見了，但是聽不清。正好當時楊素在旁邊。隋文帝就問楊素，楊勇在喊什麼？楊素趕緊說：這個廢太子最近瘋了，整天在樹上亂喊，誰也不知道喊什麼。隋文帝一聽，嘆了一口氣，也沒再追究。

這事雖然有驚無險地過去，可是，楊廣著實擔心了一下，心想：楊勇賊心不死，以後一定嚴加看管，再不能讓他上樹了。

第二、此時，貝州長史裴肅替楊勇和高熲喊冤。

此人上書稱：

高熲以天挺良才，元勳佐命，為眾所疾，以至廢棄；願陛下錄其大功，忘其小過。又二庶人得罪已久，寧無革心！願陛下弘君父之慈，顧天性之義，各封小國，觀其所為。若能遷善，漸更增益；如或不悛，貶削非晚。今者自新之路永絕，愧悔之心莫見，豈不哀哉！

意思是，高熲功大過小，不能永遠廢棄在家。另外，前太子楊勇和前蜀王楊秀已廢為庶人很久了，應該給他們改過自新的機會。

這樣的話如果在高熲剛倒臺、兩位皇子剛被廢的時候說，那就死定了。可是，現在，隋文帝居然很感慨地說：「裴肅憂我家事，此亦至誠也。」還特地徵他入朝談話。這可把楊廣嚇壞了，父皇是什麼意思？是不是心意又改了？楊勇和高熲他們會不會復辟？

第三、也是最大的問題，隋文帝當時的心腹、政治後起之秀柳述和楊勇關係極佳，但是和楊廣關係不好。

當年，蘭陵公主改嫁，當然是精挑細選。選來選去，產生了兩名候選人。一是柳述，另一個則是楊廣的小舅子，蕭妃的弟弟蕭瑒。兩人都出自名門大族，文帝也挑花了眼，不知道選誰好，便多方徵求意見。

徵求到楊廣這裡，楊廣當然希望妹妹嫁給自己的小舅子，所以極力說蕭瑒的好話。隋文帝當時被他說得挺動心，原本答應了。但是，後來又問術士韋鼎，就是當年說隋文帝當有天下的那位，韋鼎說了這麼一句話：「瑒當封侯，而無貴妻之相，述亦通顯，而守位不終。」這當然是向著柳述。因為蕭瑒按面相不該有高貴的妻子，而柳述只是官位不能到頭而已。隋文帝一聽，馬上說：官位還不由我說了算嗎？我想讓他到頭就能到頭，便把女兒嫁給柳述。

這樣一來，無論是柳述對楊廣，還是楊廣對柳述，其實都沒什麼好印象。柳述對楊廣印象不佳，但是對楊勇倒是印象不錯，因為他最初擔任的官職就是太子楊勇的親衛，兩人交往頗為密切。現在，柳述在禁中辦事，整天跟著隋文帝，會不會為楊勇說話？楊廣當然心裡極不踏實。

就這樣，因為獨孤皇后之死，隋文帝原本堅定的政治路線變得不堅定起來，朝廷裡出現了很多新的變數。這些變數有個共同的指向，就是朝廷似乎又要洗牌，太子之位重新變得不穩固起來。這讓太子楊廣心境極度不安，真是如臨深淵、如履薄冰。

在這種心境下，楊廣偷偷地對為獨孤皇后占卜葬地的大臣蕭吉說：

公前稱我當為太子，竟有其驗，終不忘也。今卜山陵，務令我早立。我立之後，當以富貴相報。

您當年預言我當太子，如今果然應驗了，我信任您，不會忘記您的大恩大德。現在，請您在占卜墓地時再替我想一想，怎樣才能找一處風水寶地，讓我早點接班。如果您能做到這一點，我當皇帝後，必定報答您。

意思是，說白了，就是請您找個地方，務必讓我父親早點死，這樣我心裡才能踏實下來。楊廣提出如此露骨的要求，蕭吉怎麼回覆？他說：「後四載，太子御天下。」放心吧！我為你媽媽選一個地方，保證讓你在四年後就當皇帝。

蕭吉是否真有這樣的本事？隋文帝到底以何種方式結束了一生？

【第二十八章】

文帝之死

仁壽四年（六〇四），一代英主隋文帝走完他六十四年的人生歷程，崩於仁壽宮大寶殿。他除了留下一個偉大的帝國外，還留下一個巨大的謎團——隋文帝是怎麼死的？他是正常死亡，還是遭到謀殺？謀殺他的是誰？

文帝駕崩

皇帝是個高危職業，不僅改朝換代時期要充當殉葬品，即便在一個王朝內部，兩代皇帝交替之際，也往往充滿血腥陰謀，留下很多謎團。而在所有皇帝死亡的謎團中，隋文帝之死算是最撲朔迷離的例子之一，一千多年以來眾說紛紜。

前面提過，獨孤皇后死後，隋朝出現一股同情廢太子楊勇的勢力，這讓新太子楊廣大為緊張。為此，他請求術士蕭吉在為獨孤皇后選擇墓地時留心風水，讓父親隋文帝早點過去，自己好早日接班。當時，術士蕭吉向他保證，四年內隋文帝必死。那麼，術士的話有沒有實現？

實現了，而且提前實現。在兩年後的仁壽四年（六〇四）七月十三日，隋文帝崩於仁壽宮大寶殿，享年六十四歲。隋文帝的死亡時間並沒有任何爭議，問題是，隋文帝是怎麼死的呢？這在史書上就有不同的記載。有說是病死的，有說是被毒死的，有說是被勒死的，還有說是用木棒打死的，林林總總，有四、五種之多。但是，把各種死法稍微總結一下，其實可以概括為兩種基本說法。第一種，隋文帝是正常死亡的；第二種，隋文帝是非正常死亡的。

先看第一種：正常死亡。這個說法的主要依據是《隋書．高祖本紀》，《資治通鑑》也引用這種說法。按照《資治通鑑》記載：

帝將避暑於仁壽宮，術士章仇太翼固諫；不聽，太翼曰：「是行恐鑾輿不返！」帝大怒，繫之長安獄，期還而斬之。甲子，幸仁壽宮。夏，四月，乙卯，帝不豫。六月，庚申，赦天下。秋，七月，甲辰，上疾甚，臥與百僚辭訣，並握手歔欷，命太子赦章仇太翼。丁未，崩於大寶殿。

意思是說隋文帝此次出行就不吉利，術士章仇太翼直言不諱地告訴他，你出去就別想再回來了。結果，隋文帝不信邪，照樣巡幸仁壽宮，而且把章仇太翼關起來，對他說，等我從仁壽宮回來再殺你。沒想到，剛到仁壽宮，隋文帝果然生病了，而且病情逐日加重。

到了七月十日，隋文帝已經不行了，召見文武百官，和他們握手訣別，君臣欷歔流涕，場面非常傷感。面對此情此景，隋文帝想起了還關在監獄裡的章仇太翼，趕緊叮囑太子楊廣放了他，算是認輸。又過了三天，隋文帝最終病死在大寶殿。

另外，根據《隋書．何稠傳》記載，差不多在訣別大臣後，隋文帝單獨召見曾經修築獨孤皇后陵的工程建築專家何稠，說：

汝既曾葬皇后，今我方死，宜好安置。屬此何益，但不能忘懷耳。魂其有知，當相見於地下。

意思是說既然獨孤皇后的陵寢是你修的，現在我把身後事也交託給你，我沒有別的意思，就是怎麼也忘不了皇后，希望你造這座陵寢，能讓我們兩個死後在地下世界裡還魂魄相通。

隋文帝隨後又召見太子楊廣，摟著他的脖子說：「何稠用心，我付以後事，動靜當共平章。」何稠是個很用心的人，我已經把身後事交託給他了，等我死後，你跟他商量著辦就可以了。

按照這樣的記載，隋文帝之死過程清晰、場面溫馨，尤其是最後先訣別大臣，再安排陵寢，最後又摟住太子的脖子交代後事，簡直就是君明臣賢、父慈子孝的完美體現，沒有任何值得懷疑的地方。

問題是，這種完美的正常死亡場面只是一種記載，還有另一種記載，就驚悚多了。什麼記載呢？說隋文帝並不是自然死亡的，死亡過程也沒有這麼溫馨，事實上，他的死和親生兒子楊廣大有瓜葛，很可能就是被楊廣害死的。

撲朔迷離

這是怎麼回事呢？據《資治通鑑》記載：

上寢疾於仁壽宮，尚書左僕射楊素、兵部尚書柳述、黃門侍郎元岩皆入閣侍疾，召皇太子入居大寶殿。太子慮上有不諱，須預防擬，手自為書，封出問素；素條錄事狀以報太子。宮人誤送上所，上覽而大恚。陳夫人平旦出更衣，為太子所逼，拒之，得免，歸於上所。上怪其神色有異，問其故。夫人泫然曰：「太子無禮！」上恚，抵床曰：「畜生何足付大事！獨孤誤我！」乃呼柳述、元岩曰：「召我兒！」述等將呼太子，上曰：「勇也。」述、岩出閣為敕書。

楊素聞之，以白太子，矯詔執述、岩，繫大理獄；追東宮兵士帖上臺宿衛，門禁出入，並取宇文述、郭衍節度；令右庶子張衡入寢殿侍疾，盡遣後宮出就別室，俄而上崩。故中外頗有異論。

這裡講了隋文帝死亡當天的兩件大事。第一件，可以稱之為密信誤傳事件。當時，隋文帝已經進入生命的最後階段，三名主要大臣尚書左僕射楊素、兵部尚書柳述，還有黃門侍郎元岩都入宮侍疾，太子楊廣也住進大寶殿，以備不測。

隋文帝算是死在首都外，這在古代是很危險的事情，為了避免發生不測，太子楊廣考慮到應該採取一些防範措施，以免皇帝死後措手不及，就寫了封密信給楊素，和他商量皇帝死後，該如何控制局面、穩住朝廷。

楊素也回了封密信，把想到的事情逐條開列出來，讓宮女交給太子。但是，不知道是楊素沒交代清楚，還是宮女糊塗，這封信居然送到隋文帝那裡去了。

隋文帝一看，自己還沒死，兒子和宰相就已經商量起自己死後的事情了，而且估計言辭頗不客氣，所以心裡很不高興。此即所謂密信誤傳事件。

第二件，陳夫人遭調戲事件。獨孤皇后死後，隋文帝最寵愛陳叔寶的妹妹——宣華夫人陳氏。陳夫人這時當然也在宮裡伺候。這一天早晨，陳夫人出去更衣，也就是上洗手間，忽然衣冠不整、驚慌失措地跑回來。隋文帝趕緊問怎麼回事，結果陳夫人含淚說了句：太子無禮！

隋文帝剛看過那封不慎送到他這裡來的密信，本來就在氣頭上，現在一聽說這件事，簡直如同五雷轟頂，爸爸還沒有死，兒子不僅急不可耐地想要搶班奪權，而且還想侵犯爸爸的妃子，這不是衣冠禽獸嗎？氣得直拍床板，說：這個畜生，我怎麼能把國家託付給他，都是獨孤皇后誤了我呀！

可是，光拍床板沒有用，隋文帝痛定思痛，把兩個心腹——兵部尚書柳述和黃門侍郎元岩叫來，對他們說：趕快去叫我兒子。這兩個人一時沒反應過來，就問，是叫太子嗎？這時候，隋文帝忿忿然地說：不是太子，是楊勇！兩人一聽，恍然大悟，隋文帝要改立太子啊！趕緊到外面草擬敕書。

可以想像，如果這份敕書起草好，再一宣讀，前太子楊勇重新回到隋文帝身邊，那麼，隋文帝很可能再行廢立之舉，隋朝的政局就要出現重大變化了。

問題是，他們有沒有成功？沒有，因為有楊素在。當時隋文帝身邊有三位大臣，除了柳述和元岩之外，還有宰相楊素。雖然隋文帝看了楊素給太子的密信，已經把他視為太子黨羽，根本沒有讓他參與敕書的起草，但是，隋文帝這麼一頓大喊大叫，楊素已然掌握情況。

楊素可是廢黜前太子楊勇的幹將，如果楊勇翻天，對他來講攸關生死，怎麼辦呢？楊素趕緊傳話給太子楊廣，說隋文帝的心意有變，柳述等人正在起草詔書，打算廢棄楊廣，重立楊勇，請太子快拿主意！

太子楊廣知道此事做何反應？史書沒有記載，但是完全可以想像，他肯定嚇出一身冷汗。如果這份詔書出來的話，他十幾年的努力不就功虧一簣了嗎？不僅當不成皇帝，而且恐怕性命難保。

事已至此，楊廣只能先下手為強。馬上採取五項措施。

第一、矯詔逮捕柳述和元岩，把他們關進大理獄，這樣，他們就不能起草敕書了。

第二、緊急調動東宮軍隊進駐仁壽宮，包圍仁壽宮。

第三、命令左庶子宇文述等人控制宮禁出入，不許任何人出入。

第四、命令右庶子張衡進入皇帝寢殿，控制隋文帝。

第五、將侍奉皇帝的所有宮女和宦官等閒雜人員全部逐出，關在別殿。

有了這五項措施，隋文帝等於被太子楊廣囚禁起來，而且和外界切斷全部聯繫。就在當晚，隋文帝與世長辭。

因為有這些變故在先，所以人們當然不免猜測隋文帝是正常死亡嗎？那麼，《資治通鑑》在這個問題上怎麼判斷？

雖然司馬光是第一流的史學家，但是，在這個問題上也覺得難以說清，所以只寫了這麼一句話：「故中外頗有異論。」也就是說大家議論紛紛。這是描述句，並沒有給出最終的結論。

不過，雖然《資治通鑑》沒有給出最終的結論，但是，有兩條史料卻記載明確的結論。哪兩條史料呢？一是唐初趙毅《大業略記》，趙毅說：「帝（楊廣）事迫，召左僕射楊素、左庶子張衡進毒藥。素等既入，而高祖暴崩。」說楊廣讓楊素和張衡兩個人，給隋文帝餵了毒藥，投毒後，隋文帝隨即暴死，也就是說楊堅是被楊素和張衡毒死的。

另一則史料是唐中期馬總的《通曆》上說的，「乃屏左右，令張衡入拉帝，血濺屏風，冤痛之聲聞於外，崩。」按馬總的說法，隋文帝不是給毒死的，是被張衡拉進去打死的，而且場面非常悲慘，隋文帝的鮮血濺滿屏風，高呼救命的聲音連外頭都聽得到。

雖然在具體的死法上有分歧，但是，無論如何，按照這兩條記載，隋文帝之死都是楊廣集團人為操控的結果，也就是說，文帝是被自己的兒子楊廣謀殺的。

抽絲剝繭

隋文帝是自然死亡還是人為謀殺，事關重大，它關係到對隋文帝晚年宮廷鬥爭的判斷，也關係到楊廣，即後來的隋煬帝統治的合法性問題。接下來我們分析一下隋文帝到底是怎麼死的。

怎麼分析呢？分析兩種相反的說法孰真孰假，有三種標準可以參照：第一、史料；第二、時間；第三、邏輯。

先看史料。說隋文帝是自然死亡，最主要的史料來源是《隋書．高祖本紀》，這是第一等史料，準確率應該很高。但是，說隋文帝是被謀殺的，同樣也可從《隋書》找到出處，比如，《隋書．后妃傳》記載楊廣調戲宣華夫人陳氏一事，《隋書．楊素傳》和《隋書．張衡傳》則暗示兩人和隋文帝之死有牽連。兩種說法的史料級別大體相當，這樣看來，僅僅從史料對比，並不能分析出孰真孰假。

再看時間。兩種記載在時間上有沒有衝突呢？原則上也沒有。因為說隋文帝是自然死亡的史料，只記載了兩個關鍵時間：第一個是仁壽四年（六〇四）七月十日，隋文帝和百官訣別；第二個就是七月十三日隋文帝去世。而說隋文帝是被謀殺的史料，其實強調的就是隋文帝死亡當天的事情。這樣一來，我們完全可以理解為隋文帝本來已經病入膏肓，七月十三日又發生一連串突發事件，最後導致楊廣謀殺文帝。事實上，《資治通鑑》的記載本身就隱含著這個意思。換句話說，兩種記載在時間上並不矛盾，也不能據此判斷孰真孰假。

現在只剩下邏輯判斷了。從邏輯分析的角度，能不能得到一些結論呢？還是頗有些值得分析之處。《資治通鑑》在講隋文帝死亡之前，交代了兩個背景：第一個是密信誤送事件，第二個是陳夫人遭調戲事件。

這兩起事件哪個較重要？毫無疑問是陳夫人遭調戲事件較重要，也更具有直接意義。因為老皇帝還沒死，太子就提前準備接班事宜，雖然在情感上可能讓人不好接受，但是，從理性的角度還是可以理解的，不至於激起隋文帝那麼大的憤怒，甚至產生改換太子的想法。而調戲文帝妃子的性質可就完全不同了，它不僅觸及了人倫底線，也暴露了楊廣的真面目。

當年，隋文帝為什麼廢楊勇、立楊廣？就是因為楊勇任性好色，而楊廣則表現得道德高尚，不近女色。現在看來，這些優點全都是偽裝的，太子是個衣冠禽獸！這徹底顛覆了楊廣當太子的依據，所以隋文帝才會大叫：「獨孤誤我！」說獨孤皇后判斷失誤，可把我害苦了！

既然發現了楊廣的真面目，隋文帝產生對楊勇的悔過之心，以前覺得大兒子不行，現在看來，二兒子的毛病比大兒子嚴重多了，還是讓大兒子回來接班吧！所以才有接下來讓柳述、元岩起草詔書，召回楊勇的事情。召回楊勇，當然也意謂著楊廣這些年的努力付諸東流，而且恐怕死無葬身之地。

楊廣是個有本事的人，當然不能束手待斃，只能狗急跳牆，先行送父親上西天。所以說，陳夫人遭調戲是整起事件的核心，也是隋文帝死於非命的直接原因。既然陳夫人遭調戲事件如此關鍵，我們分析一下，這起事件本身有沒有問題呢？

這件事有兩大問題。第一、楊廣的行為不合情理。老皇帝臨終、新皇帝登基之前，是政治最敏感的時期，絕對容不得半點差錯。楊廣是有高度制力的人，當年，為了得到太子之位，楊廣能夠十年如一日，維護自己不近女色的美好形象。現在，在皇位更替的最敏感時期，就算楊廣內心再好色，他又怎麼會忍耐不了這幾天，非要冒著巨大的政治風險對陳夫人下手呢？

另外，文帝即將駕崩，而且是死在大興宮外，身為太子的楊廣有好多問題需要處理，比如他要和楊素溝通，確保朝廷不會生變，在這種情況下，給他三頭六臂恐怕都忙不過來，怎麼會有時間、有心情去調戲父親的愛妃呢？這樣的事情，這樣的作法，完全不符合我們對楊廣性格的判斷和當時形勢的判斷，所以說不合情理。

第二、陳夫人的行為不合情理。按照有關史書的記載，陳夫人是在更衣半途被楊廣截住，然後楊廣強行調戲，陳夫人奮力反抗。換言之，恐怕是陳夫人長得太漂亮，讓楊廣一看之下不由得獸性大發，似乎兩個人此前根本沒什麼關係。

是不是這樣呢？完全不是。據《隋書．后妃傳》記載，陳夫人和太子楊廣早有瓜葛。事實上，楊廣能夠當上太子，陳夫人也出了力。這是怎麼回事呢？前文說過，陳夫人是亡國之君陳叔寶的妹妹，因為小心懂事，所以很討人喜歡，屬於八面玲瓏型的人物。即使獨孤皇后在世時，也特許她侍奉隋文帝，成了文帝時期少數能夠吹得進枕頭風的女性。

當時，楊廣積極圖謀當太子，整天琢磨怎麼樣擴大支持者隊伍，對這位能幹的陳夫人當然不敢掉以輕心。

當時楊廣人在揚州，揚州金銀器很有名，楊廣便經常送黃金製品給陳夫人，陳夫人審時度勢，也都笑納了。

按照〈后妃傳〉記載：「規為內助，每致禮焉。進金蛇、金駝等物，以取媚於陳氏。」陳夫人拿人錢財，替人消災，在楊廣和前太子楊勇鬥爭過程中沒少替楊廣說話，算是楊廣的功臣。

換句話說，兩個人早有瓜葛。這個瓜葛主要是政治盟友關係，但是，當時陳夫人二十多歲，比楊廣還小，因此也不排除有某種情人關係。無論是哪一種關係，晉王楊廣和陳夫人都熟知彼此，絕非初次見面，一見鍾情。所以，楊廣完全犯不著在陳夫人更衣的倉促之際非禮她。

第三、就算是楊廣當時喪心病狂，真的非禮了陳夫人，陳夫人恐怕也不會到隋文帝面前告狀。因為陳夫人極具政治意識。

當年，她在楊廣還沒當太子時就甘冒政治風險，替他說話，說明她非常在意未雨綢繆，為自己在新皇帝手下謀求合理的位置，這恐怕也是亡國貴族的自保本能。既然如此，她又怎麼可能在老皇帝氣息奄奄、朝不保夕時得罪即將接班的太子楊廣呢？

所以說，所謂陳夫人向隋文帝告狀說「太子無禮」的描述並不合理。既然這個故事的兩大關鍵人物的行為完全違反常理，那麼，我們只能認為這個故事本身有問題。

那可能有人會說，如此說來，隋文帝是正常死亡了？並非如此。

雖然陳夫人遭非禮事件可能並不存在，但是，《資治通鑑》中所描述的其他事件，具體說來，就是密信事件，還有太子楊廣囚禁隋文帝都是存在的。只不過，把這兩件事聯繫在一起的不是陳夫人，而是隋文帝的兩名心腹：柳述和元岩。

這件事情的大體輪廓可能如此：仁壽四年（六〇四）七月十三日，宰相楊素回密信給太子楊廣，討論隋文帝死後的安排問題，不小心誤投隋文帝本人，引起隋文帝極大反感，肯定是怒形於色。當時，柳述和元岩以心腹的身分陪在隋文帝身邊，他們本身都反對太子楊廣，同情廢太子楊勇，一看到老皇帝對太子楊廣和宰相楊素表示不滿，忽然感覺可以利用。

怎麼利用？就是趁著隋文帝糊塗，矯詔召廢太子楊勇入宮！可能有人會說，這冒的風險也太大了吧？要知道，柳述和元岩都屬於隋文帝晚年提拔的少年新銳，與太子楊廣和宰相楊素的關係並不好，如果太子即位，他們的權力肯定難以繼續下去。

如果能夠矯詔成功，讓已經廢黜多時的楊勇重新接班的話，他們可就是佐命大臣了。這種心態，和當年周宣帝病危時，劉昉和鄭譯矯詔讓楊堅輔政相同道理，都是為自己打算。既然如此，兩人也就願意冒險，便操控了處於彌留之際的隋文帝，矯詔起草詔書，打算讓廢太子楊勇入宮。

但是，他們的密謀還沒有實現，就被楊素知道了。這對楊素也是事關生死的問題，所以楊素馬上稟報太子楊廣，迅速採取措施，把柳述、元岩兩人抓起來，把隋文帝也軟禁起來。

問題是，軟禁隋文帝後，楊廣是否會讓人把他毒死或打死呢？這是不可能的。因為根本不值得。隋文帝在三天前已經和大臣訣別，意謂著他本來已經來日無多，現在，只要把他看好，不要讓別人操縱他即可，反正他也活不了一、兩天。在這種情況下，楊廣有何必要費心殺他，承擔弒父弒君的千古罵名呢？

可能有人會說，既然如此，為什麼隋文帝當晚就死了呢？這應該是一連串事情既怒又驚的結果。怒，當然是指密信事件；驚，則是指楊廣派兵軟禁他。隋文帝本來就已處於彌留之際，就算沒有這些變故，也未必活過十三日。何況經過一番折騰，當然死得更快了。

我們分析到這一步，得出的結論是：隋文帝之死介於正常死亡和非正常死亡之間。

所謂正常死亡，是指他並沒有真正遭到外力的侵害，既沒被投毒，也沒被打死。所謂非正常，則是指七月十三日的一連串事件，確實對他的精神構成重大打擊，加速了他的死亡。

這樣看來，歷史上所謂的隋煬帝弒父其實並不完全正確，楊廣所為只是以軟暴力加速隋文帝死亡而已。如果他日後做得好，人們很可能會慢慢忘掉這件事，只可惜楊廣後來亡了國，人們便開始把各種各樣的帽子扣到他身上，在這種背景下，所謂淫母弒父的說法紛紛出籠，直到最後被寫進史書之中。

就這樣，一代英主隋文帝在這種半昏半明、半自然半被迫的狀態下走完了六十四歲的人生。在他身後，留下一個統一強大的隋帝國，這是他無上的功業。但是，從隋文帝臨死前驚心動魄的宮廷鬥爭可以看出，他也留下了一個矛盾重重、並不怎麼穩定的政治局面。事實上，就在隋文帝死後不久，太子楊勇全家被殺，蘭陵公主和柳述也都死於非命。這些動盪不安、血腥暴力乃至骨肉相殘又給隋文帝的統治蒙上一層陰影。那麼，到底應該如何評價隋文帝波瀾壯闊的一生呢？

【第二十九章】

一代英主

在西方人眼中，隋文帝是中國古代歷史上，繼秦始皇後第二個偉大的皇帝。但是在大多數中國人心中，第二名的頭銜輪不到他。為什麼在中外人士的心目中，隋文帝的形象會有如此大的落差？隋文帝到底是個怎樣的皇帝？

豐功偉業

美國人邁克爾．哈特有本著作名為《歷史上最有影響的一百人》。在這本書裡，他按照對人類歷史影響力的大小開列一份百人名單。其中，中國有兩位皇帝榜上有名，一位是秦始皇，另一位就是隋文帝。

這樣看來，隋文帝在西方人心目中的地位頗為崇高，至少在中國皇帝中排名第二。但是，如果你讓一個中國人選出他心目中兩位好皇帝，一定不會選到隋文帝。那麼，隋文帝到底是個怎樣的皇帝，他在中外人士的心目中為什麼形象如此不同呢？

筆者認為，無論如何應該承認隋文帝是位建立了豐功偉績的皇帝。

第一個最偉大的功績當然是統一。開皇九年（五八九），隋文帝平定江南的陳朝，重新統一全國，這是中國歷史上繼秦朝統一後的第二次大統一。這次統一意義極為重大，不光標誌著南北兩部分地域合為一體，還標誌著北方「永嘉之亂」後歷時三百年的民族融合的完成，真正做到了地無分南北、人無分夷夏的大統一。

何謂地無分南北、人無分夷夏？只要看看隋文帝這個第一家庭即可明白。楊堅是漢人，而他的皇后獨孤伽羅則是鮮卑化的匈奴人，這兩人的結合，其實就是人無分夷夏。

再看他們的接班人太子楊廣，雖然出生在關中地區，卻偏偏喜歡吳儂軟語，還娶了出身後梁皇室的蕭氏做妃子，這就是地無分南北。

隋文帝家庭其實也是當時中國的縮影，也是我們今天統一多民族國家的基礎。建立這樣一個統一的多民族的中國怎麼推崇都不為過。

第二個豐功偉績是建立一系列影響深遠的制度。政治方面是三省六部制。三省制的核心是皇帝集權，宰相分權。這符合中國古代政治發展的大方向，所以唐朝直接沿用，影響力則一直達到清朝。

文化方面最偉大的制度創舉是科舉制。科舉制的精髓是英雄不問出處，這個原則太偉大了。首先，有才華的人可以依靠個人本領，而非家族勢力出人頭地，平民家的才俊子弟可以和門閥士族的孩子一樣當官，這意謂著社會的公平。

另外，科舉制也有利於維護皇權。試想，皇帝給了科舉考生做官的權力，官位要從皇帝這裡獲得，科舉的眾多考生當然會成為維護皇權的中堅力量。因為有這樣的優勢，所以，科舉制度也是一經創立就生機勃勃，一直沿用到清朝末年。這是文化方面。

再看軍事方面。軍事方面影響最深遠的制度是府兵制。府兵制雖是西魏創立的，但是，那時的府兵戶籍單列、土地單分、人員單住，是獨立於社會之外的軍事集團。這樣的制度助長軍人特權，不利於皇權。

開皇十年（五九〇），平陳戰爭甫結束，隋文帝就對府兵制做了大幅度調整，要求所有府兵一律在地方落戶，軍人的土地也劃歸地方政府統一調度。這就是所謂的「墾田籍帳，一與民同」。

這個改革的意義在於把府兵從兵農分離、兵將合一的職業兵改造成兵農合一、兵將分離的民兵。這樣一改對國家十分有利。兵農合一意謂著府兵和百姓合二為一，自給自足，國家不用養兵了；兵將分離意謂著將軍們的權力大大削弱，降低軍人對政治的干擾，有利於加強中央集權。因為有這樣的優勢，所以，改造後的府兵制不僅唐朝前期繼續沿用，而且影響力一直斷斷續續持續到今天。這是軍事方面。

再看法律方面。法律方面最大的成就是《開皇律》。開皇律的精髓一言以蔽之，是援禮入法、禮法合一。禮強調長幼尊卑的秩序，開皇律就用法律手段維護這種以皇帝為首的社會等級秩序。因為有這樣的好處，所以《開皇律》不僅是唐律的直接藍本，影響也一直持續到清朝。

這四項核心制度共同之處在於都在強化皇權的同時兼顧社會公正。這正是中國此後一千多年的歷史發展方向！正因為如此，所以，隋文帝制定的這些偉大的制度，不僅給當時的國家建立了框架，也對此後一千多年的社會發展持續產生影響，這個貢獻，也是怎麼推崇都不為過。

第三個豐功偉績是建立了以隋朝為主導的東亞新秩序。漢朝時，中國曾是當之無愧的東亞霸主。但是，隨著漢室瓦解、五胡入華，中原政權日益衰落，東亞的主導力量也變成了北方遊牧民族。到了隋文帝時期，經由與突厥反覆的軍事和外交較量，終於讓突厥心服口服，還為隋文帝奉上「聖人可汗」此一尊號，投靠隋朝。

隨著老霸主倒臺，以隋朝為主導的東亞新秩序重新建立起來。表面看來，這似乎是恢復了漢朝的聲威，但是實際上，漢朝和隋朝大不相同。漢朝的東亞秩序強調軍事征服和領土占領，而隋朝則不然。隋文帝強調的是政治上的臣服和人心的歸附。所以，無論是打突厥，還是打吐谷渾、打契丹，打完後都注重安撫、注重收拾人心。這就是儒家所謂的「遠人不服，則修文德以來之，既來之，則安之」。這種和平的外交路線也是中國此後處理國際關係的基本思路。這種思路的貢獻，也是怎麼推崇都不過分的。

第四個豐功偉績則是建立了政治清明、社會穩定、人民安居樂業的統治局面，即常說的「開皇之治」。在隋朝建立之前，南北朝時期，無論北方還是南方，政治都比較黑暗。人們看到的皇帝或是上戰場帶著寵妃的齊後主，或是一下子立五位皇后、動不動施天杖的周宣帝，或國破家亡之際還不忘抱著兩名愛妃一起鑽到井裡的陳後主。不是昏君，就是暴君，甚至是昏君加暴君，人們對皇帝已經失望透頂。最高統治者腐朽，下邊的官吏自然也好不到哪裡去，最後受難的當然是底層老百姓。

但是，隋朝建立後，馬上大不相同。如何不同？首先，皇帝不一樣了。前文多次提到，隋文帝是節儉自律、愛民如子的好皇帝。

按照《隋書．高祖本紀》的說法，是「每旦聽朝，日昃忘倦，居處服玩，務存節儉」。每天天不亮就上班，太陽下山了才下班，無論是宮室還是服裝器具都不慕奢華、唯求節儉，這當然是個好皇帝。

什麼叫愛民如子呢？仍然引《隋書．高祖本紀》的說法：

> 乘輿四出，路逢上表者，則駐馬親自臨問。……嘗遇關中飢，遣左右視百姓所食。有得豆屑雜糠而奏之者，上流涕以示群臣，深自咎責，為之徹膳不御酒肉者殆將一期。及東拜泰山，關中戶口就食洛陽者，道路相屬。……逢扶老攜幼，輒引馬避之，慰勉而去。至艱險之處，見負擔者，遽令左右扶助之。

隋文帝每次出門，只要路上有人上表，遇到上訪群眾，都停下馬來，親自接待。這是關心百姓心聲。

另外，開皇十四年（五九四），關中鬧災荒，隋文帝讓左右把老百姓家裡日常吃的東西拿來給他看。結果都是碎豆子、米糠一類的東西，隋文帝一看，馬上眼淚流下來。自己帶頭節約，一個月都不喝酒吃肉。這是關心百姓生活。

更感人的是，在這次大飢荒期間，隋文帝和老百姓一起到洛陽逃荒，遇到路窄時，隋文帝總是把馬牽到邊上，讓老百姓先走。如果哪個老百姓拎的東西多，背不動，隋文帝甚至讓左右的侍從替他們拿。這種親民的形象，即使在今日都毫不遜色，何況是一千多年前的帝制時代。

俗話說上行下效，皇帝帶了個好頭，官員也較勤政清廉。翻翻《隋書》即可發現，隋文帝時期，沒有貪腐大案，倒是有多位清官都收進〈循吏傳〉裡。

舉個例子，當時有位官員趙軌，擔任齊州別駕。此人清廉到什麼程度呢？他東邊的鄰居家有棵桑樹，枝條越過院牆，到了他們家院子裡。到桑葚成熟時，凡是從鄰居家樹上掉到他家院子裡的桑葚，趙軌都讓孩子給人家送回去。

想想看，一顆桑葚都不沾的人，會占老百姓什麼便宜呢？所以等他離開齊州回京時，齊州老百姓都來送他，說，別駕一清如水，我們送行也不敢拿酒，就喝我們一碗水再走吧！

有這樣的皇帝，這樣的官吏，當然老百姓的日子好過多了。

隋朝建國十年後，就出現了倉庫充盈的局面，這當然有很多種因素，但是，官府不橫征暴斂，老百姓安居樂業，肯定是重要因素之一。

一位統治者能夠經由自己的努力，讓老百姓看到生活的希望，這個功績，也是怎麼推崇都不為過的。

一代聖君？

可能有人會說，如此說來，隋文帝的功績著實偉大，豈不是一代聖君了嗎？為什麼我們中國人一提到古代的聖君、賢君，首先想到的是唐太宗，而不是隋文帝呢？因為隋文帝固然建立了豐功偉績，但是，他也有問題。

隋文帝最大的問題是缺乏寬厚恢弘的氣度。按照《隋書．高祖本紀》的說法，就是「好為小術，不達大體」。舉兩個唐太宗貞觀年間和大臣議論隋文帝時候說出來的例子，非常有趣。

第一個例子。唐太宗問大臣，隋文帝是什麼樣的君主？大臣回答：

> 克己復禮，勤勞思政，每一坐朝，或至日昃。五品以上，引坐論事。宿衛之事，傳飧而食，雖性非仁明，亦是勵精之主。

他說我覺得隋文帝是位克己復禮的好皇帝，早早上班，晚晚下班，而且中午都來不及回去休息一下，都吃工作餐，讓衛士從外面把餐點直接遞到辦公桌，是位勵精圖治的好皇帝。

那麼，唐太宗怎麼評價的呢？唐太宗說：

> 公知其一，未知其二。此人性至察而心不明。夫心暗則照有不通，至察則多疑於物。又欺孤兒寡婦以得天下，恆恐群臣內懷不服，不肯信任百司，每事皆自決斷，雖則勞神苦形，未能盡合於

理。朝臣既知其意，亦不敢直言。宰相以下，惟承順而已。

意思是，這個人性情很苛刻，但是心裡並不明白。因為不明白，所以他很多事情都判斷不好；又因為多疑，不肯信任別人，所以只能自己事必躬親。

而且，因為他靠欺負孤兒寡婦取得天下，惟恐百官不服，所以不能真正信任任何人，只好什麼事都親力親為。這樣一來就麻煩了，他累得半死也未必都能做好，而百官則是什麼都不敢說，也不敢做。這種不能擺正君臣關係，不能和大臣做合理分工的皇帝哪能算是好皇帝？

第二個例子更有說服力了。上面提到開皇十四年（五九四）關中飢荒時，隋文帝關心愛護老百姓的感人故事嗎？但是，唐太宗可不這麼看。他一針見血地指出：

隋開皇十四年大旱，人多飢乏。是時庫房盈溢，竟不容賑給，乃令老百姓逐糧。隋文不憐老百姓而惜庫房，比至末期，計天下儲存積攢，得供五、六十年。

意思是，當時國家糧食儲備極多，完全可以開倉放糧，讓老百姓度過難關，但是，隋文帝卻不這樣做，只是流著眼淚，和老百姓一起逃荒，這哪是愛護百姓，這分明是婦人之仁，也就是廉價的同情。把糧食看得比人還重要，這是不識大體！

唐太宗也是皇帝，皇帝看皇帝，算是內行人看內行人，果然看得門道比較深。

透過這兩件事我們發現，隋文帝確實有些政治智慧，但是，他缺乏大局意識、缺乏皇帝的氣度，這是很大的問題。什麼問題呢？那就是，雖然隋朝的國力很強盛，政治很清明，但是，隋朝人的幸福指數並不高。為什麼這麼說呢？兩個方面。

第一、老百姓的幸福指數不高，因為隋文帝管得太死了。舉一個最簡單的例子。隋朝老百姓和我們一樣，很喜歡過節，特別是元宵節那天，不僅張燈結綵、鼓樂齊鳴，而且青年男女還會戴上面具，載歌載舞，有些藝人也上街頭表演，很多人都出來觀看。這本來皆大歡喜，可是，隋文帝居然認為，這類活動貴賤不分、男女混雜，有傷名教，因此乾脆禁止過節。連這樣的單純娛樂活動都不能容忍，這不是管得太寬、太刻板了嗎？在這樣的皇帝統治下，可以想像，老百姓雖然生活安定，但也非常單調，沒有真正舒心的感覺。

第二、官員幸福指數也不高。原因有二：首先，隋文帝刻薄寡恩。今天用你，明天就有可能殺你。按照《隋書．高祖本紀》的說法，「其草創元勳及有功諸將，誅夷罪退，罕有存者。」以高熲來說，既是佐命功臣，又是輔政大臣，還是戰爭統帥，文武雙全，為隋朝建立許多汗馬功勞。

當年，隋朝剛建立時，隋文帝對他非常倚重，倚重到什麼程度呢？隋文帝建新都大興城，高熲全盤謀畫，經常到工地巡視，每次去都坐在一棵大槐樹下辦公。後來，這顆大槐樹的南面建起朝堂，要重新栽行道樹，以求整齊美觀。大槐樹的位置不上不下，工人本來要砍掉，沒想到隋文帝說，這是高熲辦公的地方，算是歷史文物，一定要保留下來，讓後人知道高熲。這樣一來，這棵樹真保留下來了，多麼感人哪！

隋文帝的讚賞換來高熲的絕對忠誠，為大隋王朝兢兢業業地工作了近二十年。可是，開皇末年，因為高熲反對廢太子，隋文帝必欲除之而後快，甚至不惜誣陷他謀反，直接廢為庶人。

這太過分了。對最最忠誠的老臣都能如此無情，可想而知，對其他官員更是缺乏最基本的寬厚之心，在這樣的皇帝手下辦事，怎麼可能有幸福感呢？

其次，隋文帝愈到晚年，用人思路愈偏狹。隋朝開皇初年，李德林曾經非常得寵。李德林是個有獨立見解，能對皇帝提出不同意見的人。能用敢講真話的人，當然體現出恢弘的氣度。但是，後來，李德林失寵，隋文帝改寵蘇威。而蘇威是個能把皇帝的每一個想法都加以落實的辦事人才。只用辦事人才，在器局上已經差了。

再後來，蘇威也失寵了，改寵楊素，楊素是個能迎合皇帝好惡的人。只用逢迎之人，這說明氣量更小了。可是，最後，連楊素也失寵了，隋文帝改寵柳述，那僅僅是女婿，完全唯皇帝馬首是瞻，根本談不上大臣，只能算機要祕書。

隨著隋文帝的用人範圍愈來愈窄，官員們發揮的餘地也就愈來愈少，英雄無用武之地，幸福感也就無從談起。

眾所周知，隋文帝面對的是剛剛整合在一起，各種矛盾非常複雜的社會，關中、山東、江南三大部分，生活方式不同，思想觀念不同，經濟水準也不同。在這種情況下，要想讓社會穩定下來，良性發展，海納百川的氣度還有用人不疑的精神其實非常重要，但是，隋文帝恰恰缺乏這樣的氣度和精神。

本質上講，隋文帝可以用三個詞來概括。那就是多威少恩、多張少弛、多政少德。多威少恩意謂著人們只能畏懼他，但是不會真正擁戴他；多張少弛意謂著社會已是滿負荷運轉，缺乏足夠的張力和彈性；多政少德意謂著人們只能建立制度、依賴制度，而不能依賴道德，而社會沒有道德做底線是非常危險的。

說到這裡，大家應該已經明白，為什麼西方人對隋文帝的評價相對高，而我們中國人對他的評價相對低呢？因為隋文帝是位矛盾的皇帝，他有鮮明的兩面性。

一方面是高智商，外在表現就是能夠建立那麼多優秀的影響持久的制度，這也正是西方文化最看中的東西。

另一方面是低情商，外在表現就是苛刻、多疑和急功近利。讓整個社會缺乏真正溫厚的精神和溫厚的道德感，而這些恰恰是我們中國文化比較看中的東西。

所以為什麼一高一低呢？那是因為我們各自看到了隋文帝不同的側面，這叫各有千秋，不能說誰對誰錯、誰好誰壞、誰高誰低、誰能誰不能，而是把這兩個加起來，可能是一個相對公允的隋文帝。

兩面皇帝

我們追究一下，隋文帝這種兩面性是怎麼來的？有三方面原因非常重要。

第一是他的個性。隋文帝從小就是個自律的人。自律到什麼程度？到了刻板嚴肅、毫無情趣的程度。我們都知道，唐太宗愛書法，唐玄宗愛音樂，誰知道隋文帝愛什麼？他似乎什麼也不愛，除了政治。毫無疑問，這種心無旁騖的自律精神正是隋文帝超過南北朝時期大多數皇帝的優點，是「開皇之治」能夠實現的基礎之一。

但是，任何事情都有兩面性。刻板自律的反面是不寬容。既不寬容自己，甚至是更不寬容別人。自己道德高尚就要求別人道德高尚，自己早上班晚下班，就要求別人也滿負荷工作，無論對兒子、對大臣，還是對百姓都這個態度，這就是多張少弛的來源。

第二是他的文化素質。隋文帝小時候受過寺院的佛教教育，少年時代在太學念了不到兩年書。我們可以說隋文帝是個半調子文化人。這種文化素質意謂著什麼？

從正面講，意謂著隋文帝知道文化的力量，所以，他才會蒐集圖書，興建學校，力圖偃武修文，打造制度健全的社會。

但是，在另一方面，他這種半調子文化又意謂著，他對文化的理解並不深刻，只知道利用文化，不知道涵養文化。一旦文化不能直接發揮作用，他就會急躁，就會拋棄文化。舉個最簡單的例子。

隋文帝曾經大力興建學校，不僅在中央設立學校，地方州縣也要求興建學校。這本來是一件功在當代，利在千秋的好事。但是，到了仁壽元年（六〇一），也就是辦學十年後，他忽然下了一道詔令：

> 國學胄子，垂將千數，州縣諸生，咸亦不少。徒有名錄，空度歲時，未有德為代範，才任國用。良由設學之理，多而未精。今宜簡省，明加獎勵。

意思是，我辦了這麼多年學，怎麼還沒選出幾個有用的人才呢？看來，招這麼多學生沒用，乾脆精簡一下。怎麼樣精簡呢？全國只保留了國子學的七十二個學生，其餘學生一律回家，不用念書了。

隋文帝這個想法大有問題，十年樹木，百年樹人。人才的培養豈能幾年就能見成效？就算是今天的學生，從小學到大學畢業，也需要至少十六年的時間。還只是剛走上工作崗位，遠遠不能說發揮真正的作用。而隋文帝就因為十年內沒有培養出高級人才，就急不可耐，乾脆解散學校，這是典型的急功近利。而這種急功近利的心態，正是多政少德的來源。

第三是他生活的時代背景。隋文帝生在一個民族融合的時代。他自身就是民族融合的產物，既有胡人的尚武精神，也認同漢人的制度文化。這種融合性使得他能站在時代的潮頭，引領國家。但是，幾百年的戰亂和胡族統治帶給他的並非都是好影響。因為胡族政權的短命和統治的不穩定，幾乎每朝每代，包括他建立的隋朝，都伴隨著陰謀和血腥，這無疑在他心中種下猜忌和殺戮的陰影，讓他對任何人都深懷不信任感，甚至不惜對兒子和功臣大開殺戒。這正是多威少恩的來源。

正是這樣的性格，這樣的教育和這樣的時代，一方面促進了隋文帝的發展，另一方面也制約了隋文帝的發展，讓他在取得豐功偉績的同時留下了巨大的問題。

什麼問題呢？急功近利。開皇十四年（五九四），正當隋文帝的統治如日中天時，他臨幸并州，寫了一首詩。這是他一生中留下的唯一一首詩。詩是這樣寫的：

> 紅顏詎幾？玉貌須臾。
> 一朝花落，白髮難除。
> 明年後歲，誰有誰無。

年輕的容顏能保留多久？花容月貌轉瞬即逝。花兒瞬間就會凋落，白髮也很快就會覆滿你的頭頂。人生如此短暫，到了明年、後年，有誰還活在這個世界上，又有誰會一去不復返了呢？

這首詩寫得很真誠，但是並不好。從這首詩可以看出來，隋文帝的內心世界太不豐滿了。他只知道感慨人生的短暫，他不知道人的肉身之外，還有精神可以永恆。比一比曹操的〈龜雖壽〉即可明白：

神龜雖壽，猶有竟時；
騰蛇乘霧，終為土灰。
老驥伏櫪，志在千里；
烈士暮年，壯心不已。

曹操也感慨人生的短促，但是，這種感慨讓他昇華，昇華成「烈士暮年，壯心不已」的情懷，這就是曹操的偉大與雄壯之處，也是隋文帝不能超脫的地方。

正因為隋文帝沒有悟到這一點，太執著於肉身的功業，太急於在自己的有生之年把所有事都辦好，太不考慮社會的可承受度。這正是隋朝真正的問題所在。

一千多年來，人們經常說隋文帝最大的問題是立了楊廣當接班人，因此，才導致隋朝的短命。這種說法其實並沒有道理。因為我們根本不知道楊勇會不會比楊廣好。但是，我想，有一點隋文帝確實是有問題的，那就是，他雖然建立了強大統一的大隋帝國，但是，也給這個帝國種下了不甚寬厚、急功近利的因。

後記

後記當然可以涵蓋很多內容。但是，面對這本書，我只想表達感謝。

感謝我的編導——張長虹女士。和她合作總是那麼愉快。家人說，只要聽到我一邊打電話一邊哈哈笑，就知道電話那頭必定是張長虹。真的，他們一次都沒猜錯過。我不是個守紀律的人，經常完不成任務、交不上稿子，長虹總是適度地施壓，讓我感覺到動力；但是同時，也總是適度地寬容，讓我感覺到溫暖。有一次我問她，幾年下來，我變了嗎？她說，變了，變得更有人情味了。我想，那是因為，我們慢慢從合作夥伴變成朋友了吧！和我這樣一個慢熱的人交朋友最需要耐心，這一點，雷厲風行、有丈夫氣概的長虹做到了。

感謝化妝師楊靜女士。美麗、溫柔與善良那麼完美地統一在她身上。我跟她開玩笑說，每次到百家講壇，都希望能坐在妳的化妝椅上，任妳一直畫下去，永遠不要結束。確實，她手裡的筆墨是用來詮釋美的，而她的溫言軟語則詮釋著善和真。真善美，這不是我們永恆的眷戀和追求嗎？

感謝製片人聶叢叢女士。我們私交不多，但每次打交道都能體會到，這是個有溫情，也有熱情的人。出書的事她比我還著急、比我還細緻，讓我在不經意、不期然中體會到感動，還有什麼樣的感動比這更可遇而不可求呢？

感謝出版社的責編王華女士，感謝為本書製作煞費苦心的王元平先生、朱曉鵬先生、楊帆女士，出書是腦力勞動，更是體力勞動。一個月以來，元平和他的同事們都在為了這本小書焚膏繼晷、夜以繼日地工作。很多時候，我並不真的了解他們到底付出了多少勞動，但是我知道，這本書同樣凝結著他們的心血。

感謝我在前幾本書中一直沒有提到的人——我的父母。本質上講，我是個內向的人，感情都藏在心裡，羞於出口。而且，我一直覺得大恩不言謝，他們給我的已經太多太多，如果只說一聲謝謝，那簡直就是輕慢和褻瀆。但是現在，我意識到，愛是需要說出口的，即使這出口的愛根本無法報答他們於萬一。感謝爸爸，總為我的講課操心，時時願意提供意見和建議，即使被我粗暴地打斷和拒絕，也從來不生氣、不灰心，下一次還會提醒我，小心翼翼地提醒我。感謝媽媽，總是為我的身體操心，怕我衣服穿得不夠多凍著，怕我吃飯不及時餓著。事實上，媽媽對我上百家講壇最持消極態度，因為怕我講課多了累著！這幾年，有父母在身邊照顧，我已經增長了十斤以上幸福的脂肪。可是，只有媽媽還覺得我瘦，因為在她的心目中，我永遠都是那個羸弱的孩子。是的，我感謝他們，在年輕的時候，他們忘我地工作，給我樹立了敬業的標竿；現在，他們年過花甲，還在勉力支撐著我的生活和情感，讓我有了繼續前行的動力和勇氣。

還有，感謝我的朋友馬曉英女士。我們的友誼已經歷了十五年的風雨。這十五年間，我算不出來我們討論過多少問題，吵了多少架，又握手言歡了多少次。回首一起走過的如歌歲月，似水流年，我只能說：人生得一知己足矣，斯世當以同懷視之。

最後，還要感謝我的觀眾、聽眾和讀者。也許，我真的是天生的老師，教書不僅是我的職業，更是我狂熱的愛好和最重要的精神支撐。所以，當你們觀看、傾聽和閱讀的時候，其實，就是在幫我實現我的人生意義。

所有我提到和未能提到的，讓我的生活煥發光彩的親人和朋友們，感謝你們，也祝福你們。

國家圖書館出版品預行編目資料

蒙曼說隋：隋文帝楊堅／蒙曼著. -- 二版. -- 臺北市：
麥田出版：家庭傳媒城邦分公司發行, 2020.02
面； 公分. --（重說・史；16）
暢銷經典版
ISBN 978-986-344-728-3（平裝）
1.隋文帝 2.傳記 3.隋史
623.74 108021438

重說・史 16

蒙曼說隋：隋文帝楊堅（暢銷經典版）

作　　者／蒙曼
主　　編／林怡君

國際版權／吳玲緯
行　　銷／巫維珍　蘇莞婷　黃俊傑
業　　務／李再星　陳玫潾　陳美燕　馮逸華
編輯總監／劉麗真
總 經 理／陳逸瑛
發 行 人／凃玉雲
出　　版／麥田出版
10483臺北市民生東路二段141號5樓
電話：(886)2-2500-7696　傳真：(886)2-2500-1967
發　　行／英屬蓋曼群島商家庭傳媒股份有限公司城邦分公司
10483臺北市民生東路二段141號11樓
客服服務專線：(886) 2-2500-7718、2500-7719
24小時傳真服務：(886) 2-2500-1990、2500-1991
服務時間：週一至週五09:30-12:00・13:30-17:00
郵撥帳號：19863813　戶名：書虫股份有限公司
讀者服務信箱E-mail：service@readingclub.com.tw
麥田網址／https://www.facebook.com/RyeField.Cite/
香港發行所／城邦（香港）出版集團有限公司
香港灣仔駱克道193號東超商業中心1/F
電話：(852)2508-6231　傳真：(852)2578-9337
馬新發行所／城邦（馬新）出版集團Cite (M) Sdn Bhd.
41-3, Jalan Radin Anum, Bandar Baru Sri Petaling, 57000 Kuala Lumpur, Malaysia.
電話：(603)9056-3833　傳真：(603)9057-6622
讀者服務信箱：services@cite.my

封面設計／莊謹銘
印　　刷／中原造像股份有限公司

■2012年2月　初版一刷
2020年2月　二版一刷
Printed in Taiwan.

定價：430元

ISBN 978-986-344-728-3